Felix Plötz
Das 4-Stunden-Startup

FELIX PLÖTZ

DAS 4-STUNDEN-STARTUP

Wie Sie Ihre Träume verwirklichen, ohne zu kündigen

Econ

Alle Angaben in diesem Buch beziehen sich
auf den Stand bei Drucklegung.

Econ ist ein Verlag
der Ullstein Buchverlage GmbH
ISBN: 978-3-430-20202-2
© der deutschsprachigen Ausgabe
Ullstein Buchverlage GmbH, Berlin 2016

Redaktion: Michael Schickerling, schickerling.cc, München
Redaktionsschluss: 1. November 2015
Abbildung Seite 156: © Yuri Arcurs/Fotolia.de
Alle Rechte vorbehalten
Gesetzt aus der Aldus nova Pro
Satz: Pinkuin Satz und Datentechnik, Berlin
Druck und Bindearbeiten: CPI books GmbH, Leck
Printed in Germany

INHALT

1 Hätte ich doch bloß …:
Über Träume und verpasste Chancen 7
   Von Plänen und Träumen 11
   Können, nicht müssen 16
   Wenn nicht jetzt, wann dann? 19

2 Palmen in Castrop-Rauxel:
Was mit einem 4-Stunden-Startup möglich ist 25
   Vom Nebenprojekt zum großen Deal 28
   Dranbleiben, immer dranbleiben 33
   Erfolg? Sich selbst treu zu bleiben 37
   Mission: »Gegen jedes Klischee« 43
   Nachtschicht statt Nine-to-five 46
   Vom Küchentisch aus in die Welt 50
   Zusammen die Welt ein Stück verändern 55
   Vom Mut zu träumen 60
   Chancen nutzen – und manchmal
   auch vorbeiziehen lassen 64
   Der Weg aus dem Hamsterrad 67

3 Startup-Thinking:
Wie richtig gute Ideen entstehen 73
   Welche drei großen Hürden es gibt 76
   Wie dir Startup-Thinking den Weg
   zur guten Idee weist 85

4 Die Toolbox:
Der schnellste Weg vom Wollen zum Machen 131
   Wie du eine eigene Homepage bekommst 134
   Wie du einen Namen findest 138
   Wie du ein Gestaltungskonzept entwickelst 147
   Wie du den Weg zu deinen Kunden findest 158
   Wie du den Alltag im 4-Stunden-Startup
   meisterst 177

5 Erste Schritte im eigenen Projekt:
Worauf es wirklich ankommt 183
   Wie du ein 4-Stunden-Startup neben dem Job
   gründest 186
   Wie ein Teilzeitjob als Einstieg zum Ausstieg
   funktioniert 197
   Was mit Kranken-, Pflege- und Rentenversicherung
   passiert 199
   Worauf du während Studium oder Ausbildung
   achten musst 203
   Was du über Arbeitslosengeld I wissen musst 205
   Welche weiteren Schritte wichtig sind 206
   Was in Österreich und der Schweiz wichtig ist 220

6 Stell dir vor, es wäre Gründerzeit:
Chancen für einen gesellschaftlichen Wandel 229
   Generation Y 233
   Gründer sind die besseren Arbeitnehmer 239
   Startup-Spirit macht Arbeitgeber attraktiv 245
   Die neue Gründerzeit 249
   Traumtänzer im Realitätscheck 252

1

HÄTTE ICH DOCH BLOSS ...: ÜBER TRÄUME UND VERPASSTE CHANCEN

> *»Es macht mehr Spaß, ein Pirat zu sein,
> als bei der Marine anzuheuern.«*
> Steve Jobs

Mein Name ist Felix Plötz – und ich bin ein Traumtänzer. Denn ich glaube fest an drei Dinge, für die ich im besten Fall neugierige Blicke bekomme, häufig jedoch eine große Portion Skepsis ernte.

Erstens: Ich glaube daran, dass man nicht zum Unternehmer geboren sein muss, um etwas zu unternehmen. Jeder von uns kann heute etwas aufbauen, das für ihn persönlich Bedeutung hat, das ihn erfüllter und vielleicht sogar finanziell ein wenig unabhängiger macht. Ohne besonderes »Unternehmer-Gen«, ohne reiche Eltern, ohne Wirtschaftsabschluss und vor allem: ohne für seinen Traum zu kündigen!

Ich bin zweitens fest davon überzeugt, dass es noch nie so einfach war wie heute, sein eigenes Ding neben der Arbeit zu machen – egal, ob es der Wunsch nach einem eigenen Unternehmen, einer eigenen Kinderhilfsorganisation oder einer Karriere als »Star« ist.

Und ich lege noch eins drauf: Ich glaube drittens fest daran, dass wir vor einem großen gesellschaftlichen Umbruch stehen, der unsere Arbeitswelt verändern wird. Ein eigenes unternehmerisches Projekt neben der normalen Arbeit zu gründen, es also als *4-Stunden-Startup* zu führen, bietet so viele Vorteile und Möglichkeiten, dass es heute zwar noch verrückt klingen mag – aber es dennoch die besten Chancen hat, sich auf breiter Ebene durchzusetzen und bald vollkommen normal zu sein.

Vielleicht macht es mehr Spaß, ein Pirat zu sein, als ganz langweilig bei der Marine anzuheuern, so wie Steve Jobs sagte. Mit Sicherheit ist es aber am cleversten, bei der Marine zu sein, im Gegenzug für seine Arbeit ein festes Gehalt und Sicherheit zu genießen – und *gleichzeitig* Pirat zu sein! Wahrscheinlich wird es der Marine im ersten Moment nicht gefallen, wenn sich die Mannschaft nach und nach aufmacht, um Piraten zu werden – aber ich bin überzeugt, es wird dennoch so kommen.

Es wird viele andere »Traumtänzer« geben, die diesen Wandel bewirken: diejenigen, deren Lust, etwas Eigenes zu erschaffen, schon immer da war und nie ganz verschwunden ist – selbst dann nicht, wenn sie sich einmal entschieden haben, als Angestellte zu arbeiten. Diejenigen, die herausfinden wollen, welche ungeahnten Fähigkeiten und Talente in ihnen stecken. Aber vor allem diejenigen, die den Mut besitzen, sich und ihre Möglichkeiten auch wirklich auszuprobieren – statt nur beim ewigen »Eigentlich würde ich ja gerne mal« zu bleiben. Vielleicht bist auch du so ein Traumtänzer. Und vielleicht wird am Ende sogar das Oberkommando der Marine erkennen, dass es davon profitiert, eine Mannschaft zu haben, die nicht nur blind ihren Anführern hinterherläuft, sondern mitdenkt und über den Tellerrand hinausschaut.

Ich bin optimistisch. Denn es gibt heute bereits viele Manager, die erkannt haben: Die beiden Grundpfeiler erfolgreicher Unternehmen sind Innovationsfähigkeit und unternehmerisches Denken. Wer aufhört, nach vorne zu schauen und sich weiterzuentwickeln, verliert zwangsläufig den Anschluss. Wer darauf aus ist, möglichst wenig neue Ideen auszuprobieren, um bloß keine Fehler zu machen, kann nicht darauf hoffen, dass der hoffentlich erfolgreiche Status quo für alle Zeiten gesichert bleibt. Umsichtige Manager wissen allerdings, dass sie beides – Innovationsfähigkeit und unternehmerisches Denken – nicht bloß einfordern können. Sie müssen auch bereit sein, genau das zu fördern. Idealerweise durch eine Möglichkeit, unternehmerische Erfahrungen in einem Projekt zu sammeln, das keine großen Risiken mit sich bringt, wirklich berührt und vor allem 100 Prozent selbstbestimmt ist.

Ein eigenes 4-Stunden-Startup bietet genau diesen Rahmen – und diese Freiheit. Dass es darüber hinaus hervorragend dafür geeignet ist, um die junge Generation Y, also die heutigen Berufsanfänger und die »Young Professionals«, für das eigene Unternehmen zu gewinnen und dauerhaft zu halten, scheint allerdings selbst für die Visionäre unter den Topmanagern recht neu zu sein. Wir werden uns diesem Punkt am Ende dieses Buchs ausführlich widmen, denn er betrifft nicht nur die Generation Y und deren Chefs, sondern alle, die älter als Anfang dreißig sind. Auch deren Arbeitswelt steht vor einem radikalen Umbruch – zum Guten.

Dieses Buch macht ein klares Versprechen: Es soll dir zeigen, wie du deine Träume lebst, ohne dafür zu kündigen. Zugegeben, dieses Versprechen ist nicht nur klar formuliert – es ist darüber hinaus ein ziemlich großes. Vielleicht sogar ein bisschen gewagt. Und überhaupt: Träume leben – ist das nicht eine Floskel, die jeder von uns schon so häufig gehört hat, dass sie jeglichen Inhalt längst verloren hat? Es ist noch nicht lange her, dass ich es selbst so gesehen habe. Alleine das Wort »Traum« klang für mich unfassbar klebrig und kitschig. Nein, ich hatte keine Träume für mein Leben – ich hatte *Pläne*, und zwar große.

Von Plänen und Träumen

Mit neunzehn wollte ich Pilot werden. Das klang nach großer Welt und Abenteuer, aber gleichzeitig nach Verantwortung und viel Geld. Es klappte nicht mit dem Fliegen, denn ich scheiterte in der letzten Assessment-Runde. Aber das Ziel, einen Job mit viel Geld, Abenteuer und Verantwortung zu bekommen, blieb. Fünf Jahre später unterschrieb ich meinen ersten Arbeitsvertrag für ein internationales Traineeprogramm in einem Großkonzern. Nachdem es zuvor mit der Pilotenkarriere nicht funktioniert hatte, studierte ich Wirtschaftsingenieurwesen. Zum einen, weil ich ganz gut in Mathe und Physik war, zum anderen, weil ich nicht den Hauch einer Ahnung hatte, als was ich später mal arbeiten wollte. Als Wirtschaftsingenieur könne man fast alles machen, so hieß es. Und zumindest damals im Frühjahr 2008, als die Finanzkrise noch ein gutes Stück davon entfernt war, sich zu einer globalen Wirtschaftskrise auszuweiten, stimmte das auch.

Ich konnte mir meinen Start in das Berufsleben aussuchen. Der Job war gut bezahlt, bot aussichtsreiche Karriereperspektiven und eine steile Lernkurve. Einige Monate früher als geplant beendete ich mein Traineeprogramm, um die ersten Stufen auf der Karriereleiter zu erklimmen. Erst wurde ich Vertriebsingenieur, achtzehn Monate später Area-Sales-Manager mit Vertriebsverantwortung für sieben Länder und etwa 30 Millionen Euro Umsatz. Als ich neunundzwanzig war und der nächste Karriereschritt anstand, entschloss ich mich zu kündigen. Mein Plan war bis dahin offensichtlich aufgegangen: Ich verdiente gut, reiste viel, genoss meinen Status und meinen Erfolg. Ich hatte nur ein einziges Problem: Ich wurde das Gefühl nicht los, im falschen Film gefangen zu sein.

Mein Leben war – ohne dass ich es richtig mitbekommen hatte – mit der Zeit furchtbar eindimensional geworden. Es bestand nur noch daraus: arbeiten, kaputt nach Hause kommen, mich in meiner Freizeit mit Facebook, Fernsehen und anderen Belanglosigkeiten beschäftigt halten, die Wochenenden herbeisehnen und ab und zu den Kontostand checken. Immerhin war dies der einzige Maßstab, der mir das Gefühl gab, zumindest ein bisschen in meinem Leben voranzukommen. Ansonsten hatte ich immer häufiger das Gefühl, zwar mit Höchstgeschwindigkeit unterwegs zu sein – nur dabei vollkommen die Richtung aus den Augen verloren zu haben.

Ich raste durch mein Leben – und stagnierte gleichzeitig. Es klingt paradox, aber so war es. Genauso wie das Gefühl, niemals für etwas Zeit zu haben, und gleichzeitig jede freie Minute mit aller Macht totzuschlagen. »Ich muss«, war meine Lieblingsformel: »Ich muss nur noch kurz diese Mail schreiben, dann komm ich gleich zu dir, Schatz. Nein, wir können uns nicht treffen, ich muss dringend Sport machen.« Oder: »Nein, ich habe am Wochenende keine Zeit, ich muss endlich meine Steuererklärung machen.« Ich *musste* vieles, doch von dem, was ich *wollte*, hatte ich keine Ahnung. Ich hatte Pläne, keine kitschigen »Träume«. Das dachte ich zumindest.

Doch auch wenn ich keine Träume hatte, gab es trotzdem etwas: eine leise Stimme. Am Anfang war sie nur manchmal da, und wenn, dann war ich der Einzige, der sie hören konnte – lange Zeit existierte sie nämlich nur in meinem Kopf. Sie sagte: »Was zum Teufel machst du hier eigentlich? Ist das wirklich alles? Geht das die nächsten vierzig Jahre so weiter?« Doch je häufiger ich meine Tage damit verbrachte, zehn Stunden auf den Monitor vor mir zu starren und gefühlte zweihundert Mails am Tag zu beantworten, wurde diese Stimme immer lauter. Bis es eines Tages so weit war und diese Stimme plötzlich meine eigene war. Es war ein typischer Montagmorgen, wir standen in der Teeküche unseres Großraumbüros, als ich mich sagen hörte: »Eigentlich würde ich gerne mal was ganz anderes machen.« Mein Kollege schaute mich an und erwiderte, ohne zu zögern: »Ich auch.« So war das also.

Ab diesem Moment wurde »Eigentlich würde ich gerne mal …« unsere neue gemeinsame Lieblingsformel. Wir sagten sie ständig und murmelten dabei die verrücktesten Ideen in unsere Kaffeetassen: Man müsste mal dieses machen, jenes erfinden, und eigentlich wäre XYZ doch eine super Geschäftsidee. Wir malten uns den Erfolg in den schillerndsten Farben aus, immer garniert mit den Erfolgsgeschichten von anderen, die »einfach mal gemacht« hatten und durch ihre Ideen reich und berühmt geworden waren. Doch wir machten es nicht. Denn so bunt unsere Phantasie auch war, endete sie jedes Mal im Dunkelgrau der Realität: Waren unsere Träume auch noch so groß, kündigen wollten wir bestimmt nicht. Dafür ging es uns mit unseren Jobs viel zu gut, Geld und Sicherheit waren uns beiden wichtig.

Irgendwann war uns klar: Es gab in dieser Situation lediglich zwei Alternativen: entweder weiter im Luftschloss wohnen bleiben, es sich dort also Woche um Woche ein wenig gemütlicher einrichten – mit dem Wissen, dass es immer beim »Eigentlich würde ich gerne mal« bleiben würde. Diese Tagträumerei einfach weiterzuführen war gar keine so abwegige Option, wie man meinen könnte. Immerhin war sie mit der Zeit fast zu einem gemeinsamen Hobby geworden: Es machte wirklich Freude, zusammen verrückten Träumen nachzuhängen. Der Nachteil war allerdings, dass sie Träume blieben. Unser Weg blieb genauso vorgezeichnet, wie er es immer schon war, inklusive der Perspektive, das gleiche Einerlei des Alltags für die nächsten vierzig Jahre bis zur Rente zu haben.

Die zweite Variante war aussichtsreicher, klang aber im ersten Moment völlig unrealistisch. Sie lautete: Etwas nebenher machen – das Potenzial einer Geschäftsidee austesten, ohne dafür gleich zu kündigen. Jeder traf für sich die beste Entscheidung – aber es waren zwei verschiedene. Mein Kollege, zweiundvierzig Jahre alt, verheiratet, Haus, Kinder, konnte kein eigenes Projekt mal eben nebenher starten – egal, wie er es anstellte, und egal, wie groß oder klein es werden sollte. Es passte einfach nicht: Das Zeitfenster dafür hatte sich einige Jahre zuvor geschlossen, und es würde noch dauern, bis die Kinder aus dem Gröbsten raus waren und es sich wieder öffnete. Für mich hingegen gab es diese Hindernisse nicht: Ich hatte weder Haus noch Kinder noch sonstige ernsthafte Verpflichtungen. Für mich stand das Zeitfenster weit offen. *Noch.* Das war mir bewusst, genauso wie die Tatsache, dass dies nicht ewig so bleiben würde. Es war die Geburtsstunde der dritten Formel, und sie hieß: »Wenn du es jetzt nicht machst, dann machst du es nie.« Sie wurde ein tägliches Mantra – und ich fing an.

Mein »Traum« stellte sich als Spritspar-Training heraus. Ja, richtig gehört – ein Fahrtraining, um weniger Benzin zu verbrauchen. Zugegebenermaßen keine Idee, mit der man auf Partys prahlen kann oder die einem beim Stichwort »Traum« als Erstes in den Sinn kommt. Aber es war eine Idee, die mir schon seit langem im Hinterkopf herumspukte: Zu meiner Zeit als Vertriebsingenieur hatte mir mein Arbeitgeber ein solches Training gesponsert. Widerwillig fuhr ich damals hin, aber nahm drei Erkenntnisse mit. Erstens: Ein Spritspar-Training funktioniert wirklich. Zweitens: Man musste nicht wie ein Rentner fahren, um Sprit zu sparen. Die Fahrweise hatte wirklich Potenzial und machte Spaß – daran hatte ich am meisten gezweifelt. Drittens: Das Training war stinklangweilig – was ich fast erwartet hatte.

Dies waren für mich genügend Ansatzpunkte, um aus der Idee etwas zu machen; darüber hinaus war sie ideal für ein Nebenprojekt: Die Trainings konnte ich ohne Probleme an den Wochenenden anbieten. Gab es genug Anmeldungen, fand es statt, sonst hatte ich eben frei. Den Bürokram konnte ich während der Woche nebenbei erledigen. Ich fing an, mich mit allem Notwendigen zu beschäftigen – was ich aus meinem Studium zumindest theoretisch schon wusste. Immerhin hatte ich mich während des Wirtschaftsingenieurstudiums auf Marketing und »Entrepreneurship«, was neudeutsch für Unternehmensgründung steht, spezialisiert.

Anderthalb Jahre später hatte ich mein eigenes Spritspar-Training entwickelt, es als Marke europaweit geschützt, eine eigene Webseite mit Logo und allem, was so dazugehört. Ich hatte mehr als ein Dutzend Fahrlehrer nach meiner Methode trainiert und als freie Mitarbeiter unter Vertrag genommen. Vor allem aber hatte ich unglaublich viel gelernt. An erster Stelle: dass all das Wissen aus meinem Studium zwar nett war, mir aber in der Praxis kaum weitergeholfen hatte. Ich war mir sicher: Ein eigenes unternehmerisches Nebenprojekt, also ein 4-Stunden-Startup, auf die Beine stellen – das kann fast jeder.

Nachdem ich lange genug gesehen hatte, dass es funktionierte, machte ich einen Schritt, den ich mich zuvor niemals getraut hätte: Ich wollte sehen, wie weit ich es mit meiner Idee bringen kann – und reichte meine Kündigung ein. Du musst mich verstehen: Ich bin als Kind zweier Beamter aufgewachsen, das Bedürfnis nach einer sicheren Anstellung wurde mir quasi in die Wiege gelegt. Niemals hätte ich mich mit einer Idee »einfach so« selbständig gemacht. Ich hätte nach dem Studium noch nicht einmal einen Job in einem Startup angenommen, obwohl es mich sehr gereizt hatte – es war mir einfach zu unsicher. Aber nachdem ich anderthalb Jahre Erfahrungen sammeln konnte – die mir übrigens auch für meinen normalen Job unglaublich viel brachten –, traute ich mich, den Sprung ins kalte Wasser zu machen. Oder, besser gesagt: ins lauwarme Wasser. Ich wollte nicht irgendwann zurückblicken und mir selbst vorwerfen müssen, dass ich es bloß hätte probieren müssen. Gleichzeitig war mir bewusst, dass das Spritspar-Training nicht die Liebe fürs Leben war: Es war »nur« der perfekte Start für mich.

Können, nicht müssen

Mittlerweile habe ich gelernt, dass das, was meinem Kollegen und mir damals wie eine irre Idee vorkam – neben der Arbeit ein kleines Unternehmen zu gründen –, alles andere als irre ist. Ich habe seitdem viele Menschen getroffen, die genau dasselbe gemacht haben. Die wenigsten hatten einen Wirtschaftsabschluss, manche sogar nur einen Hauptschulabschluss. Und: Die wenigsten haben ihren Hauptjob gekündigt. Viele betreiben sehr erfolgreiche 4-Stunden-Startups als genau das, was sie von Anfang an waren – als *Nebenprojekte*. Sie genießen das Gefühl, weder vom einen noch vom anderen abhängig zu sein. Das 4-Stunden-Startup ist ihr zweites Standbein, das ihnen finanzielle und emotionale Freiheit gibt, gerade weil es nebenher läuft. Andere entscheiden sich bewusst dafür, den Hauptjob zu behalten, um nicht Gefahr zu laufen, dass ihr Leben nur noch durch die Selbständigkeit geprägt ist. Sie wollen nicht vom einen Hamsterrad ins nächste geraten.

Ein 4-Stunden-Startup ist nichts, mit dem du mit nur vier Stunden Arbeit pro Woche garantiert schnell reich wirst. Sicher: Für manche mag es so kommen, aber dieses Versprechen zu geben, finde ich höchst unseriös. Zum einen hängt sehr vieles von Glück und Zufall ab, zum anderen ist dein Projekt *selbstbestimmt*: Du alleine entscheidest, was du aus deinem Projekt machst, und auch wie viel Arbeit du in dein Nebenprojekt stecken möchtest: vielleicht jeden Tag vier Stunden, jede Woche vier Stunden oder auch vier Wochen mal gar nicht. All das ist möglich und wird jeden Tag von Tausenden so praktiziert.

Auch ich wollte nicht vom einen Hamsterrad ins nächste springen. Wie schnell nur noch Arbeit das Leben bestimmt und es zu eindimensional macht, hatte ich selbst erlebt. Mein 4-Stunden-Startup sollte mein Leben *bereichern* und mir Platz für andere wichtige Dinge lassen. Manche waren privater Natur – nach meiner Kündigung flog ich meiner damaligen Freundin nach Asien hinterher –, andere beruflicher Art: Ich nahm mir bewusst Zeit für weitere 4-Stunden-Startups; viele, bei denen am Anfang gar nicht absehbar war, was aus ihnen einmal werden würde. Beispielsweise fing ich an, über meine Ideen an Hochschulen und Stiftungen zu sprechen – heute halte ich Vorträge vor großem Publikum bei Firmen oder Wirtschaftskonferenzen. Ich wollte ein Buch schreiben, das zeigt, dass es ganz normale Menschen sind, die ihr Leben außergewöhnlich machen können, traute mich aber nicht, den ersten Schritt zu machen. Durch Glück und Zufall traf ich meinen späteren Koautor – er war mein Zwischenmieter, während ich in Asien war –, und zusammen ging es fast wie von alleine. Wir entschlossen uns, wiederum die Dinge selbst in die Hand zu nehmen und, anstatt Verlage anzubetteln, das Buch selbst herauszubringen.

Über Crowdfunding sammelten wir über 10 000 Euro, engagierten Profis für das Lektorat und den Druck und nutzten viele der Tools, die ich dir im vierten Kapitel vorstellen werde. Als wir anfingen, schworen wir uns eines: Wir würden nicht nur auf den einen Tag hinarbeiten, an dem das Buch herauskommt. Wir wollten den Weg mindestens genauso genießen, wie später das Ziel zu erreichen – »enjoy the process«, lautete unser Motto. Und wir genossen den Weg: Mit jedem Interview, das wir mit einem Nebenhermacher für unser Buch führten, lernten wir selbst dazu. Wir reisten in unserer Freizeit quer durch Deutschland, machten Couch-Surfing und trafen in wenigen Monaten mehr faszinierende Leute als in den Jahren davor zusammengenommen. Wenn uns jemand fragte, wie wir das alles nebenher schafften, kannten wir nur eine ganz ehrliche Antwort: »Es macht uns Spaß! Du fragst doch auch einen Hobbyfußballer nicht, wie er es schafft, dreimal die Woche zum Training zu gehen und am Wochenende zu Spielen zu fahren.«

Nichts anderes war unser 4-Stunden-Startup. Und obwohl es anders als das Spritspar-Training nicht dauerhaft angelegt war, entwickelte sich auch hieraus Ungeahntes: Aus zwei Self-Publishern wurden Verlagsgründer. Plötz & Betzholz ist ein Verlag, der sich auf YouTube-Stars spezialisiert hat. Es ist wieder ein 4-Stunden-Startup, aber ebenfalls mit dem Anspruch, genauso professionell wie die Großen zu sein. 2015 gewannen wir gegen hundertdreißig internationale Publishing-Startups die Wildcard der Frankfurter Buchmesse, auf die wir unser nächstes Buch gleich mitbrachten. Und es lief für uns sogar noch besser: Ein großer Verlag kam auf uns zu und bot uns eine Vertriebskooperation an. Wir konnten dabei nichts verlieren und nahmen dieses Angebot mit Freude an.

Wo das noch hinführt? Keine Ahnung, und es interessiert uns auch nicht besonders. Wir machen es, weil wir *können* – und nicht weil wir *müssen*. Und genauso solltest auch du dein Nebenprojekt sehen: Dein 4-Stunden-Startup soll dir mehr Freiheit geben und dein Leben bereichern. Es ist der Startpunkt einer Reise, die überall hinführen kann, und nicht das Endziel für die nächsten vierzig Jahre. Und: Der Phantasie sind dabei keine Grenzen gesetzt – von der eigenen Kinderhilfsorganisation bis hin zum erfolgreichen Startup mit Dutzenden Angestellten reichen die Möglichkeiten. Um zu beweisen, dass dies nicht nur eine Behauptung ist, wirst du im nächsten Kapitel eine ganze Reihe authentischer Gründer und deren Ideen kennenlernen. Eine Geschichte möchte ich dir jedoch gerne an dieser Stelle erzählen. Wenn du unser letztes Buch gelesen hast, kommt dir der Anfang möglicherweise bekannt vor, doch wie gesagt: Jede Geschichte ist eine Reise mit unbekanntem Ausgang. Und diese beginnt ziemlich dramatisch.

Wenn nicht jetzt, wann dann?

20. April 2011, Landgericht Frankfurt, Saal 001. Der Raum ist bis auf den letzten Platz belegt, vor dem Gebäude stehen TV-Übertragungswagen, auf der Anklagebank sitzen drei Studenten. Sie müssen sich für das verantworten, was sie in den vergangenen Monaten getan haben, denn aus ihrer klei-

nen WG heraus haben sie das Gesetz gebrochen – und dafür wurden sie von der Deutschen Bahn verklagt, dem milliardenschweren Konzern. Der Vorwurf: Das Trio soll gegen das Personenbeförderungsgesetz verstoßen haben, ein Gesetz aus dem Jahr 1934, das die Reichsbahn einst vor Konkurrenz schützen sollte. Doch das Urteil, das die Richterin an diesem Tag verkündet, gleicht einer kleinen Sensation: Die Klage der Bahn wird vom Gericht abgeschmettert. Es ist eine Entscheidung, die Schlagzeilen macht und das gewohnte Bild auf deutschen Autobahnen verändert. Denn an diesem Tag verliert die Deutsche Bahn nicht »bloß« gegen drei Studenten – sie verliert gleichzeitig ein Quasimonopol. Es ist die Geburtsstunde der Fernbusbranche in Deutschland, und Alex, Ingo und Christian von DeinBus sind ihre jungen Väter.

Die Idee, Fernbusse als günstige Fernverkehrsalternative zur Bahn zu etablieren, ist eigentlich nicht neu. Die so beliebte Frage: »Gibt's so was nicht schon?«, hätten die drei Gründer von DeinBus mit Ja und Nein beantworten können: Nein, in Deutschland gab es so etwas bis dahin noch nicht, da das Personenbeförderungsgesetz alle bisherigen Ansätze im Keim erstickt hatte. Und: Ja, im Ausland gibt es so etwas schon lange, und genau dort hatten sie ihre Idee kennengelernt, selbst ausprobiert, für gut befunden und nach Deutschland mitgebracht.

Dass die vermeintlich überschaubare Idee in Wahrheit eine Herkulesaufgabe sein und ein Prozess vor dem Landgericht anstehen würde, ahnen die drei ganz am Anfang, im Jahr 2008, nicht. Doch dass alles am Personenbeförderungsgesetz hängt, finden sie schnell heraus: Die Gründer fangen an, sich parallel zu ihrem BWL-Studium in die fremde juristische Materie einzuarbeiten. Sie steigen immer tiefer ein, bis sie eine Lücke im Gesetz entdecken: Eine Bus-Mitfahrzentrale unterliegt ihrer Meinung nach nicht den Beschränkungen des Gesetzes. Im März 2009 wird das 4-Stunden-

Startup professioneller: Die drei Jungs gründen die Yourbus GmbH. Doch es soll noch bis Ende 2009 dauern, bis sich zum ersten Mal genügend Mitfahrer für eine gemeinsame Strecke finden und endlich der erste Bus mit dreißig Passagieren an Bord die Fahrt antreten kann. Dass den ersten Anfängen nicht nur eine intensive Zeit folgen würde, sondern auch eine Zeit des ständigen Vergleichens, ahnen die drei Studenten damals ebenfalls nicht: Während die einstigen Studienkollegen nach und nach ihre ersten Jobs annehmen, einen Firmenwagen bekommen und sich über ein dickes Jahresgehalt freuen, haben die Gründer von DeinBus nur einen Haufen Unsicherheit, kaum Geld und sehr viel Arbeit. Aus dem Nebenherprojekt ist mittlerweile eine Vollzeitaufgabe geworden.

Nach dem gewonnenen Prozess vor dem Landgericht Frankfurt wähnen sich die drei Jungs jedoch am Ziel ihrer Träume: Das Ende von Unsicherheiten, wenig Geld und viel Arbeit tut sich als kleines Licht am Ende des Tunnels auf. Doch, um im Bild zu bleiben: Das Licht ist eher der entgegenkommende Zug als das Ende des Tunnels. Die drei sind zwar alleine dafür verantwortlich, dass es in Deutschland eine Fernbusbranche, wie wir sie heute kennen, überhaupt gibt – doch dazu gehören auch andere Anbieter, die nach dem Fall des Gesetzes auf den Markt kommen und DeinBus innerhalb kürzester Zeit vom Marktführer zum Nischenanbieter machen. Flixbus, MeinFernbus und der ADAC Postbus werden einige der ersten »Marktbegleiter« von DeinBus. Sie entstehen am Reißbrett, sind mit Millionen finanziert und haben teils große Konzerne im Hintergrund – nicht bloß drei Studenten mit einer Handvoll Angestellten.

Als wir Alex und Christian für die Recherche unseres Buchs Anfang 2014 treffen, erleben wir zwei engagierte, zielstrebige Jungunternehmer. Zwar ist ihr Anteil am Kuchen mit jedem Anbieter, der auf den Markt kam, geschrumpft, doch der Kuchen ist groß genug für alle – so scheint es zumindest. Das DeinBus-Team ist zu dem Zeitpunkt über dreißig Mitarbeiter stark, das Büro sieht aus, wie man es sich in einem erfolgreichen Startup vorstellt: Ein großzügiges Backsteingebäude, auf jedem Schreibtisch ein Apple-Rechner, in der Ecke der obligatorische Kickertisch, und – unser Interview findet am späten Freitagabend statt – im Büro sind noch unzählige Leute. Nur zehn Monate später scheint der Kampf gegen die Riesen verloren: DeinBus verkündet Anfang November 2014 die Insolvenz.

In der jungen Branche geht plötzlich alles Schlag auf Schlag: Nur einen Tag später verkündet die Post, dass sie das Joint Venture mit dem ADAC verlässt – nicht mal sechs Monate nach der Meldung, dass das gemeinsame Unternehmen sein Fernbusnetz voller Ambitionen verdoppeln wolle. So schnell kann sich alles ändern, auch für die ganz Großen. Als wir von der Insolvenz aus den Medien erfahren, schreiben wir den Jungs von DeinBus, dass es uns furchtbar leid tue und ob sie eine Chance sähen, auf irgendeinem Weg weiterzumachen. Die Antwort: Das Glas sei halbvoll, nicht halbleer. Sie würden unglaublich viel Solidarität von ihren Kunden und Geschäftspartnern erfahren. Kurzum: DeinBus wolle nicht aufgeben, sondern kämpfen – jetzt erst recht. Doch über Wochen hinweg wird es sehr still um das junge Unternehmen.

Dann, einen Tag vor Heiligabend, die plötzliche Wendung, die tatsächlich klingt, als wäre sie einem Weihnachtsmärchen entsprungen: DeinBus gibt bekannt, einen Investor gefunden zu haben. Der Betrieb kann weitergehen, alle Arbeitsplätze sind gerettet, und die jungen Gründer können weitermachen! Es stellt sich heraus, dass der Investor kein Großkonzern ist wie bei vielen der anderen Busunternehmen, sondern ebenfalls ein junger Mann, dreiunddreißig Jahre alt, durch eigene Unternehmensgründungen zum Millionär geworden. Er hatte von dem Unternehmen und seinen sympathischen Gründern aus den Medien erfahren, als diese über die Insolvenz berichteten. Daraufhin nahm er kurzerhand Kontakt auf, an dessen Ende die Übernahme steht – obwohl er selbst zu der Fernbusbranche keinerlei Beziehung hatte. Der Kaufpreis ist siebenstellig. Erneut tut sich Licht am Ende des Tunnels auf – doch der nächste Zug rast bereits heran: Keine drei Wochen später fusionieren MeinFernbus und Flixbus, die alleine bereits die Nummer eins und zwei im Markt sind, zur übergroßen Nummer eins. Diese Fusion ist eine Kampfansage an die gesamte Konkurrenz.

Gibt es ein Happyend in der Geschichte von DeinBus? Das ist zum jetzigen Zeitpunkt nicht abzusehen. Wahrscheinlich wird es für die drei Jungs nicht leichter, in diesem Marktumfeld bestehen zu können, vielleicht überraschen sie aber ein weiteres Mal alle Skeptiker und Bedenkenträger. Und was bleibt? Alex und Christian sagen, dass sie mit ihrem Startup keine Millionäre geworden sind. Auch ihre konkreten Gehälter wollen sie lieber nicht in einem Buch veröffentlicht sehen, nur so viel: Den Vergleich mit ihren ehemaligen Studienkollegen, die nach dem Wirtschaftsstudium Karriere in der Industrie oder bei einer Unternehmensberatung gemacht haben, scheuen sie heute nicht mehr. Und egal, wie es mit DeinBus ausgeht, egal, dass Alex, Ingo und Christian nicht unermesslich reich oder besonders berühmt geworden sind – wer weiß schon, dass sie es waren, die die Fernbusbranche in Deutschland »erfunden« haben? –, eines ist sicher: Sie haben Geschichte geschrieben: Drei ganz normale Jungs von nebenan haben es geschafft, Millionen Menschen zu bewegen – im wahrsten Sinne.

Was aus deinem Projekt wird, hängt sicher zu einem großen Teil von Glück und Zufall ab. Aber dennoch ist ein 4-Stunden-Startup selbstbestimmt. Es soll dir zusätzliche Freiheit und Möglichkeiten geben – kein weiteres »ich muss« werden. Du musst mit deinem Nebenprojekt nicht reich werden, noch nicht einmal unbedingt davon leben können. Du alleine bestimmst über deine Idee und darüber, was du daraus machen möchtest. Die Zeit war noch nie so gut dafür wie heute, denn es war noch nie so leicht, »einfach mal zu machen«. Dafür steht dir alles zur Verfügung, was du brauchst, sogar die Tools der großen Startups und Unternehmen – ganz egal, was dein Projekt wird, ob es Busverkehr und Lücken in Gesetzen sind, die dich faszinieren. Oder ob es gar etwas derartig Abweg iges ist wie ein Fahrtraining, um weniger Benzin zu verbrauchen und dabei auch noch schneller unterwegs zu sein.

Richtig, das Spritspar-Training. Wie gesagt, es war nicht die Liebe fürs Leben, aber wichtig, um das Hamsterrad zu verlassen. Ich habe es mittlerweile an den Betreiber des größten ADAC-Fahrsicherheitszentrums in Nordrhein-Westfalen verkauft. Es war der notwendige Startpunkt für mich, um ein Stückchen weg von den unzähligen Plänen für mein Leben und hin zu diesen kitschigen Träumen zu kommen: Ideen verbreiten, Startup-Spirit in große Unternehmen einhauchen und normale Menschen dazu bringen, alle Möglichkeiten für sich zu nutzen.

Wahrscheinlich hast du ganz andere Träume, aber hörst vielleicht die gleiche innere Stimme wie ich damals. Vielleicht hast du auch schon mal gedacht: »Wenn nicht jetzt, wann dann?« Und vielleicht sagst du sogar bereits dasselbe wie ich: »Ich würde es jederzeit wieder machen.« Ein Satz, den ich mittlerweile unzählige Male gehört habe, und jedes Mal gerne. Denn er klingt so viel schöner als das verbitterte »Hätte ich bloß«, wenn man merkt, dass einem alle Türen offen standen, man sich nur nie getraut hat, auch hindurchzulaufen. Doch auch das verrät meist nur die eigene innere Stimme.

2

PALMEN IN CASTROP-RAUXEL: WAS MIT EINEM 4-STUNDEN-STARTUP MÖGLICH IST

> *»Das gute Beispiel ist nicht eine Möglichkeit,*
> *andere Menschen zu beeinflussen, es ist die einzige.«*
> Albert Schweitzer

Im letzten Kapitel hast du bereits die erste Geschichte eines 4-Stunden-Startups kennengelernt. Die Jungs von DeinBus haben es geschafft, aus einer vermeintlich verrückten Idee eine ganz neue Branche entstehen zu lassen. Doch selbst ihre Erfolgsgeschichte hat viele Schattierungen, und es ist mir wichtig, dir ein realistisches Bild von den Möglichkeiten eines 4-Stunden-Startups zu vermitteln. Authentische Geschichten zeigen, dass es tatsächlich möglich ist, sein eigenes Ding nebenher zu machen, und dass dies nicht nur eine kühne Behauptung ist. Auf der anderen Seite sind Geschichten, die das Leben schreibt, die beste Möglichkeit, die bunte Vielfalt der 4-Stunden-Startups zu illustrieren.

Dabei ist jede Geschichte anders: Manche sind bewusst als einmalige Aktionen angelegt, andere entstehen durch eine zufällige Begegnung, wiederum andere sind der Testlauf zu einer großen Geschäftsidee. Dem Buch, das wir durch Crowdfunding finanzierten und aus dem später unser eigenes 4-Stunden-Startup wurde, gaben wir in Anlehnung an eine Geschichte darin den Titel *Palmen in Castrop-Rauxel*. Denn selbst das ist möglich: als Hauptschüler und Maurer durch ein 4-Stunden-Startup zu Europas größtem Händler für mediterrane Pflanzen und Palmen zu werden – mitten im Ruhrgebiet! Die Geschichten in diesem Kapitel sollen dir zeigen, was möglich ist. Vor allem aber sollen sie dir Mut und Lust machen, es endlich selbst zu probieren.

Startup-Thinking: Dir werden in diesem Buch an verschiedenen Stellen diese Boxen begegnen. Sie enthalten praktische Tipps oder besondere Infos, manchmal dienen sie auch dazu, dich auf einen besonders wichtigen Punkt aufmerksam zu machen.

Vom Nebenprojekt zum großen Deal

»Kannst du nicht mal eben?« Diese Frage kennen nicht nur Steuerberater und Handwerker, sondern auch Thomas »Tom« Bachem hört sie häufig von seinen Freunden. Tom macht »was mit Internet«, und tatsächlich kennt er sich nicht nur gut, sondern hervorragend aus: Im Jahr 2006 gründete er zusammen mit Ibrahim »Ibo« Evsan das Videoportal Sevenload, welches als »deutsche Antwort auf YouTube« gefeiert wurde.

Thomas war damals noch ein Teenager, doch im Internetgeschäft bereits ein alter Hase: Schon seit Jahren programmierte er zusammen mit Freunden Webseiten für kleine Geschäfte. Er machte alles, von A wie Apotheke bis Z wie Zoogeschäft. Mit dem Internetboom um die Jahrtausendwende entwickelte sich eine eigene Homepage langsam zum Muss. Doch so wichtig sie wurde, so war die Technik dahinter für viele ein Buch mit sieben Siegeln. Und so kamen auch Thomas und Ibrahim zusammen. Der eine neunzehn und Programmierer, der andere neunundzwanzig und auf der Suche nach jemandem, mit dem er seine Idee – diese Idee mit dem Potenzial, richtig groß zu werden – umsetzen konnte.

Nur wenige Monate, nachdem in Kalifornien drei ehemalige Paypal-Mitarbeiter YouTube gegründet hatten, startete 2005 im sommerlichen Köln die Arbeit an einer Videoplattform. Ein Jahr später kaufte Google für einen bis dahin nie dagewesenen Rekordpreis von umgerechnet 1,3 Milliarden Euro YouTube, und es war nur eine Frage der Zeit, bis auch Sevenload zum begehrten Kandidaten würde. 2010 war es so weit: Der Medienkonzern Burda übernahm die Mehrheit am Unternehmen, im gleichen Jahr zählte die *Wirtschaftswoche* Tom und Ibo zu den zehn prominentesten deutschen Gründern.

Ja, Thomas kannte sich im Internet hervorragend aus. Doch auch er musste passen, als im Frühjahr 2011 eine Freundin mit großen Augen und noch größeren Erwartungen vor ihm saß. Ein Online-Tool, mit dem man einfach und unkompliziert Lebensläufe formatieren und als PDF abspeichern konnte? Das kannte selbst Tom nicht. Er selbst hatte in seinem Leben noch keinen einzigen Lebenslauf verschicken müssen, doch die Freundin, die ihm diese Frage stellte, war offenbar nicht die Einzige, die dieses Problem hatte. Schon häufiger hatte er Freunde und Bekannte über dieses Problem lamentieren hören – doch dieses Mal war seine Neugierde endgültig geweckt.

Thomas googelte und recherchierte, doch was er fand, sah entweder aus wie »Grütze« oder war viel zu kompliziert – das konnte er besser. Und so begann ganz unspektakulär das kleine Nebenprojekt »Lebenslauf-Editor«. Thomas hatte weder die Absicht, damit Geld zu verdienen, noch zeitlichen Druck. Einen schönen Editor zu bauen war zwar nicht ganz leicht, aber für einen Crack wie ihn wiederum nicht allzu schwer. Dabei hatte Thomas übrigens nicht Informatik studiert, wie man vielleicht erwarten würde, sondern BWL. Es war genau die richtige Art Herausforderung, um in seiner Freizeit ein bisschen herumzuspielen und sich weiterzuentwickeln. Für ihn ist Softwareentwicklung eine Leidenschaft, die investierten Stunden betrachtet er nicht als Arbeit, sondern als waschechtes Hobby. Und so dauerte es ein paar Monate, bis er mit diesem Nebenherprojekt fertig war und der Editor mangels anderer guter Alternativen unter der Internetadresse Lebenslauf.cc online ging. Wenige Monate später wusste Thomas, dass er einen Nerv getroffen hatte.

Ganz am Anfang hatte er nur seinen Freunden und Bekannten von dem kleinen Tool erzählt, vielleicht auch mal was bei Facebook gepostet, aber mehr sicher nicht. Doch Lebenslauf.cc sprach sich offensichtlich herum, die Besucherzahlen stiegen und stiegen – weit über seinen eigenen Bekanntenkreis hinaus. »Wenn die Seite wirklich so nützlich ist, könnte man dann damit nicht auch ein bisschen was verdienen?«, fragte er sich irgendwann. Nach einigen Tests zeigte sich, dass 5,99 Euro ein fairer Preis war, bei dem genügend Nutzer bereit waren, für den Service zu bezahlen: nicht zu billig, nicht zu teuer, sondern genau richtig. Thomas' Nebenprojekt funktionierte, er kaufte die deutlich attraktivere Internetadresse Lebenslauf.com zu einem recht günstigen Preis und machte sein kleines Projekt endgültig zum 4-Stunden-Startup. Denn einmal eingerichtet war die Seite praktisch ein Selbstläufer: ein Selbstläufer, der einen fünfstelligen Umsatz generierte – pro Monat!

Doch Thomas wollte kein 4-Stunden-Startup. Der Erfolg motivierte ihn, mehr daraus zu machen. Durch seine bisherigen unternehmerischen Projekte – er hatte nach Sevenload noch eine Webagentur und ein Spiele-Startup gegründet – kannte er viele Akteure aus der Internetszene. Als ihn eines Tages der Chef einer bekannten Karriereplattform zum Mittagessen einlud, war dies für Thomas nichts Ungewöhnliches. Dass es dabei um eine mögliche Partnerschaft gehen könnte, änderte daran auch nichts. »Mal schauen, was passiert«, dachte er sich.

Damit, dass ihm zum Nachtisch vorgeschlagen wurde, sein Projekt Lebenslauf.com zu verkaufen, hatte Thomas allerdings nicht gerechnet. Alter Hase hin oder her: Die Frage, was er dafür haben wolle, erwischte ihn vollkommen unvorbereitet. Seine Antwort entsprang daher keinem kühlen Kalkül, sondern kam direkt aus dem Bauch heraus: 400 000 Euro. Allerdings, so schob er nach, müsste er sich in Ruhe mal ausrechnen, ob das ein realistischer Preis sei, man solle es daher bitte nur als Größenordnung verstehen.

Als Thomas nach dem Essen zu Hause angekommen war, hatte sich ein Gefühl eingestellt: Er, der begeisterte Pokerspieler, könnte eigentlich ein bisschen höher pokern. Denn er hatte nichts zu verlieren, sondern konnte eigentlich nur gewinnen. Es galt, den aus der Hüfte geschossenen Preis möglichst plausibel für viel zu niedrig zu erklären. Keine leichte Aufgabe, aber nicht unlösbar. Soundso viele zahlende Kunden heute, deren Zahl ordentlich auf die Zukunft hochgerechnet, das ergab – einen Bluff? Vielleicht ein bisschen. Aber es war einer, den man wagen kann, wenn man gute Karten auf der Hand hat. Und die hatte er mittlerweile, selbst wenn er anfangs ohne konkrete Absichten gestartet war. Die Zahl, die Thomas daraufhin nannte, war fast doppelt so hoch. Doch der Chef der Karriereplattform ließ sich nicht abschrecken und sah für sich tatsächlich einen entsprechend hohen Gegenwert, über den Rest würde man sich schon einig werden. Es schien, als habe alles bestens funktioniert.

Dass der Euphorie Wochen und Monate der Ernüchterung folgen würden, war für Thomas zu diesem Zeitpunkt nicht absehbar. Zwar war das Interesse zu Beginn enorm, doch der Kaufprozess war zäh und zog sich immer weiter in die Länge. Die Euphorie verflog auf beiden Seiten, bis sich allmählich abzeichnete: Der Deal würde so wohl nicht zustande kommen. Allerdings hatte Thomas noch einen weiteren Trumpf im Ärmel. Immerhin gab es nicht nur diese eine Karriereplattform, sondern noch weitere Unternehmen, die einen großen Nutzen für sich aus Thomas' Projekt ziehen konnten. Über sein Netzwerk kannte er Ansprechpartner in diesen Firmen und hatte sie parallel zu den Verhandlungen bereits kontaktiert. So wie das Karrierenetzwerk Xing, das ebenfalls großes Interesse zeigte.

Das gleiche Spiel begann von vorne: Euphorie am Anfang, gefolgt von monatelangem Hin und Her – ausgiebige Verhandlungen gehören eben dazu. Der Grund diesmal: Xing wollte Lebenslauf.com kostenlos zugänglich machen. Die einzige Bedingung für die Nutzer: Sie müssten ein Xing-Profil registrieren beziehungsweise bereits dort angemeldet sein. Für jede Registrierung würde Thomas Geld von Xing erhalten. Ob das funktionierte? Thomas war skeptisch, jedoch bereit, es einfach auszuprobieren. So wie damals bei der Preisfindung betrachtete er alle noch so guten Annahmen als das, was sie waren: nichts als Annahmen, die letztlich nur durch ein Experiment bestätigt oder widerlegt werden konnten.

Zwei Tage später kannte er die Antwort. Er hatte für ein Wochenende die Seite umgestellt und die Lebensläufe kostenlos angeboten – nur gegen die einzige Bedingung, dass die Nutzer ein Profil bei Xing erstellen mussten. Das Ergebnis war eindeutig: Es wurden viermal mehr Lebensläufe heruntergeladen als bislang. Die von Xing erdachte Lösung brachte nicht nur keine Probleme mit sich, sie war sogar weit besser als die bisherige. Thomas' letzte Zweifel waren ausgeräumt. Montagmorgen rief er bei Xing an, verhandelte noch ein paar Details nach und stimmte zu.

Im Mai 2014 wurde Lebenslauf.com von Xing gekauft. Details zur Transaktion wurden nicht offiziell bekannt gegeben, allerdings war aus dem Unternehmensumfeld zu hören, dass der Deal wohl siebenstellig ausgefallen sein muss. Aus Thomas' kleinem Hobbyprojekt ist Deutschlands beliebtester Lebenslauf-Editor geworden – er wird jeden Monat von über fünfzigtausend Menschen genutzt.

Dranbleiben, immer dranbleiben

Auch wenn dieses Buch *Das 4-Stunden-Startup* heißt und es sich dabei offensichtlich um unternehmerische Nebenprojekte handelt, steht das Geldverdienen nur ganz selten alleine im Vordergrund, manchmal ist es sogar völlig nebensächlich, obwohl das Projekt unternehmerisch geführt wird. Und eben auch nicht selten wird aus einer einmaligen Aktion etwas Größeres – so wie bei der zweiten Geschichte.

Sie hatte ihren Anfang in Dortmund, im Dezember 2000. Es war ein typischer Wintertag im Ruhrgebiet: der Schnee matschig, der Himmel trüb. In den Innenstädten roch es nach gebrannten Mandeln und Glühwein, in den Kaufhäusern lief mal wieder »Last Christmas« in der Dauerschleife. Der Zauber der Vorweihnachtszeit war gerade dabei, seine Spuren zu hinterlassen und die Welt in eine sentimentale Stimmung zu versetzen, als sich das Leben von Marc Peine, damals neunundzwanzig, ohne Vorankündigung radikal verändern sollte. Es war ein ausgelassener Abend, wenige Tage nach Nikolaus, die Geburtstagsparty eines Freundes war in vollem Gange: Alle tanzten, lachten, tranken miteinander. Eigentlich war das weder der geeignete Ort noch der ideale Zeitpunkt für ernste Gespräche – und doch erzählte Christian Vosseler seinem Kumpel Marc von einem Mädchen namens Jacqueline, der Tochter eines Freundes. Ihr rechtes Bein endet oberhalb des Knies, ein Geburtsfehler. Christian war am Nikolaustag bei ihr gewesen, hatte sich einen roten Mantel übergeworfen, einen weißen Rauschebart angeklebt und ihr Geschenke mitgebracht.

Marc hakte nach, wollte mehr wissen. Christian, der seinen Zivildienst in der Kinderklinik in Dortmund absolviert hatte, erzählte schließlich von weiteren kranken Kindern, die er kennengelernt hatte und die das Weihnachtsfest nicht zu Hause erleben konnten: Kinder, die Krebs haben oder eine Behinderung, die zu jung sind, um zu wissen, dass es das Christkind gar nicht gibt, oder die noch jung genug sind, damit ihre Augen strahlen, wenn sie von der Bescherung reden.

Marc beschloss noch an diesem Abend, etwas zu tun. Er gab Christian 100 Mark und erzählte in seinem Freundes- und Bekanntenkreis von den kranken Kindern und der selbstinitiierten Spendenaktion. Bis Heiligabend lagen 1000 Mark im Pott. Bürgerengagement war das, unbürokratisch, schnell. Gemeinsam mit Christian rührte er die Werbetrommel. Dieser kontaktierte seine alten Kollegen in der Kinderklinik und fragte: »Was könntet ihr gebrauchen?« Die Antwort: Spiele, Kassetten, einen CD-Player – eben all das, was Kindern ein Lachen ins Gesicht zaubert.

Heiligabend, das war für Marc bis dahin immer ein zäher Tag gewesen – einer, der dahinplätschert, irgendwann in die Kirche führt und später zur Bescherung. Ein Tag, an dem man sich den Bauch vollschlägt und manchmal verkrampft über den Sinn des Lebens philosophiert. Ein Tag mit der Familie ist das immer gewesen, mit den Eltern, später mit den eigenen Kindern. Doch Marcs Familie ist seit Heiligabend 2000, dem Jahr, als er 100 Mark spendete, größer geworden. Abende, an denen er nun vor Menschen wie Lukas sitzt. Der Junge ist sechs Jahre alt und vom Krebs gezeichnet. Die Geschenke, die Marc und Christian mitgebracht haben, sind noch nicht ausgepackt, da erzählt er, was er sich wünscht. Die Liste ist lang, die Stimme des Jungen überschlägt sich. Ob er denn auch wisse, was sich seine Mama wünsche? Lukas hält inne, sein Lachen erstickt, er wispert: »Dass ich wieder gesund werde.«

Zwei Jahre ging das so: Geld bei Freunden sammeln, Geschenke kaufen und an Heiligabend an die Kinder verteilen. Doch Marc und Christian hörten auch immer wieder, dass sie einen Verein gründen sollten. Das hatte einen einfachen Grund: Vereine können Spendenquittungen ausstellen und Unternehmen ihre Spenden von den Steuern absetzen. Sie folgten dem Rat irgendwann und gründeten einen Verein – ohne zu wissen, dass sich aus einem spontanen Krankenhausbesuch eine heute bundesweit anerkannte Hilfsorganisation entwickeln würde: Kinderlachen e.V. mit Sitz in Dortmund.

Aus den anfangs 1000 Mark sind bis heute jährliche Spenden in Höhe von weit über einer halben Million Euro geworden. Trend: weiter steigend. Außerdem ist inzwischen alles anders, größer, effizienter. Statt Spielzeug kaufen sie vermehrt medizinische Produkte und erfüllen Lebensträume. Sie organisieren Spendenaktionen, veranstalten Benefiz-Fußballspiele oder Eishockeyduelle und versteigern Unikate. Einmal im Jahr findet die Kinderlachen-Gala statt, die über neun Monate hinweg vorbereitet werden muss und bei der sie eine eigene Auszeichnung verleihen, den »Kind-Award«. Der Preis geht an ehrenamtlich tätige Prominente. Kinderlachen ist ein Verein mit nur zwei Menschen an der Spitze, die anfangs fast jede freie Minute ihrer Freizeit nutzen, hart arbeiten, für Momente, die ihnen bis dahin verwehrt geblieben sind – und die vielen auf ewig verwehrt bleiben. Momente, wenn ein Kind lacht, dem eigentlich zum Weinen zumute ist, oder wenn ein todkrankes Kind neuen Lebensmut fasst.

Erst nach neun Jahren machten sie aus ihrem Neben- ein Vollzeitprojekt – zumindest zur Hälfte: Marc, der bis dahin als Kaufmann bei einem Unternehmerverband arbeitete, stieg in Vollzeit bei Kinderlachen ein, Christian blieb jedoch weiter in seinem Hauptjob, im Vertrieb bei einem Dienstleister. Dabei war es nicht so, als wäre bis dahin alles reibungslos vorangegangen, ganz im Gegenteil: Eine Hilfsorganisation, die niemand kennt, will niemand unterstützen. Deshalb schauten sie sich etwas bei den großen Organisationen ab, um bekannter zu werden: 2005 luden sie zum ersten Mal zu einer festlichen Preisverleihung: ein kleines Essen, nicht mehr als hundert Gäste und ein paar Prominente, die für ihr ehrenamtliches Engagement ausgezeichnet werden. So viel zum Plan. Doch der erste Schritt aus der Anonymität heraus war schmerzhaft: Marc schrieb hundertzwanzig Prominente an, per Post, per E-Mail oder persönlich an sie oder an ihr Management gerichtet. Von den meisten erhielt er nicht einmal eine Antwort, von den wenigen übrigen immerhin eine Absage. Am Ende kamen vier Prominente zur Auszeichnung: Ute Ohoven, die Unesco-Sonderbotschafterin, Schauspieler Heinz Hoenig, Comedian Matze Knop und der ehemalige Fußballnationalspieler Michael Rummenigge.

Nachdem nach Wochen des Bangens endlich verbindliche Zusagen da waren, musste alles schnell gehen: Ein passender Saal musste her. Doch in Dortmund war nichts mit ausreichend Kapazität aufzutreiben, lediglich das Panoramaforum in der Westfalenhalle stand noch zur Verfügung. Panoramaforum: Das klingt weltoffen, edel und groß, doch es ist nicht mehr und nicht weniger als der Flur der Westfalenhalle. Andere hätten spätestens jetzt das Handtuch geworfen, aber Marc und Christian wollten ihre Veranstaltung durchziehen, im Notfall auch auf dem Flur. Und das taten sie dann auch.

Heute findet die Kinderlachen-Gala nicht mehr im Flur, sondern im zweitgrößten Saal der Westfalenhalle statt. Die Prominenz kommt, die Paparazzi folgen – und von Jahr zu Jahr werden es mehr. Siebenhundert finanzkräftige Besucher sind es mittlerweile, es gibt ein Drei-Gänge-Menü und Unterhaltung zwischen Musik, Show und Comedy. Die Eintrittskarte kostet 240 Euro – ist ja für den guten Zweck. Genauso wie die Versteigerung von exklusiven Einzelstücken, die Kinderlachen dabei jährlich Tausende Euros in die Kassen spült.

Ist Kinderlachen das, was man sich unter einem echten Startup vorstellt? Sicher nicht. Aber dennoch funktioniert es kaum anders: Am Anfang stand eine Idee, die vielleicht nicht im klassischen Sinne innovativ war, aber dennoch neuartig: Es gab keine Spendenorganisation, die zu Weihnachten Geschenke an kranke Kinder verteilte – zumindest nicht so, wie Marc und Christian es sich vorstellten. Danach mussten sie andere von ihrer Idee überzeugen, damit diese funktionieren konnte: zuerst Freunde und Bekannte, danach völlig Fremde. Sogar Prominente, die vermutlich mehrmals am Tag um Geld oder Unterstützung gebeten werden, überzeugten sie. Natürlich ist »Geld für Kinder spenden« kein Produkt im eigentlichen Sinne. Aber jeder, der schon mal selbst versucht hat, Spenden zu sammeln, weiß, dass dazu viel Herzblut und gute Argumente nötig sind – wie bei einem Startup. Und: Letzten Endes schafften sie es, so zu wirtschaften, dass sie sich für ihre Arbeit auch angemessen bezahlen und somit ihren »Traum« zum Beruf machen konnten.

Erfolg? Sich selbst treu zu bleiben

Sie wurden gewarnt, mehrfach. »Macht das nicht«, haben die Menschen in ihrem Umfeld gesagt. »Ihr seid doch Freundinnen.« Sie haben es trotzdem getan. Nicht *obwohl*, sondern *weil* sie Freundinnen sind. Julia Demel und Birgit Knabe haben das kleine 4-Stunden-Startup Bibabox gegründet. Sie entwerfen und verkaufen Kinderträume aus Pappe. Genauer gesagt vertreiben sie Papphäuser, Schiffe und Tiere, die Kinder selbst bemalen und nach ihrer Phantasie gestalten können.

Birgit und Julia, beide zweiundvierzig, kennen sich aus dem Grafikdesign-Studium. Sie haben gemeinsam gelernt und Projekte miteinander gestemmt, sich später bei den ersten Arbeitsaufträgen gegenseitig unterstützt. Kurzum: Sie kennen sich als Freundinnen und als Arbeitskolleginnen. Und seit fünf Jahren sind sie auch Geschäftspartnerinnen. Alles fing im Jahr 2010 mit einem kleinen Unfall an: Julias

Sohn Hannes, damals vier Jahre alt, hatte sich aus einem großen, braunen Karton ein kleines Häuschen gebaut. Türen und Fenster hatte er in die Pappe geschnitten, die Außenfassade mit Buntstiften bemalt. Er war ein stolzer Hausbesitzer – bis Birgits Sohn Max, ebenfalls vier Jahre alt, beim gemeinsamen Spiel in das Haus krachte – und es komplett in sich zusammenfiel. Aus der Traum vom Eigenheim, vorbei der gemütliche Nachmittag.

Hannes weinte um sein Papphaus, wie nur Vierjährige weinen können. So herzzerreißend, dass Birgit es ihrem Mann erzählte. Der arbeitet bei einem Unternehmen, das Pappaufsteller für Supermärkte produziert. Er brachte am nächsten Tag einen neuen Karton mit. Größer, stabiler und – zur Freude von Julia – so konzipiert, dass er mit wenigen Handgriffen zusammengebaut und hinter einem Schrank verstaut werden konnte. Und während die beiden Jungs ihr neues Spielhäuschen eroberten, hockten Julia und Birgit am Küchentisch. Fasziniert davon, wie einfach es manchmal sein kann, Kinder glücklich zu machen.

Mit der Kaffeetasse in der Hand begannen die beiden Freundinnen zu überlegen. Zusammen brainstormen – das konnten sie. Innerhalb von Minuten lagen bereits die ersten Skizzen vor ihnen: Wenn Hannes und Max gerne in Papphäusern spielen, dann könnte das auch anderen Kindern gefallen. Was den beiden Frauen allerdings nicht gefiel, war die Optik des neuen Papphauses. Viel zu grau, viel zu eckig, viel zu unkreativ. Es war die Geburtsstunde einer Idee: Ein drittes Papphäuschen musste her. Eines, das ihren Ansprüchen als Grafikerinnen gerecht wird. Eines, das so stabil ist, dass es nicht binnen weniger Stunden an Standhaftigkeit verliert. Und eines, das Kinder nach ihren eigenen Wünschen gestalten können.

Sie tranken ihren Kaffee aus, befanden ihre Entwürfe für gar nicht schlecht – und vergaßen die Idee gleich wieder. Im Trubel des Alltags war zunächst kein Platz für bunte Häuschen – bis einige Wochen später die eine zum Telefon griff, um die andere anzurufen. »Die Sache mit den Papphäusern«, sagte sie. »Darüber sollten wir reden«, sagte die andere. So ticken wohl nur echte Freundinnen. Und so redeten und recherchierten sie – und waren ernüchtert: Auf die Idee, stabile Papphäuser zu verkaufen, waren schon andere vor ihnen gekommen. Viele andere. Was Birgit und Julia aber schnell feststellten: In Sachen Design sahen die Papphäuser der Mitbewerber alle ziemlich trist aus. Das, so beschlossen sie, konnten sie besser.

Julia und Birgit setzten sich zusammen. Zwar mit vielen Ideen, aber leider wenig Ahnung davon, wie man überhaupt ein eigenes Unternehmen aufzieht. Sie fingen beim Offensichtlichsten an und ließen sich zuerst Pappe mehrerer Hersteller kommen, allesamt aus Deutschland. Nachhaltigkeit und das Wissen, woher das Produkt kommt und unter welchen Bedingungen es hergestellt wird – das war den beiden Jungunternehmerinnen von Anfang an wichtig. Und: Sie hatten zwei erfahrene Produkttester um sich. Ihre beiden Jungs testeten jede Pappe gnadenlos auf ihre Haltbarkeit. Nur das Material, das einen Nachmittag mit Hannes und Max überlebte, kam in die engere Auswahl.

Nach und nach arbeiteten sie sich auch in die restliche Materie ein. Ein Businessplan half den beiden Frauen, sich über die Unternehmensausrichtung, Investitionen und Ziele klarzuwerden. Und sie hielten ihre Firmenphilosophie fest, der sie bis heute treu geblieben sind: »Nicht wir passen uns dem Unternehmen an, das Unternehmen passt sich uns an.« Denn beiden Frauen war von Beginn der Unternehmensgründung an klar, dass dies nur ein Nebenprojekt sein sollte. Die Familie steht an erster Stelle, dann kommt der Hauptberuf. Erst danach, wenn noch Zeit und Energie bleiben, wollen sie sich um das neue Projekt kümmern.

Eine häufige Frage von Neugründern ist: »Braucht es einen Businessplan für mein 4-Stunden-Startup?« Nein, zumindest nicht zwingend. Ein Businessplan hat sicherlich den Vorteil, dass er dich dazu bringt, dir strukturiert über dein Vorhaben klarzuwerden. Allerdings sind »typische Businesspläne«, wie sie von Banken für die Kreditvergabe gefordert oder bei Businessplan-Wettbewerben eingereicht werden, viel zu umfangreich und selten zielführend. Es ist beispielsweise nur in den wenigsten Fällen wirklich notwendig, Ein-, Drei- oder gar Fünfjahresprojektionen von Umsätzen und Gewinnen zu erstellen. Ob dies überhaupt sinnvoll möglich ist, steht dabei noch auf einem ganz anderen Blatt. Businesspläne geben deiner Idee Struktur, um diese jedoch zielführender und effektiver für dein 4-Stunden-Startup zu entwickeln, lernst du im nächsten Kapitel den »Startup-Thinking-Ansatz« kennen.

In den ersten Wochen entwarfen sie viele Häuser – und verwarfen sie wieder. Sie bauten Prototypen und gaben die erste Bestellung in Auftrag. Die erste Lieferung der kleinen, faltbaren Häuser war ein Schock für die beiden. Dreihundert Stück hatten sie bestellt, eine vermeintlich kleine Anzahl – ein bescheidener Start. Und dann bog dieser Lkw um die Ecke. Blockierte die kleine Straße in einem Dresdener Vorort und begann Paletten abzuladen – eine nach der anderen, zehn Stück insgesamt. Und da standen sie, Julia und Birgit. Arm in Arm und mit großen Augen. Von diesem Zeitpunkt an wussten sie: Jetzt wird es ernst. Dreihundert Häuser mussten weg, raus in die Kinderzimmer der Nation. Und weil die Nachbarschaft schnell eingedeckt war und auch die Kinder im Freundeskreis bald alle ein Papphaus besaßen, mussten sie sich einen neuen Vertriebsweg überlegen. Sie schalteten den Onlineshop Bibabox.com – ohne viel Werbung und vorerst ohne große Beachtung von potenziellen Neukunden.

Schnell merkten Julia und Birgit, dass sie zwar Papphäuschen im Keller hatten, dass es aber schwerer war als gedacht, Aufmerksamkeit zu erzeugen. Sie waren eben nur einer von Tausenden Onlineshops, die im Internet um Klicks kämpften. Und so feierten sie anfangs jeden Seitenbesucher. Kam eine Bestellung eines Kunden, den sie nicht doch über viele Ecken kannten, ließen sie die Sektkorken knallen. Es war ein schwerer Start. Doch mit dem Besuch einer Spielwarenmesse sollte sich das Blatt wenden. Sie hatten Visitenkarten und jede Menge Deko dabei. Als Grafikerinnen wussten sie eben: Ein guter Auftritt ist alles. Sie überzeugten einige Händler von ihrem Design und ihrer Idee. Diese versprachen, die Häuschen ins Sortiment aufzunehmen und auch für den Onlineshop die Werbetrommel zu rühren. Einzige Voraussetzung: Sie müssten ihre Preisvorstellungen und ihre Gewinnmarge korrigieren.

Es war nicht die erste Lektion, die die beiden Freundinnen lernen mussten. Zuvor war es schon die Deutsche Post gewesen, die ihnen Nachhilfestunden erteilt hatte. Denn als sie die ersten Häuschen per Post verschicken wollten, passten die sperrigen Pakete in keines der versendbaren Formate. Eine Tatsache, über die sich die Frauen im Vorfeld keine Gedanken gemacht hatten. Ein neuer Versanddienst wurde gesucht und gefunden – das Geschäft konnte beginnen.

Nach dem Besuch auf der Spielwarenmesse häuften sich die Seitenbesucher und die Anfragen. Und Birgit und Julia merkten schnell, dass sie ihrer Philosophie nicht mehr gerecht wurden. Sie begannen, sich dem Unternehmen anzupassen. Familie, Beruf und Nebenprojekt zehrten an ihren Kräften. Es fehlte den beiden Frauen an Erfahrung und an Organisation. »Wir waren so doof und unerfahren, wir haben unsere Rechnungen in InDesign geschrieben. Mit dem Grafikprogramm kannten wir uns wenigstens aus«, sagt Julia heute. Abwechselnd bekamen sie Zweifel an dem Projekt und an der Machbarkeit. Und abwechselnd halfen sie sich wieder aus diesen Krisen heraus. Das Zwischenlager im Büro haben sie mittlerweile aufgelöst und eigene Räume gemietet. Die Rechnungen schreiben sie nicht mehr in InDesign, sondern mit einem speziellen Rechnungsprogramm. Sie haben gelernt, sich zu organisieren. Und sie haben gelernt, sich Hilfe zu suchen. Eine Aushilfe kümmert sich mittlerweile um die Büroarbeit, ein anderer Mitarbeiter um den Versand. Julia und Birgit tun das, was sie immer wollten: Sie kümmern sich um neue, gut designte Produkte. Schließlich ist es das, was sie von Anfang an von anderen Papphäuschenbauern unterschieden hat. Ein klappbares Piratenschiff ist dazugekommen, genauso wie verschiedene zusammensteckbare Papptiere.

Die beiden Frauen haben viel gelernt in den vergangenen vier Jahren. Die Geschäfte mit Bibabox laufen gut. So gut, dass sie das Geld, das sie investiert hatten, schon im ersten Jahr wieder erwirtschaften konnten. So gut, dass sie eigentlich expandieren könnten. Besonders die kleinen Papptiere werden nachgefragt. Vermehrt wollen Firmen die Tierchen als individualisierte Merchandise-Artikel bedrucken lassen. Julia und Birgit wissen, dass in dieser Sparte enormes Entwicklungspotential steckt. Voll ausschöpfen wollen sie es bewusst nicht. Auch das ist eine Entscheidung, die sie gemeinsam getroffen haben. Sie wollen weiter hauptberuflich als Grafikdesignerinnen arbeiten – und die Abwechslung unterschiedlichster Aufträge genießen. Und sie wollen weiterhin Zeit für ihre Familien haben.

»Es stand immer im Vordergrund gute Erlebnisse durch Bibabox zu sammeln«, sagt Julia. »Es war nie der Plan, um jeden Preis zu wachsen.« Dafür haben sie in der Spielzeugbranche zu viele Unternehmen kometenhaft aufstreben und dann wieder tief fallen sehen. Haben andere 4-Stunden-

Startups gesehen, die vom reinen Nebenprojekt zur Haupteinnahmequelle wurden – und auch beobachtet, wie vielen ihrer Mitstreiter dabei die Leichtigkeit verlorenging. »Ich habe das Gefühl, wenn ich ausschließlich Bibabox machen würde, müsste ich dafür einiges aufgeben. Unter anderem auch eine sichere Einkommensquelle in Form von festen Kunden, die ich schon seit Jahren betreue und mit denen die Zusammenarbeit Spaß macht«, sagt Julia. Die beiden Frauen haben das Projekt nicht aus beruflicher Unzufriedenheit gegründet, sie wollten schlichtweg eine Idee vermarkten. Nicht mehr und nicht weniger.

Birgit und Julia wissen, dass das Projekt kein Selbstläufer ist. Sie investieren auch noch nach fünf Jahren viel Zeit und Kreativität, um neue Produkte zu entwerfen und andere zu überdenken. Das 4-Stunden-Startup ist ihr Ausgleich zum Beruf – ihr eigenes »Baby«, bei dem sie all ihre Vorstellungen umsetzen können. Ihre Kinder sind mittlerweile aus dem Alter herausgewachsen, in dem sie in Pappkisten sitzen – ein weiterer Grund, der die Mütter davon abhält, einzig und allein auf das Unternehmen zu setzen. Denn auch ihre Interessen entwickeln sich weiter. Für immer Papphäuser? Nein, danke. Die Aufregung ist Routine gewichen. Und Julia und Birgit? Die sind Geschäftspartnerinnen geworden und trotzdem Freundinnen geblieben.

Mission: »Gegen jedes Klischee«

Woran erkennt man einen Veganer? Er erzählt es einem, unaufgefordert. Dieser Witz ist womöglich schon älter als Attila Hildmann selbst. Der Bestseller-Autor ist Veganer – und verdient damit sein Geld. Er versucht aber nicht den Zeigefinger zu heben und pauschal all die zu verurteilen, die Fleisch oder tierische Produkte essen. Vielmehr versucht er, von den Vorteilen einer pflanzlichen und gesunden

Ernährung zu überzeugen. Mehr als 1,5 Millionen vegane Kochbücher hat Attila in den vergangenen Jahren verkauft – parallel zu seiner Medienkarriere hat er 2014 sein Diplom in Physik an der Freien Universität in Berlin abgelegt. 2011 feierte er mit dem Buch *Vegan for Fun* seinen Durchbruch. Es folgten u. a. 2012 *Vegan for Fit*, 2013 *Vegan for Youth* und 2014 schließlich *Vegan to go*.

Dabei hatte Attila Hildmann, der mit vollem Namen Attila Klaus Peter Hildmann heißt, eigentlich nie vor, als das Gesicht der Veganer-Bewegung gefeiert und durchaus auch kritisiert zu werden. Der Fünfunddreißigjährige polarisiert: weil er die vegane Ernährung aus gesundheitlicher und nicht in erster Linie aus ethischer Sicht betrachtet. Er trägt Lederschuhe und Wollpullis, lässt auch mal das Fahrrad stehen, um auf seinen Porsche umzusteigen. Die vegane Lebenseinstellung hat er kompromisslos im Bereich Ernährung, nicht aber darüber hinaus übernommen. Bei einer Tofu-Bolognese denkt Attila nicht zuerst daran, dass für dieses Essen kein Schwein sterben musste, er denkt an Folsäure und an Tofu als pflanzlichen Eisenlieferanten.

Attila hatte nämlich im Alter von zwanzig Jahren mit ansehen müssen, wie sein Adoptivvater vor seinen Augen zusammenbrach und starb. Später sollte sich herausstellen, dass ein Herzleiden, hervorgerufen durch einen hohen Cholesterinspiegel, den Tod verursacht hatte. Attila, zu diesem Zeitpunkt selbst 35 Kilogramm übergewichtig, begann Sport zu treiben und seine Ernährung umzustellen. Die Kilos schmolzen, sein Cholesterinwert, den er seit diesem Tag regelmäßig kontrollierte, sank allerdings nur langsam. Erst mit der Umstellung auf eine vegane Ernährungsweise gelang es ihm, die Cholesterinwerte dauerhaft zu senken.

Dafür musste er fortan gegen Vorurteile kämpfen. Er übertreibe mit seinem Ernährungstick – sagten seine Kommilitonen. Geschmacklos sei die vegane Ernährung, von Verzicht geprägt und einseitig. Attila Hildmann wollte den Menschen in seinem Umfeld beweisen, dass sie falsch lagen. Er begann, in der Küche zu experimentieren. Auf Partys tauchte er stets mit ein paar veganen Muffins oder einem veganen Nudelsalat ganz ohne Mayo, Ei oder Schinken auf. Und er begann, das, was er kochte, aufzuschreiben – für sich selbst, aber auch für Menschen, die es vielleicht nachkochen wollten. Denn das Angebot an veganen Kochbüchern, so hatte Attila schon früh festgestellt, war begrenzt. Er verbrachte viel Zeit während seines Studiums in der Küche, lud Rezepte auf seinem Internetblog hoch und hatte irgendwann die Idee, ein Kochbuch herauszubringen – auf eigene Kosten. Das, was er kochte, fotografierte er selbst. 2009 erschien das *Vegan Kochbuch Vol. 1*, zwei weitere Bände folgten kurz darauf.

Zur gleichen Zeit ging er mit seinem YouTube-Kanal *AttilaHildmannTV* online, 2009 lud er sein erstes Video hoch. Die Kameraführung war wackelig, das Video zu dunkel, er selbst wirkte schüchtern. Aber schon damals redete er über das, worüber er auch sechs Jahre später reden sollte: vegane Ernährung. Bis heute sind Hunderte Videos und Tausende Fans dazugekommen. Er postet noch immer neue Rezepte und auch Videos aus seinem Trainingsalltag – mittlerweile ist er Triathlet. Er will beweisen, dass der Körper auch durch ausschließlich pflanzliche Ernährung zu Höchstleistungen in der Lage ist. Attila steht für viel mehr als nur für vegane Ernährung, er steht für ein Lebensgefühl: fit, vital, gesundheitsbewusst.

So eine Lebensgeschichte, ein Gesicht und ein Körper lassen sich verkaufen. Der Becker Joest Volk Verlag wurde 2011 auf den jungen Berliner, der als Kind türkischer Eltern von einem deutschen Ehepaar adoptiert worden war, aufmerksam. Seitdem wurden die Fotos in den Kochbüchern professioneller, die Bücher aufwendiger und die Auflagen höher. Den Kochbüchern sind mittlerweile ganze Produktreihen gefolgt. Attila vertreibt mittlerweile Getränkepulver und kleine Küchenhelfer über seine eigene Internetseite.

Sich auf seinem Erfolg ausruhen – das will er nicht. Seinem Physikdiplom soll ein Doktor folgen – später, wenn der Rummel ein bisschen abgeklungen ist. Eine gute Ausbildung, hatte sein Vater immer wieder betont, sei wichtig. Eine gute Ernährung, hätte ihm Attila rückblickend gerne gesagt, auch.

Nachtschicht statt Nine-to-five

Wer auf Nils Hitzes Xing-Profil landet, braucht viel Geduld beim Scrollen – die Liste seiner beruflichen Stationen scheint endlos zu sein: Nils ist Angestellter, Teilhaber, Geschäftsführer, Organisator und Blogger. Gleichzeitig, versteht sich. Zuvor war er schon Webentwickler, Senior IT-Consultant und Community-Manager – ebenfalls meist zur selben Zeit. Als würde dies alles nicht bereits für zwei Leben reichen, Nils ist erst zweiunddreißig, ist er auch noch Papa: Zoe, seine älteste Tochter, ist zehn, sein jüngster Sohn Anton ist gerade ein Jahr alt, dazwischen liegen Noah, Tom, Ben und Emil. Nils ist Vater von sechs Kindern. Man könnte meinen, er habe das Multitasking erfunden.

Auszuschlafen hat sich Nils zumindest schon lange abgewöhnt. Die beste Zeit zum Arbeiten ist für ihn sowieso nachts. Nachdem er Windeln gewechselt und zahlreiche Monster aus Schränken und unter Betten vertrieben hat, kehrt irgendwann Ruhe ein. Die nächtliche Stille nutzt er, um Blogeinträge zu verfassen, Mails zu beantworten, Bestellungen zu bearbeiten oder die nächste Messe zu organisieren. Wenn er seinen jüngsten Sohn nach dem Füttern durch die Wohnung trägt und gleichzeitig einhändig tippend einen neuen Blogeintrag verfasst, muss er jedoch zum Glück nicht damit rechnen, dem anklagenden Blick seiner Frau zu begegnen: Auch sie ist Bloggerin, auch sie kennt den Reiz, sich mit Gleichgesinnten auszutauschen. Nur bei ihren Themen könnten die beiden nicht weiter voneinander entfernt sein: Sie schreibt über das Familienleben mit sechs Kindern, er über 3D-Drucker. Nils ist fest in der »Maker-Szene« verankert, die in Deutschland eher unter dem Begriff »Do-it-yourself« bekannt ist.

Eines seiner wichtigsten 4-Stunden-Startups ist derzeit das Internetportal *3dDinge*, das er seit Ende 2012 betreibt. Es bietet die Möglichkeit, sich über 3D-Drucker und die Umsetzung eigener Projekte zu informieren. 3D-Druck fasziniert den Zweiunddreißigährigen, seitdem er 2009 zum ersten Mal auf einer Veranstaltung davon hörte, 2012 kaufte er sich seinen ersten eigenen 3D-Drucker. Und weil es ihn fasziniert, schreibt er mit Leidenschaft darüber, in jeder freien Minute. Nicht nur auf seinem eigenen Portal, sondern auch in verschiedenen Foren und auf Blogs. Er wird häufig von Fachzeitschriften nach seiner Meinung befragt und viel zitiert. Auf Google+ folgen ihm mehr als fünfzigtausend Menschen, sein Profil wurde bereits mehr als zehn Millionen Mal aufgerufen.

Hauptberuflich arbeitet Nils im technischen Support eines Finanzdienstleisters in München. Es ist ein typischer »Nine-to-five-Job«, der ihm keine Selbstverwirklichung bringen, sondern seine Rechnungen bezahlen soll. Und die sind hoch bei einer achtköpfigen Familie, die in einem Münchner Vorort lebt. Drei seiner Kinder besuchen bereits die Schule, wobei sich Nils und seine Frau entschieden haben, ihre Kinder an einer Montessori-Schule unterrichten zu lassen. Hier wird der pädagogische Ansatz verfolgt, Kinder zu ermutigen, ihre eigenen Stärken auszuleben. Der Leitsatz lautet: »Hilf mir, es selbst zu tun.« Ein Motto, das Nils selbst lebt.

Die Zeit vor und nach seinem Hauptjob nutzt Nils für seine Projekte. Zwanzig Minuten S-Bahn-Fahrt pro Weg bedeuten für ihn kostbare Arbeitszeit, und so werden nach Feierabend die öffentlichen Verkehrsmittel sein Büro. Überhaupt arbeitet er überall dort, wo er Zugriff auf seine Mails hat. Im Gehen liest und beantwortet er Mails, beim Einkauf verfasst er Blogeinträge, an der Supermarktkasse wickelt er Bestellungen ab. Zeit hat er nur wenig – und so versucht er jede Minute zu nutzen.

Seine Berufung findet Nils außerhalb des Nine-to-five-Jobs. Er will, ganz nach dem Montessori-Motto, anderen Menschen helfen, es »selbst zu tun«. Nils sagt, dass er den Ist-Zustand der Gesellschaft nicht akzeptieren könne. Schon immer suchte er nach Verbesserungs- und Entwicklungsmöglichkeiten – beim 3D-Druck hat er sein persönliches »Schlaraffenland« gefunden. Alles scheint mit dieser Technologie möglich zu sein: Prothesen können passgenau und vor Ort binnen weniger Stunden angefertigt werden, komplizierteste Ersatzteile können einfach gedruckt werden – ohne lange Lieferketten. Lieferzeiten und Lagerprobleme könnten der Vergangenheit angehören, komplizierte Ersatzteile für Maschinen könnten selbst an den entlegensten Orten der Welt hergestellt werden. Die Entwicklung wird von manchen Experten gar als »dritte industrielle Revolution« gesehen, die sowohl unsere Wirtschaft als auch Gesellschaft fundamental verändern könnte. Die »Demokratisierung der Produktionsmittel« könnte einen ähnlichen Kreativitätsschub auslösen, wie es das Internet in den neunziger Jahren bewirkt hat, heißt es.

Anfang 2013 verwies gar Barack Obama in seiner Ansprache an die Nation auf die Möglichkeiten des 3D-Drucks, ein Jahr später ließ er eine »Maker Faire« im Weißen Haus ausrichten. Für Nils war das Potenzial zu diesem Zeitpunkt längst klar – er hatte bereits 2011 gesehen, wie Zigtausende auf die Makers-Messe in New York strömten. Was in Amerika funktioniert, kann auch in Deutschland klappen, war sich Nils sicher: Nur ein Jahr später organisierte er zum ersten Mal mit drei Freunden die »Make Munich« – eine Messe für Trends und Innovationen aus allen Bereichen des Do-it-yourself und 3D-Drucks. Es ist sein zweitwichtigstes Nebenprojekt. Die Messe bietet Kreativen aus allen Branchen einen Raum, um sich und ihre Projekte zu präsentieren: Platinen neben Selbstgehäkeltem, Hardware neben Handarbeit. Es ist eine bunte Mischung, denn Do-it-yourself ist längst zum Massenphänomen geworden: Mit etwa sechshundert Besuchern rechneten Nils und seine Mitstreiter. Es kamen zweieinhalbtausend – die Messe schlug ein wie eine Bombe. 2014 ging das Quartett mit der Make Munich in die zweite Runde – und konnte diesmal sogar dreieinhalbtausend Besucher zählen.

Finanziert wurde das Ganze über Sponsoren und Eintrittsgelder – wobei die Make-Munich-Truppe beim Thema Eintrittspreise eine ganz eigene Philosophie vertritt: Besucher, die ihre Projekte auf der Messe vorstellen, ohne diese verkaufen zu wollen, kommen kostenlos rein. Sie bieten Gedankenfutter – das ersetzt jeden Geldbetrag. Das Hauptanliegen von Nils und seinen Kollegen: Sie wollen dafür kämpfen, dass es für Erfinder und Tüftler eine bessere politische Basis und eine reizvollere wirtschaftliche Förderung gibt. Dabei geht es Nils selbst gar nicht ums Geld – alle Organisatoren arbeiten unentgeltlich –, sondern darum, die Gesellschaft zu verändern und den Fortschritt voranzutreiben. Nils will dafür sorgen, dass gute Projekte die Werkstätten und Kellerräume verlassen. »Manchmal«, sagt er, »haben zehn Leute die gleiche gute Idee. Erfolg hat aber nur der, der sie gut umsetzt.« Und genau dabei soll eine Plattform wie die Makers-Messe helfen.

2016 steht die nächste Make Munich an, und diesmal soll es richtig groß werden: Nils und sein Team erwarten zehntausend Besucher – der Trend zu Do-it-yourself ist weiterhin ungebrochen. Um ein Projekt dieses Ausmaßes stemmen zu können, genügt die Aussicht auf Eintrittsgelder nicht mehr – das finanzielle Risiko wäre viel zu groß. Um dies zu begrenzen und Fördergelder für die Messe zu erhalten, hat Nils gemeinsam mit seinen drei Kollegen 2015 die Make Germany GmbH gegründet. Ihr Startkapital setzt sich aus Gründerzuschüssen, staatlicher Förderung, Sponsoren und einem geringen eigenen Anteil zusammen. Nils ist ein Nerd, ein Multitasker und auch ein Idealist. Er sieht es als Mission an, anderen zu helfen, ihren Traum zu leben und ihre Ideen umzusetzen. So wie er es tut, auch wenn es häufig eine Menge Kraft und Energie kostet: eine Großfamilie zu haben und gleichzeitig all seine Projekte mit Leben zu füllen, die ihm am Herzen liegen. Bis die nächste Messe ihre Pforten öffnet, wird Nils noch viele Windeln wechseln. Er wird noch viele Blogeinträge verfassen und viele Stunden auf der Arbeit in seinem ganz normalen 40-Stunden-Job verbringen. Wahrscheinlich möchte nicht jeder mit Nils tauschen, doch er ist zufrieden mit seinem Leben – weil er das Gefühl hat, die Gesellschaft zu verändern und vor allem: anderen zu helfen, »es selbst zu tun«.

Vom Küchentisch aus in die Welt

Aachen: bekannt für Karl den Großen, Heerscharen von Maschinenbaustudenten und deren klischeemäßige Karohemden. Nicht einfach, die rot-schwarzen Quadrate vom inneren Auge zu verbannen und bei der Stadt am Dreiländereck auch an außergewöhnliches Design zu denken. Genau das haben sich zwei junge Designer daher zu ihrer Mission gemacht. Treffenderweise nannten Katrin Engel und ihr Freund Jean-Marie Dütz, beide einunddreißig, ihr Wohn- und Modelabel zu Beginn also »nicedesign«. Da das zwar passend, aber leider auch etwas farblos war, wurde sehr bald daraus der heutige Name, unter dem sich das kleine Label gerade seinen Weg vom Geheimtipp bis in die Metropolen der Welt bahnt: »nicenicenice«. Treffender kann man es nicht sagen, befanden die beiden selbstbewusst.

Dabei begann die Geschichte von nicenicenice ganz unspektakulär – nämlich am heimischen Esstisch, an dem Katrin ihre allerersten Schals und Tücher nähte. Eigentlich begann die Geschichte sogar noch etwas früher: mit Windrädern und Sonnenblumen und mit einer Designerin, die von beidem gehörig den Kaffee aufhatte. Katrins ersten Job nach dem Studium als Produktdesignerin bekam sie in einer Agentur, die sich auf Umweltdienstleistungen spezialisiert hatte. Katrins Job: Flyer gestalten, unzählige Windräder zeichnen und noch mehr Sonnenblumen drumherum anordnen. Nicht gerade das, was ihr Bedürfnis nach Kreativität auf Dauer befriedigen konnte. Ihr Ausweg: zu Hause endlich mal wieder was mit eigenen Händen erschaffen.

Vielleicht wären es wieder selbstgebaute Möbel geworden, so wie sie sie schon während ihres Studiums in ihrer Freizeit gebaut hatte. Aber Katrin war gerade auf ihrem »Schaltrip«, wie sie es nennt. Und ein Schal, den sie schon seit langem vor Augen hatte, aber nirgendwo finden konnte – weder in Geschäften noch im Internet –, wurde ihr erstes Versuchsobjekt. Richtig nähen hatte sie nie gelernt, nur ihrer Oma ab und an mal über die Schulter geschaut, doch auch das war lange her. »Egal, learning by doing«, dachte sie sich, besorgte sich eine Nähmaschine und nähte drauflos. Das Ergebnis konnte sich sehen lassen, Katrin war glücklich – und die Idee, daraus mehr zu machen, geboren.

Im Oktober 2010 eröffnete Katrin einen Shop auf Dawanda, dem Marktplatz für Handgemachtes, lud eine Handvoll Bilder hoch und konnte kaum glauben, was sie am selben Abend sah: Drei Bestellungen lagen in ihrem Postfach. Fast 100 Euro für drei selbstgemachte Schals – ein Start, der Lust auf mehr machte.

 Der Erfolg einer Geschäftsidee hängt zweifellos von viel Glück und noch mehr Zufall ab. Eines ist jedoch genauso wesentlich: das richtige Timing. Gerade auf

Plattformen wie Dawanda, eBay oder auch YouTube kann es enorm hilfreich sein, deren Angebot früh für sich zu entdecken, bevor die breite Masse der Anbieter darauf aufmerksam wird. Dabei ist es jedoch gar nicht nötig, der Erste zu sein. Dawanda wurde beispielsweise bereits 2006 gegründet, Katrin war mit ihren Schals aber 2010 noch in einer sehr guten Ausgangslage – ohne viel Konkurrenz. Auch YouTube existierte bereits lange, bevor sich der Trend zu YouTube-Stars mit finanziell höchst lukrativen Kanälen etablierte. Den richtigen Zeitpunkt zu erwischen ist nicht einfach. Als grobe Daumenregel gilt jedoch: Wer in der Masse untergeht, hat es extrem schwer, wieder aufzutauchen. Ein Startvorteil kann entscheidend sein, daher lieber zu früh als zu spät eine neue Plattform oder Internetseite für dein Projekt ausprobieren.

Doch Lust alleine genügt in den seltensten Fällen, und deshalb beschäftigte Katrin sich bereits früh mit den notwendigen Formalien. In Foren las sie, wie sich andere Mitglieder gegenseitig Angst machten und sich manche offenbar schon davon abschrecken ließen, dass sie einen Gewerbeschein brauchten. Katrin hatte in dieser Hinsicht Glück, denn in ihrer Familie arbeiten viele selbständig. Ohne große Umschweife meldete sie ihren kleinen Shop als Gewerbe an und organisierte sich schon frühzeitig einen Steuerberater. Dieser wurde zu ihrem ständigen Begleiter in allen Fragen, die sich seitdem aufgetan haben. »Eine meiner besten Entscheidungen«, wie sie resümiert.

Obwohl der Onlineshop gut anlief, verließ sich Katrin nicht darauf, dass dies von alleine so weitergehen würde. Im Juli 2011 präsentierte sie ihre Produkte zum ersten Mal auf einem Designmarkt in Köln. Am Ende nahm Katrin

700 Euro mit nach Hause und, was für sie noch wichtiger war: das Feedback von »echten Menschen«. Sie lernte aus erster Hand, welche Produkte den Leuten gefallen, was sie auszeichnet und wo sie noch nachbessern muss. Sie sah die Freude in den Gesichtern ihrer Kunden, wenn diese neugierig das Sortiment durchstöberten und sich Freundinnen gegenseitig Ketten um den Hals legten. Ihr wurde klar: Online und offline gehören zusammen, um erfolgreich zu werden – und auch um weiter Spaß an der Sache zu haben. Denn auch der Kontakt zu den Menschen macht für sie den Reiz aus. Eine Tatsache, die ihr jedes Mal bewusster wurde, wenn sie unter der Woche wieder zu Windrädern und Sonnenblumen zurückkehren musste.

Designmärkte wurden immer wichtiger für das junge Label: Nach einem Testlauf im selben Jahr war nicenicenice 2012 bereits auf über dreißig Märkten vertreten. Heute sind es noch mehr. Insbesondere das Weihnachtsgeschäft ist ein Erfolg: Vierstellige Umsätze sind an guten Wochenenden drin. Dabei nutzt Katrin jede Möglichkeit, online und offline weiter zu verknüpfen: Mehrere Tausend Flyer mit Hinweis auf ihren Internetshop verteilt sie pro Jahr auf den verschiedenen Märkten. Dabei immer an Katrins Seite: ihr Freund Jean-Marie, mit dem sie seit der Schulzeit, also schon über elf Jahre, zusammen ist. Am Anfang half er vor allem bei den Märkten mit, brachte Ideen zu ihrem Internetauftritt ein – er hat visuelle Kommunikation studiert – und gab Katrin Halt, wenn sie ihn bei ihrem unternehmerischen Projekt brauchte. Mittlerweile ist Jean-Marie bei Katrin sogar angestellt – und das, obwohl sich die beiden als vollwertige Partner sehen. Mal wieder war der Steuerberater zuvor ein wichtiger Ratgeber bei kritischen Fragen gewesen.

Genauso wie bei der Frage, ob Katrin aus ihrem 4-Stunden-Startup ein Vollzeitprojekt machen sollte. Wobei sich die Antwort darauf mit der Zeit von alleine einstellte und sie eigentlich nur noch das Wie klären musste. Denn mit jedem verkauften Schal und jedem stolzen Kunden verlor ihr Hauptjob immer mehr an Attraktivität. Obwohl sie mit nicenicenice damals noch nicht so weit war, dass sie davon gut hätte leben können, traf sie zweieinhalb Jahre nach dem Start die Entscheidung, aufs Ganze zu gehen und ihren normalen Job zu kündigen. Durch die Erfolge im Internet und auf den Märkten angespornt, vertraute sie darauf, dass sich dies bald ändern würde. Und wenn nicht, dann hätte sie sich etwas anderes gesucht – Hauptsache, etwas mit mehr Menschen und weniger Windrädern. Auch Jean-Marie arbeitet mittlerweile in Vollzeit für das Label.

Nachdem beide nicenicenice zu ihrem Hauptberuf gemacht haben, verbringen sie fast 24 Stunden am Tag miteinander. Ob das funktioniert? Katrins Antwort ist eindeutig: Sie könne es sich gar nicht mehr anders vorstellen, und bereuen würde sie den Schritt schon gar nicht. Doch eines musste sich irgendwann ändern: Das Label brauchte ein Büro. Es gab eigentlich immer was zu tun, denn die klare Trennung zwischen Wohnen und Arbeiten war verlorengegangen. Zu Hause stapelten sich die Kisten, der Esstisch wurde schon lange nicht mehr freigeräumt. Nach der langen Zeit, in denen beide zu Hause für sich gearbeitet haben, war das Gefühl, »wieder zur Arbeit gehen zu müssen«, anfangs etwas ungewohnt. Aber auch das meisterten die beiden gemeinsam.

Sie haben sich auch einen gemeinsamen Lebensrhythmus geschaffen, denn die Hochphasen wie um Weihnachten wechseln sich regelmäßig mit ruhigeren Zeiten ab. Zeiten, in denen die beiden sich Ruhe gönnen, gemeinsam Urlaub machen oder neue Produkte entwerfen. 2015 haben sie viele neue Schmuckstücke und Wohnaccessoires designt und diese erstmals auch in einem Katalog präsentiert. Und da die Konkurrenz auf Dawanda inzwischen härter geworden ist, konzentrieren sich die beiden vermehrt auf den Aufbau ihrer Marke. Sie wachsen, verkaufen immer mehr über ihre eigene Webseite, die sie stärker bewerben als früher. Auch hier bedienen sie sich der Online- und Offlinewelt: Flyer und Anzeigen auf Google funktionieren gleichermaßen gut für ihre Produkte.

Auch den Einzelhandel bedienen die beiden immer stärker. Dabei ist nicenicenice mit dem Wachstum gleichzeitig immer professioneller geworden. Neben dem Schritt zum eigenen Büro haben sie externe Nähereien unter Vertrag genommen – allerdings nur lokale Anbieter. »Made in Germany« ist den beiden wichtig, selbst wenn sie mittlerweile die Nachfrage nicht mehr alleine bedienen können. Individuelle Produkte abseits der Massenproduktionen sind weiterhin gefragt – sogar international. Bislang ist Japan der exotischste Abnehmer für die Produkte des Aachener Labels, doch das soll sich ändern. Für die kommenden Jahre stehen Vertrieb und Internationalisierung weiter ganz oben auf dem Plan der beiden. Die beiden freuen sich auf die neuen Märkte und die Menschen, die sie dabei treffen werden. Wer weiß, ob ihnen das Klischee von Aachen als Hochburg schwarz-roter Karohemden dabei nicht noch einmal begegnen wird? Immerhin kein schlechter Türöffner, um über wirklich gutes Design zu sprechen.

Zusammen die Welt ein Stück verändern

Van Bo Le-Mentzel hat schon viele Beschlüsse in seinem Leben gefasst: Mit fünfundzwanzig beschloss er, Millionär zu werden. Mit Anfang dreißig beschloss er, statt materiellem Reichtum lieber gutes Karma anzuhäufen. Geld, so sagt er, gäbe es genug auf der Welt, an Karma hingegen fehle es. Seither stößt er Projekte an, die alle eines gemeinsam haben: Sie sollen der Allgemeinheit dienen.

Er ist der Mann, der die Hartz-IV-Möbel erfunden hat. Van Bo, der im Hauptberuf Architekt ist, sammelte Ideen für Selbstbaumöbel und stellte die Bauanleitungen ins Netz. Nur 24 Euro kostet ein Designer-Stuhl nach der Mentzelschen Bauanleitung. 2012 wurde daraus ein Buchprojekt. 500 Exemplare wollte Van Bo drucken lassen und suchte dafür nach Unterstützern im Internet. Per Crowdfunding wurde das Projekt finanziert – und die Aktion ein Erfolg. Mittlerweile sind mehrere Tausend Bücher über den Ladentisch gegangen, es ist sogar in internationalen Designmuseen zu kaufen. Doch Van Bo geht es nicht um Geld, sondern darum, einen Unterschied zu machen. Designermöbel sollen sich auch diejenigen kaufen können, die dafür eigentlich nicht genug Geld haben.

Eine andere Karma-Idee: bezahlbarer Wohnraum in Großstädten. 2013 ist daraus – ebenfalls durch Crowdfunding finanziert – das mobile »Ein-Quadratmeter-Haus« entstanden. Das Häuschen bietet Arbeits-, Schlaf- und Wohnraum in einem – allerdings auf nur einem einzigen Quadratmeter. Das Kunstprojekt, das unter anderem in Berlin und München ausgestellt wurde, ist Van Bos Art, darauf aufmerksam zu machen, dass Luxus überbewertet und bezahlbarer Wohnraum knapp ist.

Van Bo sieht seine Projekte selbst nicht als 4-Stunden-Startups, weil er sich selbst nicht als Startup-Unternehmer bezeichnen würde, sondern eher als »Sparklup-Unternehmer«. Mit dieser Wortneuschöpfung beschreibt er selbst sein Handeln: Seine Ideen sollen Funken (»sparkles«) sein, aus denen Feuer entstehen, jedoch keine große Unternehmen – obwohl sie durchaus das Potenzial dazu hätten. Doch Van Bo konzentriert sich lieber darauf, möglichst viele Feuer zu entfachen. All seine Projekte sind von Anfang an zeitlich begrenzt – kurze Dauer, aber maximaler Effekt. Und auch wenn es nicht um Profit, sondern um Karma geht, entstehen dabei regelmäßig neue Produkte.

So wie 2012, als Van Bo eigene Schuhe produzieren ließ, die so ähnlich aussehen wie die bekannten Chucks der Marke

Converse, und die er passenderweise »Karma-Chakhs« nannte. Der Ursprung der Idee: Van Bo war auf einer Reise durch die USA, wo er sich »im Land der Converse« ein paar neue Chucks kaufen wollte. Rot sollten die Schuhe sein und am besten schon beim Neukauf so aussehen, als hätten sie einiges erlebt – so wie Chucks eben aussehen müssen. 60 Dollar sollte er damals auf den Tisch legen. Geld, das er gerne für einen Schuh zu zahlen bereit war, dessen Design sich seit Jahrzehnten nicht geändert und dessen Komfort Van Bo als »platt, aber ehrlich« beschreibt. Sie gehören zu den Dingen, die Van Bo anziehen: zeitlos, gut und einfach. Als er mit dem Schuh in der Hand an der Kasse stand, fiel ihm ein kleines Etikett ins Auge: »Made in Indonesia.« Er war überrascht, auch ein wenig enttäuscht. Denn vielleicht ist genau dies, was eine etablierte Marke erreichen muss: dass man ihr glaubt und vertraut. Und so blauäugig es scheinen mag: Für Van Bo gehörten Chucks nun mal in die USA – für ihn war klar, dass sie auch dort produziert werden müssten. Sowohl Baumwolle als auch Kautschuk sind maßgeblich zur Produktion des einfachen Schuhs nötig. Und beides steht den Vereinigten Staaten in Massen zur Verfügung. Mehr noch: Die USA gehören neben China, Indien und Pakistan zu den bedeutendsten Baumwollproduzenten der Welt – und sind darüber hinaus einer der drei Hauptproduzenten von synthetischem Kautschuk.

Van Bo ließ die Schuhe auf dem Verkaufstresen stehen. Er konnte sie nicht kaufen, ohne vorher mehr zu erfahren: Warum wurden die Schuhe nicht in den USA hergestellt? Er ging zurück in sein Hostel und begann zu recherchieren. Er informierte sich im Internet über die Herstellung der Schuhe, über Arbeits- und Handelsbedingungen. »Ich wollte doch nur einen Schuh kaufen und war plötzlich mit allen Problemen der Welt konfrontiert«, erinnert sich Van Bo. Und er fasste einen Entschluss: Auf seine Chucks wollte er nicht verzichten, wohl aber auf schlechtes Karma. »Seine«

Schuhe sollten ohne Plastik, ohne Ausbeutung und ohne Kinderarbeit hergestellt werden. Und weil »Karma« übersetzt »Taten« oder »Wirken« bedeutet, beließ er es nicht nur bei der Idee, sondern begann, einen Plan aufzustellen: Fünfhundert Schuhe, so fand er bald heraus, müsste er bestellen, damit er »seine« Schuhe bekommen konnte. Dies war die Mindestbestellmenge, damit überhaupt eine Produktionsreihe angestoßen würde.

Bei Startnext, der größten deutschen Crowdfunding-Plattform, stellte er ein Video von drei Minuten Länge ein und erklärte seine Idee: Er brauche nur noch 498 Unterstützer, die bereit waren, seine Prinzipien mitzutragen, zwei Paar Schuhe wolle er selbst behalten. Die Aktion begann, und so wurde Van Bo neben seiner Arbeit als Architekt nebenberuflich zum Schuhproduzenten. In seinem Urlaub reiste er nach Sri Lanka und nach Pakistan, um sich ein Bild von den Arbeitsbedingungen zu machen. Seine Eindrücke hielt er per Video fest. Er lernte die Menschen persönlich kennen, die für ihn und seine Unterstützer die Karma-Chakhs herstellen sollten. Gemeinsam mit den Unterstützern, der Crowd, musste er jedes Detail der Produktionskette abklären: Aus welchem Material sollen die Schuhe sein, unter welchen Bedingungen sollen sie in welchem Land hergestellt werden? Wie sollen sie verpackt und wie die Arbeiter entlohnt werden? Es kann nicht verwundern: Van Bo nennt seine Unterstützer »Prosumer« – eine Mischung aus den englischen Wörtern »producer« (Produzent) und »consumer« (Konsument). 20 000 Euro waren das Ziel der Aktion – am Ende kamen 31 931 Euro zusammen.

Verdient hat er übrigens nichts dabei: weil es erstens nicht sein Ziel war, zweitens gegen seine »Karma-Regel« verstoßen hätte und er drittens den Gewinn in andere Karma-Projekte weiterleitete. Die Crowd durfte mitbestimmen, was mit dem überschüssigen Geld passieren sollte. Und weil Schuhe für 69 Euro nicht für jedermann finanzierbar sind, hat Van Bo den Karma-Deal erfunden: Wer das Projekt mit Zeit, Arbeit oder Wissen unterstützte, konnte sich so die Schuhe erwirtschaften, ohne Geld zu bezahlen.

Auch für den Erfolg unseres Buchs *Palmen in Castrop-Rauxel*, das wir über Crowdfunding finanzierten, war das Timing entscheidend – wobei uns dies im Vorfeld gar nicht bewusst war. Ich selbst hatte erst Mitte 2013 zum ersten Mal von dieser »Schwarmfinanzierung« gehört. Als wir unsere eigene Kampagne dann Ende 2013 starteten, war Crowdfunding gerade so alt, dass genug Leute den Begriff bereits einmal gehört hatten, aber noch so neu, dass nur die wenigsten sich etwas Konkretes darunter vorstellen konnten. Einen Großteil der anfänglichen Medienpräsenz, die unser Buch erhielt, kam tatsächlich daher, dass wir es über Crowdfunding finanzierten und Journalisten an diesem Fallbeispiel gut erklären konnten, wie das Prinzip funktioniert oder welche neue Formen des Publishings es gibt. Es gilt also auch hier: Lieber früh etwas ausprobieren, bevor du keine Chance mehr hast, mit deinem Projekt aus der Masse hervorzustechen.

Van Bo schrieb und bloggte über die Erfahrungen, die er mit seinem Projekt »Karma Chakhs« sammelte, und stellte all sein Wissen für Nachmacher ins Netz – inklusive aller Berechnungen, Verträge und Kontakte zu Unternehmen, Organisationen und Lieferanten. Es war erneut Van Bos Art, so einen Funken zu erzeugen. Und es ließ nicht lange auf sich warten, bis er zündete: Nur ein Jahr später nutzte Shai Hoffmann die ins Netz gestellten Informationen, um eine zweite Crowdfunding-Kampagne auf die Beine zu stellen und noch mehr Menschen fair produzierte Chakhs – ohne Profitorientierung – zum Kauf anzubieten. Sein Ziel: Schuhe im Wert von 34 500 Euro produzieren zu lassen. Binnen weniger Tage sammelte er mehr als das Doppelte ein. Mehr als tausend Prosumer wollten den Schuh haben.

Vom Mut zu träumen

Kaum hat er den Telefonhörer aufgelegt, ruft seine Mutter aus der Küche: »Abendessen!« Er klappt den Laptop zu und geht nach unten. Sein Jugendzimmer ist mittlerweile zu seinem Arbeitszimmer geworden. Hierhin zieht er sich zurück, wenn er Aufträge erledigen muss. Florian Spieß ist zwanzig Jahre alt und wohnt noch bei seinen Eltern in einem Vorort von Nürnberg. 39 Stunden pro Woche arbeitet er als Industriekaufmann in einem Zementwerk. Vor und nach der Arbeit, und immer dann, wenn er ein paar Minuten Zeit findet, steckt er all seine Energie in sein eigenes 4-Stunden-Startup. Florian Spieß designt und betreut Webseiten.

Angefangen hat es mit einem Gefallen, den er seinem Vater tun wollte. Wo es endet – das weiß er noch nicht. Über seine Träume will er nicht viele Worte verlieren, auch scheint ihm das Wort »Traum« eine Spur zu groß und nicht so ganz geheuer zu sein. Doch irgendwann, so sagt er, würde er am liebsten nur als Webdesigner arbeiten. Die Vorstellung, von überall auf der Welt seine Kunden betreuen zu können und so ein sehr großes Stück Freiheit zu gewinnen, fasziniert ihn. Bis er diesen Schritt allerdings irgendwann wagen wird, genießt er die Sicherheit einer Festanstellung. Er hat sich bewusst für die Ausbildung zum Industriekaufmann und gegen die zum Webdesigner entschieden. Mit sechzehn wusste er eben noch nicht, ob Webdesign wieder »nur so ein Hobby« war. Die Ausbildung zum Industriekaufmann erschien ihm die vernünftigere Wahl – bereut hat er es bis heute nicht. Denn Florian ist trotzdem ein gefragter Webdesigner geworden – auch ohne formale Ausbildung.

Sein Vater war es, der ihn auf die Idee brachte. Der arbeitet im Kunstgewerbe und wollte eine Homepage online stellen. Und weil sein Sohn »irgendwie ganz gut ist« in diesen Computerdingen, fragte er Florian um Hilfe. Der zuckte mit den Schultern, gab in die Suchmaschine die Begriffe »Homepage erstellen« und »einfach« ein und fing an. Einfach so. Kam er nicht weiter, holte er sich in Internetforen Hilfe. Sein Vater fand es »ganz ordentlich« und ging mit der Seite online. Florian hingegen war noch nicht zufrieden – und so wurde die Webseite seines Vaters zum ständigen Nebenprojekt. Abends, bevor er ins Bett ging, las er im Internet nach, wie er die Homepage optimieren könnte. Er probierte sich aus, verwarf viele Ideen wieder, nahm andere auf.

Irgendwann fragten Freunde ihn, ob er nicht auch ihnen beim Aufbau ihrer Blogs und Homepages helfen könnte. Und Florian sagte wieder Ja. Weil er mittlerweile längst gemerkt hatte, dass ihm das Tüfteln und Entwickeln Spaß macht – und weil er es genoss, etwas zu beherrschen, das nur wenige in seinem Umfeld beherrschten. Hätte man ihn mit achtzehn Jahren gefragt, was seine Hobbys sind, hätte er geantwortet: Tennis, Joggen, Freunde treffen und ein bisschen Webdesign. Heute lautet seine Antwort ähnlich – mit einem kleinen Unterschied. Webdesign ist längst mehr als ein Hobby, es ist sein Nebenberuf. Und dieser Beruf hat ihn verändert: Florian ist selbstbewusster geworden.

Zum ersten Mal spürte er das selbst, als er eine Bewerbung für Jimdo schrieb, ein Unternehmen, das Internetnutzern ein Programm anbietet, mit dem sie ihre eigene Homepage nach einem Baukastensystem erstellen können. Um seinen Kunden regionale Ansprechpartner zu bieten, suchte Jimdo externe Experten, an die sich die Nutzer mit Sonderwünschen, die der Baukasten nicht bediente, wenden sollten. Eigentlich suchten sie gezielt nach Webdesignern und Agenturen, »aber das, was die großen Agenturen können, kann ich auch«, sagte sich Florian, und bewarb sich. Und zu seiner Überraschung wurde er angenommen: Dass er keinerlei berufliche Vorkenntnisse vorweisen konnte, interessierte die Verantwortlichen offenbar nicht. Der junge Webdesigner punktete mit seiner Arbeit – und diese überzeugte vollauf.

Wenn Florian eines in den letzten Jahren gelernt hat, dann das: Wer im Internet Beachtung finden will, der muss eine klare Botschaft vertreten. Der Name des Webdesign-Unternehmens, das er für die Bewerbung bei Jimdo gründete, ist gleichzeitig auch ein Statement: Ichmachdesign.de. Damit, so findet Florian, ist alles gesagt. Er macht Design – und alles, was dazugehört. Als Jimdo-Experte ist auch sein Kundenstamm gewachsen. Nachdem er als Experte für den Raum Nürnberg gelistet wurde, haben sich die Aufträge fast über Nacht verdoppelt. Seitdem ist sein Leben voller geworden: Neben seiner normalen Arbeit im Zementwerk muss er Absprachen mit seinen eigenen Kunden treffen, muss beraten und Angebote schreiben. Mittags, wenn seine Kollegen in die Pause gehen, beantwortet er seine Mails und telefoniert mit Kunden. Abends setzt er sich dann an seinen Schreibtisch und arbeitet an seinen Aufträgen. Er hat gelernt, seine Zeit gut einzuteilen. Beruf, Nebengewerbe und Freunde – all das will er unter einen Hut bringen. Er hat gelernt, sich im Alltag Zeitfenster zu suchen und diese zu nutzen. Fernsehen hat er sich abgewöhnt. Computerspielen auch.

Als die ersten Aufträge kamen und er nicht mehr nur für ein paar lobende Worte und ein kleines Extrataschengeld arbeitete, sondern einen Stundenlohn verlangte und Rechnungen schrieb, musste Florian seinem Chef von seiner Firmengründung erzählen. Und der zeigte sich ganz erstaunt darüber, dass einer seiner jüngsten Mitarbeiter ein solches Projekt stemmen wollte. Er klopfte ihm anerkennend auf die Schulter: »Machen Sie nur«, sagte er.

Und Florian machte. Er schrieb die ersten Rechnungen

und kann heute manchmal noch immer nicht fassen, dass Menschen ihn für eine Arbeit bezahlen, die er selbst noch immer als große Spielerei sieht. Zahlreiche Onlineshops und Blogs hat er mittlerweile aufgezogen. Er hat Seiten programmiert, auf denen sich Schauspieler vorstellen, Schminktipps gegeben werden oder Tierheime um Unterstützung bitten. Die Seiten, die er betreut und entwickelt, sind so unterschiedlich wie die Kunden selbst.

Die vielen neuen Begegnungen mit den verschiedensten Menschen haben Florian zu mehr Weltoffenheit verholfen. Sie haben ihm neue Sichtweisen auf das Leben gezeigt – und ihm den Mut gegeben, einen Schritt zu machen, von dem er vor nicht allzu langer Zeit nicht einmal zu träumen wagte: Florian wird nach Amerika gehen. Sein Arbeitgeber hat ihn für sechs Monate freigestellt und ihm angeboten, im Anschluss an seinen Auslandsaufenthalt wieder als Industriekaufmann zu arbeiten. Es ist ein großes Zugeständnis an ihn, auch wenn das Risiko besteht, dass Florian möglicherweise nicht mehr wiederkommt. Aber einen jungen, engagierten Mitarbeiter wie ihn, der sich selbst organisieren kann und sicher im Umgang mit Kunden ist, den wollen sie im Zementwerk nicht verlieren. Und sie wissen: Müsste Florian für seinen Traum kündigen, wäre niemandem gedient – es wäre eine »Lose-lose-Situation«.

In Amerika will Florian verschiedene Praktika machen – unter anderem bei einer Firma für Webdesign. Er will eine Sprachschule besuchen und den Schritt aus dem Kinderzimmer heraus wagen. Vor seiner Firmengründung hätte er sich das sicher nicht getraut. Dass er es jetzt tatsächlich wagt, ist auch den Erfahrungen zu verdanken, die er mit seinem kleinen Unternehmen Ichmachdesign gesammelt hat. Seinen Kundenstamm nimmt er mit – denn das macht für ihn die Selbständigkeit aus. Die Möglichkeit zu arbeiten – egal wann und egal wo.

Chancen nutzen – und manchmal auch vorbeiziehen lassen

»Macht doch aus eurer Gruppenarbeit eine Diplomarbeit«, sagte ihr Professor. Sie hörten auf ihn, denn dieser Schritt lag tatsächlich nahe. Doch was sollte das internetbasierte Redaktionssystem, das Jan Christe, damals siebenundzwanzig, Andreas Lenz, achtundzwanzig, und Martin Brüggemann, vierundzwanzig, entworfen hatten, als Ergebnis ausspucken? Bloß irgendeine Testseite als PDF? Das war den dreien zu wenig. Und so entstand nicht nur irgendein PDF – sondern gleich ein ganzes Magazin. Auch das fanden die Studenten damals naheliegend. Wie viel Arbeit jedoch dahintersteckte, konnten sie zu diesem Zeitpunkt noch nicht absehen. Genauso wenig, dass aus ihrer Gruppenarbeit bald ein echtes Unternehmen, die yeebase media GmbH, entstehen würde. Doch auch das war irgendwie naheliegend – denn das Ergebnis ihrer Diplomarbeit schlug ein wie eine Bombe: Nach einer fünfzigstündigen Schlussredaktion in den Räumen der FH Hannover entstand im September 2005 die erste Ausgabe des Magazin *t3n*. Damals ein Fachmagazin für eine Open-Source-Software – heute das führende Print- und Onlinemedium für die deutschsprachige Digitalwirtschaft.

Vielleicht lag es daran, dass die drei Studenten mit der Verlagsbranche bis dahin nichts zu tun hatten, dass sie sich von dem damals schon allgemein anerkannten Credo »Print ist tot« nicht abschrecken ließen. Vielleicht ist es aber auch ihr bis heute gültiges Motto »Machen statt quatschen«, das diesen Aufstieg ermöglichte. Sicher ist: Sie waren ziemlich clever. Denn damit drei Studenten es schaffen können, ein ganzes Printmagazin alleine auf die Beine zu stellen, genügt selbst voller Einsatz nicht. Sie brauchten mehr – zum Beispiel Autoren, die bereit waren, umsonst für sie zu schreiben, denn ein großes Budget hatten sie damals nicht.

Doch was fast unmöglich klingt, war einfacher als gedacht: Für nahezu jedes Thema fand sich ein Experte, der für sie schreiben wollte. Zuerst fragten sie nur Freunde und Bekannte, aber nach und nach fanden sich immer mehr Leute, die sich mit Themen wie Suchmaschinenoptimierung oder Shopsystemen auskannten und Lust hatten, ihr Wissen zu teilen. Doch das war nicht die einzige Motivation: Für viele war es auch das Gefühl, Teil von etwas Großem, Neuem zu werden, das sie ohne Bezahlung mitmachen ließ. Und für manche zahlte sich diese zeitliche Investition sogar finanziell aus: Das Magazin gab Sichtbarkeit. Viele der Experten waren gleichzeitig als Selbständige oder in Webagenturen tätig – und so sprang mit der Sichtbarkeit auch der eine oder andere Auftrag oder zumindest ein interessanter Kontakt heraus. Auch das ist im Nachhinein eigentlich naheliegend, oder eben klassisches »Win-win«.

Genauso lief es mit der ersten Werbeaktion des kleinen 4-Stunden-Startups. Anstatt Flyer zu drucken oder auf Messen zu gehen, entschieden sie sich für eine unkonventionellere Art, um ihr junges Magazin auf einen Schlag bekannt zu machen: Sie verschenkten die ersten tausend Exemplare. Was zunächst nach betriebswirtschaftlichem Harakiri klingt, war in Wahrheit nichts anderes als eine rationale Überlegung. Sie verdienten zwar kein Geld mit ihrem ersten Heft, doch die Resonanz war überwältigend – und gleichzeitig Gold wert: »T3N – TYPO3 bekommt ein Print-Magazin«, titelte damals nahezu jeder bekannte Blog, natürlich versehen mit dem Hinweis darauf, dass es die ersten tausend Exemplare umsonst gab. Die Erstauflage war in Windeseile vergriffen.

Drei Monate später gab es das zweite Heft am Kiosk. Der Sprung in den Zeitschriftengroßhandel war mit diesem Start nicht schwer. Genauso wenig wie die ersten Werbekunden zu gewinnen, wobei dies der falsche Ausdruck ist, denn »überzeugen« mussten die drei Jungs niemanden. Das Heft traf einen Nerv und hatte seine Zielgruppe nachweislich gefunden – der »Proof of Concept« war erbracht. Bereits mit dem zweiten Heft verdienten sie Geld, holten die anfängliche Investition wieder herein und konnten nur wenige Monate nach dem Start ihres 4-Stunden-Startups bereits den Schritt zum Vollzeit-Startup machen.

Obwohl die Jungs auch einem anderen Motto von damals bis heute treu geblieben sind, nämlich zu wissen, was man kann und was nicht, oder wie Andy es nennt, »Gelegenheiten auch mal vorbeiziehen zu lassen«, war für sie von Anfang an klar, dass es nicht reichen würde, sich alleine auf ein gedrucktes Magazin zu verlassen. Print- und Onlinemagazin gehörten bei *t3n* vom ersten Tag an zusammen. Und auch das war naheliegend: Die Idee hinter dem von ihnen entwickelten Redaktionssystem bestand ja gerade darin, beide Bereiche möglichst effektiv miteinander zu verbinden – idealerweise auf Knopfdruck. Sie nutzen dieses System bis heute – über zehn Jahre nach dem Start im Jahr 2005.

Und es zahlt sich aus: Neben den aktuell etwa dreißigtausend Lesern des quartalsweise erscheinenden Printmagazins hat die Webseite t3n.de im Schnitt über 2,5 Millionen Besucher pro Monat. Etwa 60 Prozent des Umsatzes entstehen online. Wie viel das genau ist, wollen die drei jedoch nicht verraten. Klar ist: Es reicht, um heute mehr als fünfunddreißig Mitarbeiter zu beschäftigen, und das Unternehmen wächst Jahr für Jahr im zweistelligen Prozentbereich. Vor dem Strukturwandel in der Verlagswelt haben die Gründer von *t3n* keine Angst. Verständlich, denn das Unternehmen, das zuvor ein 4-Stunden-Startup war und aus einer Gruppenarbeit von ein paar Studenten entstand, *ist* genau dieser Wandel. Oder um es mit Andys Worten zu sagen: »Machen statt quatschen!« Das Quatschen und Jammern überlassen sie lieber anderen.

Der Weg aus dem Hamsterrad

Mit sechsunddreißig Jahren war Claudia Gellrich an einem Punkt in ihrem Leben angekommen, an dem wahrscheinlich so mancher auf der Stelle mit ihr getauscht hätte: Sie hatte Karriere bei einem großen Internetunternehmen gemacht, hatte eine schicke Wohnung mit ihrem Lebenspartner im angesagtesten Viertel von Berlin, einen begehbaren Kleiderschrank, einen super Chef, tolle Kollegen und überhaupt: alles, was sie glücklich machte. Oder glücklich machen sollte – denn trotz allem hatte sie vor allem eines: das Gefühl, dass irgendetwas wirklich Wichtiges in ihrem Leben fehlte. Und dieses wurde jeden Tag stärker.

Manche ihrer Freundinnen hatten schon das erste oder zweite Kind – und es schien zunächst, als würde deren Leben dadurch erfüllter. Doch für Claudia war dies nicht die Lösung – oder zumindest nicht der richtige Zeitpunkt: Sie liebt Kinder sehr, sprang oft als Babysitter ein, verbrachte viel Zeit mit ihrem Patenkind, aber ob eigene Kinder wirklich glücklich oder glücklicher und eine Beziehung erfüllter machen, das wusste sie damals nicht.

Zudem gab es noch zu viele Länder, die sie nicht gesehen, und zu viele Dinge, die sie noch nicht erlebt hatte. Lange Urlaube waren bislang nur selten drin – die Arbeit hatte zu häufig Priorität. »Zu lange«, wie Claudia fand. Im Januar 2014 reichte sie ihre Kündigung ein. Es fühlte sich richtig an, obwohl sie keinen Plan für danach hatte. Dass sie nur ein Jahr später das Unternehmen Karmahike gründen würde, mit dem sie Yoga-Wanderreisen anbietet, hätte sie selbst wohl nicht gedacht. Genauso wenig wie ihre Kollegen bei Brands4friends, die Claudias Aufstieg miterlebten: Sie war eine der ersten zehn Mitarbeiterinnen des Shoppingclubs und hatte als Leiterin der Unternehmenskommunikation und Pressesprecherin von Brands4friends alle Phasen der Gründung und die knapp drei Jahre nach dem Exit mitgestaltet.

Diese Jahre waren ein wilder Ritt, ohne viel Zeit zum Grübeln. 2008 kam der Anruf eines Headhunters, nur wenige Tage später saß sie bereits im frisch bezogenen Büro des Berliner Startups. Ihren Bürostuhl musste sie von zu Hause mitbringen, denn Möbel standen nicht oben auf der Prioritätenliste der vier Gründer von Brands4friends. Es war der Beginn des Booms von Shoppingclubs. So schnell wie möglich wachsen und sich die Marktführerschaft sichern, lautete die Devise. Wie viele Tage Claudia im Büro übernachten musste, weil es abends mal wieder spät geworden war, weiß sie nicht mehr – es waren jedenfalls zu viele. Es dauerte nur drei Jahre, bis aus dem kleinen Team ein Unternehmen mit über zweihundert Mitarbeitern geworden war – und eBay Interesse zeigte, es zu übernehmen. Und tatsächlich: 2010 kaufte der amerikanische Konzern das Berliner Startup für rund 150 Millionen Euro. Es war ein Riesending – nicht nur für die deutsche Startup-Szene, sondern auch für Claudia, die PR-Chefin und Pressesprecherin des Unternehmens war und den kompletten Deal begleitete.

Sie baute ein eigenes Team auf, und von da an wurde es etwas ruhiger. Zumindest so weit, dass Claudia ihr altes Nebenprojekt wiederaufleben lassen konnte, das bereits zehn Jahre zuvor aus einem Hobby entstanden war: Wandertouren durch die Alpen. Es war die kleinste Form eines 4-Stunden-Startups, denn Claudia hatte weder eine Webseite, noch machte sie Werbung für ihre Touren. Der Übergang vom reinen Hobby zum unternehmerischen Projekt war dabei fließend: Seit Jahren war sie bereits leidenschaftliche Wanderin, aktives Mitglied des Alpenvereins, zertifizierte Wanderleiterin und ausgebildete Yogalehrerin. Ganz zu Beginn machte sie die Touren mit Freunden, doch schon damals war sie diejenige, die die Gruppen führte. Sie liebte es, zu organisieren und die Routen im Detail zu planen.

Ihre Freunde waren begeistert, empfahlen die einwöchigen Touren mit Claudia ihren Freunden und Bekannten weiter. Auch diese teilten die Begeisterung – empfahlen Claudia weiter und bedankten sich bei ihr mit großzügigen Trinkgeldern zum Abschluss der Touren. Claudia sträubte sich zunächst dagegen, aber verstand es als Wertschätzung und Zeichen der Anerkennung – und freute sich, so ihre eigenen Unkosten decken zu können. Es fühlte sich okay für sie an, so wie später Rechnungen zu schreiben. Klar: Sie mochte, was sie tat, aber ihre Leistungen hatten einen echten Wert. Warum sollte sie dafür kein Geld verlangen?

Jahrelang ging das so: Sie bestieg mit Fremden Berge und kam nach einer Woche mit neuen Freunden wieder herunter. Es passte aber auch in anderer Hinsicht: Obwohl sich in ihrem Job bei Brands4friends die Wogen nach der Übernahme wieder geglättet hatten, war viel Urlaub einfach nicht drin. Claudia konnte nicht mal eben für drei Wochen nach Australien fliegen, aber einwöchige Wandertouren in Süddeutschland, Frankreich oder der Schweiz ließen sich realisieren. Claudia und ihre Mitstreiter erlebten in den Bergen wahre Auszeiten: kein Internet, kein Handy, keine Sorgen. Sie begriff immer mehr, dass es da oben kein Chichi brauchte, um glücklich zu sein. »Eine Hose, drei T-Shirts, ein bisschen Brot und Käse – du lernst die einfachen Dinge des Lebens wieder zu schätzen«, sagt sie.

Dahinter steckte ein Gefühl, das immer stärker wurde: dass das Leben zu kurz und wertvoll ist, um es hinter dem Computer sitzend an sich vorbeiziehen zu lassen. Sie fühlte es auf Gipfeln und zu Hause in Berlin – wenn sie sich die Zeit dafür nahm. Und auch das geschah immer häufiger. Yoga und Meditation waren zwar schon lange »ihr Ding«, aber sie ließ sich weiterbilden und schaffte es, sich weitere Freiräume im Alltag zu schaffen. Sie näherte sich immer mehr dem Hier und Jetzt an und beschäftigte sich immer weniger mit ihren Karriereplänen in großen Unternehmen. Wo sie sich denn in drei, fünf und zehn Jahren sehe, wollte ihr Vorgesetzter im Halbjahresrhythmus wissen. Claudia fiel es zunehmend schwerer, diese Frage zu beantworten. »Muss man wirklich alles so genau planen?«, fragte sie sich. Kurz darauf kündigte sie, ohne Plan, und zog einfach los.

Über lange Monate hinweg hatte sie keine Idee und auch keine Lust, darüber nachzudenken, was sie wirklich tun wollte, oder gar die nächsten Pläne zu schmieden. Nachdem sie ein Jahr auf Reisen in Australien, Indonesien, Russland, Polen, Ungarn und den USA verbracht hatte, wurde ihr an einem Morgen im August 2014 – sie befand sich gerade auf einer Wanderung – plötzlich klar: Yoga und wandern, das war es, was sie wollte. Nicht mehr und nicht weniger.

Doch Claudia war zu sehr Profi, als dass sie sich blauäugig ins unternehmerische Risiko stürzen würde. Sie fing an zu recherchieren: Gab es Yogawanderungen überhaupt schon? Was machten die anderen gut? Wo war noch Potenzial? Am Ende fand sie eine Nische, die noch nicht besetzt war und die perfekt für sie passte: Wandertouren, die nicht durch Luxus bestechen, sondern bewusste Auszeiten sind. Bei Karmahike geht es darum, Verzicht und das einfache Leben schätzen zu lernen. Smartphones und Beauty-Cases sollen zu Hause bleiben. Es ist ein bisschen wie eine Pilgerreise auf dem Jakobsweg, allerdings mit viel Yoga und der Möglichkeit, viele verschiedene Reiseziele anzusteuern.

Ob das eine gute Geschäftsidee war? Claudia konnte es zunächst nur annehmen, zurück in Berlin wollte sie es herausfinden: Sie sprach jeden ihrer Freunde und Bekannten an, auch die, die nur im Entferntesten mit Yoga oder Wandern zu tun hatten. Sie lud andere Yogalehrer zum Abendessen ein und diskutierte bei jeder Gelegenheit ihre Idee. Am Ende hatte sie zwar keine harten Zahlen beisammen, aber ein sehr gutes Gefühl, dass es klappen würde. Sie glaubte fest an ihr Konzept.

Sollte man so früh und so offen über seine Idee sprechen? Viele entscheiden sich dagegen und behalten sie so lange wie möglich für sich. Es ist auch verständlich: Die Angst davor, dass die Idee geklaut wird, kann groß sein. Und gute Ideen sind außerdem (vermeintlich) selten. So intuitiv und nachvollziehbar diese Sorge ist, bringt es deutlich mehr Nachteile als Vorteile, wenn du nicht über deine Idee sprichst. Denn auch dies ist übrigens ein verbindendes Element bei allen 4-Stunden-Startups: Die Annahmen, die die Gründer treffen – und treffen müssen –, sind eben allesamt nur *Annahmen*. Und diese mögen noch so plausibel klingen, sie können völlig falsch sein. Dieser Punkt ist ausgesprochen wichtig. Wir werden ihn im nächsten Kapitel daher noch weiter vertiefen.

Doch manche Freundinnen waren skeptischer. Sie rieten ihr davon ab, sich selbständig zu machen, denn das Thema Sicherheit wurde bei ihnen großgeschrieben. Sie konnten schon kaum verstehen, dass Claudia ihren tollen Job kündigte – aber dass sie sich nun selbständig machen und aussteigen wollte? Claudia könne doch so einfach an der alten Karriere anknüpfen. Und überhaupt: Ob sie wirklich bereit sei, auf alle Sicherheiten, Boni und Benefits zu verzichten – für diese eigenwillige Idee? Am Ende setzte sie nicht alles auf eine Karte, sondern gründete Karmahike als 4-Stunden-Startup. Parallel nahm sie eine neue Führungsposition bei Dawanda an, wo sie den PR-Bereich des bekannten Do-it-yourself-Marktplatzes als Interimsmanagerin leitete. Es war gleichzeitig ein letzter, persönlicher Test für sie: Konnte sie nicht doch als Angestellte glücklich werden?

Ihr Nebenprojekt zog Claudia diesmal viel professioneller auf, als sie es bei den Wandertouren der vergangenen

Jahre gemacht hatte: Sie ließ ein Logo und eine Webseite entwerfen, schaltete Anzeigen bei Google – und profitierte beim Marketing auch von dem Netzwerk, das sie sich in den Jahren der Corporate-Welt zuvor aufgebaut hatte. Viele, die mit ihr schon in den Alpen waren, interessierten sich auch für eine Yogawanderung in Griechenland oder Spanien. Die Resonanz war da, und aus theoretischen Annahmen wurde langsam Gewissheit: Karmahike hatte seine Nische gefunden. Gleichzeitig gewann Claudia an anderer Stelle Klarheit: Sie wollte definitiv ihr eigener Chef sein und etwas für sich selbst aufbauen.

Tagelang quälte sie sich damit, ihrer Chefin, der Dawanda-Gründerin Claudia Helming, ihre Entscheidung mitzuteilen. Doch die verstand sie, denn auch sie lebte dafür, eigene Ideen umsetzen zu können. Und ihr war klar: Manchmal muss sich erst eine Tür schließen, damit eine neue aufgehen kann. Claudia ließ Dawanda los und widmet sich nun seit dem Sommer 2015 in Vollzeit um »ihr Baby«, wie sie es nennt. Bis Jahresende wird sie auf rund hundertfünfzig Teilnehmer gekommen sein, die für die Fahrten jeweils zwischen 750 und 1700 Euro pro Woche bezahlen. Doch dem sechsstelligen Umsatz stehen auch Kosten gegenüber, insbesondere die Versicherungen für die hochalpinen Touren sind teuer.

Am Ende entscheidet für Claudia jedoch nicht der finanzielle Erfolg. Klar: Sie will von ihrer Arbeit leben können, aber das Ziel ist nicht schnelles Wachstum und ein anschließender Verkauf. Vielmehr möchte sie die Touren weiterhin allesamt selbst führen, das Modell also bewusst nicht mit vielen Angestellten auf Größe skalieren. Und auch wenn in ihrem Businessplan durchaus detaillierte Drei- und Fünfjahresziele stehen, so hat sie diese mit dem Wissen aufgestellt, dass sie nur eine grobe Richtung vorgeben – und diese ist mit drei Worten erklärt: Yoga und wandern. So einfach kann das sein.

3

STARTUP-THINKING: WIE RICHTIG GUTE IDEEN ENTSTEHEN

> *»Wenn ich heute anfangen würde,
> würde ich die Dinge ganz anders machen.
> Ich wusste überhaupt nichts.«*
> Mark Zuckerberg

Du hast im letzten Kapitel erfahren, welche Möglichkeiten dir ein eigenes 4-Stunden-Startup bieten kann und wie unterschiedlich die Menschen und Motivationen hinter den einzelnen Ideen sind. Vielleicht haben dich manche Geschichten zum Schmunzeln gebracht oder erstaunt. Vielleicht haben sie dich zu eigenen Ideen inspiriert, wenn du noch keine konkrete Vorstellung für dein eigenes Startup hattest, oder dich weiter darin bestärkt, aus einer bereits fixen Idee endlich etwas Reales zu machen. Bevor wir darüber reden, wie du herausfindest, was eine wirklich gute Idee ausmacht, wie du an deine ersten Kunden kommst und wie dich Startup-Thinking davor bewahrt, einen Haufen Geld, Mühe und Zeit zu verschwenden, müssen wir kurz über die drei größten Hürden sprechen, die dir auf deinem Weg zu einem erfolgreichen 4-Stunden-Startup begegnen.

Es ist enorm wichtig, dass du dir diese drei Hürden vor Augen führst und immer wieder bewusst machst, denn eines müssen wir festhalten: So unterschiedlich die Geschichten im letzten Kapitel waren, so sind diese allesamt *Erfolgsgeschichten*. Alle Protagonisten aus dem vorherigen Kapitel haben, bewusst oder unbewusst, einiges richtig gemacht: Sie alle haben die gleichen Hürden auf dem Weg zu einem eigenen 4-Stunden-Startup erfolgreich überwunden. Die Geschichten jedoch, in denen Leute brutal gescheitert sind, eine Menge Geld und Zeit verschwendet haben und am Ende ihren Traum verbittert begraben haben, klingen anders – aber nur ganz selten hören wir von ihnen.

Welche drei großen Hürden es gibt

Für viele ist das eigene 4-Stunden-Startup die erste praktische, unternehmerische Erfahrung. Damit besteht zugleich leider die große Gefahr, an einer der drei Hürden, die wir im Folgenden kennenlernen werden, zu scheitern. Wenn du es im Umkehrschluss jedoch schaffst, alle drei Hürden zu überwinden, dann hast du ein erfolgreiches 4-Stunden-Startup. So einfach ist das.

Erste Hürde:
Finde ein Thema, das dich begeistert

Um es ganz klar zu sagen: Ich meine hier *wirklich* begeistert. Denn alle erfolgreichen 4-Stunden-Startups haben denselben Ausgangspunkt: Völlig unabhängig von den möglichen späteren Erfolgsaussichten haben alle Protagonisten aus dem letzten Kapitel etwas für sich gefunden, das ihr ganzes Interesse entfacht hat.

Häufig ist es ein langgehegtes Hobby wie bei Katrin von nicenicenice, die sich schon seit Jahren für Selbstgemachtes interessiert hat. Oder es ist eine Sache, die zwar plötzlich, aber dafür mit aller Wucht die volle Aufmerksamkeit auf sich gezogen hat, so wie es bei Attila das Thema vegane Küche oder bei Van Bo die fair produzierten Chucks waren. Diese Hürde ist eigentlich gar keine echte Hürde, denn selbst wenn die meisten Menschen sich für wenig kreativ halten, hat eigentlich jeder von uns Ideen oder sogar, einen Schritt weitergedacht, Geschäftsideen. Sie kommen im Auto, unter der Dusche oder wenn wir fremde Länder besuchen. Plötzlich schießt es uns durch den Kopf: »Warum gibt es eigentlich Fernbusse im Ausland, aber nicht bei uns?« Oder: »Man müsste doch mal einen einfach zu bedienenden Lebenslaufeditor erfinden!« Diese Gedanken sind der Startpunkt, auf den die eigentliche Hürde folgt – und an der etwa 99 Prozent aller Ideen leider scheitern.

Sie lautet ganz schlicht: einfach anfangen und loslegen! Egal, wie klein der Anfang auch ist: Wenn du von deinem Startpunkt aus keinen ersten, echten, realen, praktischen Schritt machst, dann passiert auch nichts! Bei zu vielen Menschen bleibt es beim ewigen Mantra: »Eigentlich würde ich gerne mal ...« Sie schaffen den Schritt vom bloßen Wollen zum echten Machen nicht. Dies sind die Geschichten, in denen der innere Schweinehund übermächtig war und von denen wir niemals hören werden. Es sind die Projekte, die wir niemals zu Gesicht bekommen, und die Bücher, die wir niemals lesen werden, weil der erste Satz nie geschrieben wurde. Ja, es klingt banal, aber an dieser Hürde scheitern in Wahrheit die meisten.

Das Problem: *Jeder* Mensch ist faul – und ich nehme mich selbst dabei nicht aus. Die Trägheit ist zwar keine physikalische Kraft, aber sie ist nicht weniger bedeutend. Sie zieht uns jedes Mal wie ein Gummiband zurück, wenn wir unsere Komfortzone ein Stückchen verlassen müssen, um etwas Neues zu wagen. Sie zieht uns dann zurück, wenn wir Energie für eine Sache aufwenden müssen, also den ersten echten Schritt machen wollen – sei es, sich in ein Thema (oder gar Gesetzestexte) einzulesen oder den ersten Anruf bei einem potenziellen Kunden oder Lieferanten zu machen.

Deine Eigentlich-müsste-man-mal-Idee muss dich so sehr begeistern, dass du mit ihr tatsächlich den ersten Schritt wagst. So wie eine Rakete die Erdanziehungskraft überwinden muss, muss deine Idee das Kraftfeld deiner Faulheit überwinden – oder du wirst ewig am Boden von Eigentlich-würde-ich-gerne-mal bleiben.

Zweite Hürde:
Beziehe die Welt außerhalb deiner eigenen vier Wände ein

Diese Hürde ist trotz der Vielfalt aller Erfolgsgeschichten ein verbindendes Element: Irgendwann, früher oder später, sind alle Gründer mit ihren Ideen rausgegangen. Sie haben sich getraut, ihre Hobbykeller und Wohnzimmer zu verlassen, um die Welt an ihrer Sache teilhaben zu lassen. Auch dieser Schritt mag einfach klingen, doch es ist genauso schwierig, einem anderen Menschen das erste Kapitel seines eigenen Romans zu lesen zu geben, wie die erste Seite zu schreiben. Vielleicht hast du auch Freunde, deren Schreibtischschubladen voll mit fertig geschriebenen Büchern sind oder die eigentlich in ihrer Freizeit nichts anderes als Musik machen wollen – aber niemals auf die Idee kämen, damit rauszugehen.

Wir haben im ersten Kapitel gesehen, dass ein 4-Stunden-Startup in erster Linie für dich selbst ist. Um herauszufinden, was alles in dir steckt und was neben »eat, work, sleep, repeat« noch drin ist. Du machst es, weil du *kannst* – und nicht, weil du *musst*. Und du musst nicht rausgehen, wenn du dich nicht wohl damit fühlst. Allerdings, so ehrlich müssen wir miteinander sein: Egal, ob du Musik machen, Kindern helfen oder Ketten designen möchtest, das Ganze macht am meisten Spaß, wenn es die Welt außerhalb deiner eigenen vier Wände ebenfalls interessiert. Soll aus deinem Startpunkt (siehe erste Hürde) mehr als nur ein Hobby oder eine nette Idee werden, sondern ein echtes 4-Stunden-Startup, dann musst du irgendwann die Behaglichkeit der eigenen vier Wände verlassen.

Die Bedeutung dieser Hürde kann man nicht überschätzen, denn sie ist gigantisch. Bei meinem ersten 4-Stunden-Startup habe ich Tage und wahrscheinlich Wochen damit verschwendet, mich in den Details meiner eigenen Planung zu verlieren, nochmals eine neue Formatierung auszuprobieren oder weiter am Design meiner Webseite zu feilen, anstatt *einfach mal zu machen*! Das Problem dabei ist ziemlich klar: Es ist das Gefühl, noch nicht gut genug zu sein. Also Angst davor zu haben, Ablehnung zu erfahren, wenn man anderen zeigt, was man sich im Schutz der eigenen vier Wände ausgedacht hat.

Eng damit verknüpft ist das Phänomen, dass jeder von uns dazu neigt, sich am liebsten mit den Dingen zu beschäftigen, mit denen er sich besonders gut auskennt. Wem Zahlen und Planung naheliegen, neigt dazu, sich in Excel-Tabellen zu verlieren, wer gut programmieren kann, wird zu viel Zeit damit verschwenden, den Code seiner Webseite immer weiter zu optimieren, und wessen Kompetenzen im Design liegen, sollte aufpassen, nicht den Fehler zu machen, unendlich nach Perfektion zu streben. Denn wenn wir ganz ehrlich zu uns selbst sind, kann die Angst, sich vor anderen zu blamieren, genau dazu führen: zu nie enden wollendem Streben.

Eine kleine Anekdote: Für mein erstes 4-Stunden-Startup hatte ich eine kleine Grafikagentur damit beauftragt, meine Webseite, Visitenkarten und anderes zu entwerfen. Die Agentur selbst befand sich gerade ebenfalls in der Gründungsphase: Vier junge Designer hatten sich einige Monate zuvor zusammengetan und bereits ein schickes Büro in der Innenstadt gemietet. Einer der Gründer wurde mir durch einen Freund empfohlen, es folgten einige überzeugende Telefonate, woraufhin ich den Auftrag per Mail erteilte. Als ich einige Tage nach der Auftragsvergabe zum ersten Mal in das Büro kam, war ich beeindruckt: Alles sah unglaublich schick aus, die Möbel waren sehr hochwertig, die Schreibtische sogar selbst designt und von den vieren selbst gebaut. Die wussten wirklich, was sie taten – dachte ich. Nur eines machte mich stutzig: Denn beinahe hätte ich das Büro gar nicht gefunden, weil von außen rein gar nichts auf die kleine Agentur hinwies, weder ein Schild noch irgendein Logo.

Darauf angesprochen, führte mich der Designer in einen der ebenfalls phantastisch eingerichteten Besprechungsräume. Eine Wand dort war überpflastert mit DIN-A4-Zetteln, schätzungsweise vierzig Stück. Auf jedem der Zettel waren sechs kleine Zeichnungen. Als ich näher herantrat, stellte sich heraus, dass jede der Zeichnungen ein eigener Logoentwurf für die Grafikagentur selbst war, insgesamt also fast zweihundertfünfzig Stück. Die vier hatten es nicht geschafft, sich in den vergangenen Monaten auf einen Entwurf zu einigen, und fertigten daher immer weitere, noch bessere Entwürfe an. Daher war das Büro von außen auch kaum zu erkennen: Es gab immer noch kein Logo, denn sie hatten bisher nicht das Gefühl, dass einer der zweihundertfünfzig Entwürfe gut genug sei, um ihn an die Tür zu hängen.

Rückblickend hätte ich den Auftrag in diesem Moment zurückziehen sollen, denn genau so lief es dann auch bei mir: Der junge Designer, der mein Projekt betreute, meinte es gut und wollte alles perfekt machen. Leider bekam ich davon nicht viel mit, denn er zeigte mir seine Entwürfe erst, nachdem er sie bereits tagelang optimiert hatte, ohne überhaupt zu wissen, ob sie mir grundsätzlich gefielen. Selbst wenn ich ihn dazu drängte, mir endlich etwas zu zeigen, tat er es nicht und vertröstete mich ein um das andere Mal. Er schaffte es nicht über die zweite Hürde, so dass letztlich die angesetzten Stunden und das entsprechende Budget verbraucht waren, ohne dass Visitenkarten oder Webseite fertig geworden wären.

Beziehe also unbedingt die Welt mit ein in das, was du tust. Und unterschätze nicht die Bedeutung dieser Hürde. Sie kann dir auf dem Weg zu deinem 4-Stunden-Startup ohne weiteres das Genick brechen.

Dritte Hürde:
Prüfe, ob deine Idee für andere interessant ist

Wenn du es geschafft hast, irgendwann anzufangen und der Welt zu zeigen, was du tust, wartet die dritte große Hürde auf dem Weg zu deinem erfolgreichen 4-Stunden-Startup auf dich. Es ist die Frage: »Gibt es da draußen genügend andere Menschen, die sich für das interessieren, was ich tue?« Leider scheitern sehr viele, die eine Menge Zeit, Energie und möglicherweise auch Geld investiert haben, um die bisherigen Hürden zu überwinden, genau an dieser Frage. Dann nämlich, wenn sich für sie, oft völlig unerwartet, herausstellt, dass es niemanden interessiert, was sie zu bieten haben. Das Problem: Viele ambitionierte, gute Leute überlassen diesen Punkt schlicht dem Zufall – auch bei professionellen Startups und großen Unternehmen passiert dies erstaunlich häufig.

Es gibt ein wunderbares Zitat von Aristoteles, das auch nach mehr als zweitausend Jahren nichts von seiner Gültigkeit verloren hat: »Wo sich deine Talente mit den Bedürfnissen der Welt kreuzen, dort liegt deine Berufung.« Wenn du nur deinen Talenten und Leidenschaften folgst, wird das Ganze möglicherweise nicht mehr als nur ein Hobby. Richtest du dich nur nach den Bedürfnissen der Welt, ist dies der kürzeste Weg in ein fremdbestimmtes, eindimensionales Leben, in dem du selbst gar keine Rolle spielst. Für dich gilt deshalb: Nur dort, wo sich deine Fähigkeiten, Wünsche und Interessen mit den Bedürfnissen und Problemen der Welt kreuzen, kann ein gutes 4-Stunden-Startup entstehen.

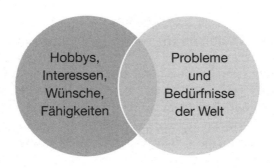

Ein 4-Stunden-Startup entsteht in der Schnittmenge.

Da der Ausgangspunkt vieler angehender Gründer eines 4-Stunden-Startups das eigene Hobby oder eine echte Herzensangelegenheit ist (erste Hürde), besteht fast automatisch die Gefahr, dabei die wahren Bedürfnisse und Probleme der Welt außerhalb der eigenen vier Wände zu vergessen. Anstatt ein 4-Stunden-Startup ganz bewusst in der Schnittmenge zu starten, fangen viele einfach irgendwo an – meist dort, wo ihre Kompetenzen und Interessen liegen, sie sich entsprechend sicher fühlen (zweite Hürde). Doch wenn das, was du gerne tust und worin du gut bist, die Welt nicht berührt, kann es nicht mehr als ein Hobby sein!

Nehmen wir ein kleines, plakatives Beispiel: Du kannst noch so gerne Pizza essen, deine Regale voll mit Büchern über Pizza haben, abends als Letztes und morgens als Erstes an Pizza denken. Wenn du keinen Weg findest, all das in Verbindung mit den Bedürfnissen beziehungsweise Problemen der Welt zu bringen, bleibt Pizza dein Hobby, und es wird daraus kein 4-Stunden-Startup entstehen. Dass es dennoch geht, dass du statt der ganzen Welt vielleicht nur einen Teil von ihr erreichen musst und dass das Beispiel Pizza gar nicht so abwegig ist, hast du im zweiten Kapitel bei Attila Hildmann gesehen: Möglicherweise interessiert die Welt, dass du ein Pizzakochbuch schreiben könntest, vielleicht haben Leute nur auf deine Pizzakurse gewartet oder vielleicht gibt es eine ganz andere, ungeahnte Möglichkeit, mit Pizza die bislang ungelösten Probleme und Bedürfnisse (eines kleinen Teils) der Welt zu erfüllen.

Du bist der Kern deines 4-Stunden-Startups, doch die Welt außerhalb deiner eigenen vier Wände gehört zwingend dazu. Deine unternehmerische Aufgabe ist es, die Schnittmenge zwischen deinen Wünschen und Fähigkeiten und den Bedürfnissen und Problemen eines mehr oder weniger großen Teils der Welt zu finden. Ich kann dich nur eindringlich warnen: Diese letzte Hürde ist die gefährlichste. Wer hier scheitert und viel zu spät erst merkt, dass er mit viel Begeisterung und Mühe der falschen Sache gefolgt ist, wagt häufig keinen zweiten Versuch mehr, obwohl er mit seinen Fähigkeiten und Wünschen vielleicht ganz leicht eine aussichtsreichere Idee finden könnte. Doch stattdessen begräbt er das Abenteuer Unternehmertum komplett: Doch nicht zum Unternehmer geboren, schade. Da dies der falsche Schluss ist und weil dieser Punkt so kritisch ist, setzt der Startup-Thinking-Ansatz genau hier an. Er stellt diese letzte Hürde an den *Anfang* aller Überlegungen.

Wenn du den Startup-Thinking-Ansatz verinnerlichst, hast du eine strukturierte Herangehensweise bei der Entwicklung deines eigenen unternehmerischen Projekts, um nicht Glück und Zufall darüber entscheiden zu lassen, ob sich am Ende genügend andere Menschen für deine Idee begeistern. Startup-Thinking ist darüber hinaus ein wirkungsvolles Werkzeug, von dem du auch in deinem normalen Job profitieren wirst. Unternehmerisches Denken ist in allen Firmen wichtig, in manchen Abteilungen scheint diese Kompetenz gar ein echtes Alleinstellungsmerkmal zu sein. Denn die Aufgabe, aus einer groben Idee ein Produkt oder eine Dienstleistung zu machen, die genug Menschen haben wollen, wird auch in renommierten Unternehmen oft falsch angegangen. Die Liste der Produkte, die von großen Unternehmen mit viel Geld und Marketingaufwand in den Markt gedrückt wurden, um dann spektakulär zu floppen, ist schier endlos.

Kurz nach der Jahrtausendwende kündigte sich etwas gleichermaßen Geheimes wie Einzigartiges an. Der Name dieses Projekts wurde lange geheim gehalten – von »IT« und »Ginger« war die Rede. Es sollte unsere Art der Fortbewegung von Grund auf revolutionieren. Sein Erfinder, Dean Kamen, sprach gar davon, dass sein Projekt dieselbe Bedeutung für das Auto habe wie das Auto für die Kutsche. Das Unternehmen verkündete großspurig, bereits im ersten Jahr über fünfzigtausend Stück zu verkaufen – und sammelte dafür rund 90 Millionen US-Dollar Wagniskapital ein. Tatsächlich dauerte es nicht lange, bis sich alle Hoffnungen zerschlagen hatten: Der Segway, wie der zweirädrige Elektroroller später offiziell genannt wurde, verkaufte sich nicht annähernd so gut wie geplant – nach ein paar Jahren waren nicht einmal zehntausend der Roller verkauft. Nur in einer Nische überlebte das Produkt. Wenn du also das nächste Mal Touristen in Reih und Glied die Sehenswürdigkeiten abklappern siehst, denk mal kurz daran, dass dies eine große Revolution hätte werden sollen.

Wie dir Startup-Thinking den Weg zur guten Idee weist

Startup-Thinking ist, wie der Name ausdrückt, eine strukturierte Denkweise, um es vom bloßen Wollen zum echten, sinnvollen Machen zu schaffen. Die Ursprünge dieses Ansatzes liegen in der kapitalintensiven Hightech-Branche, wo bei einem Fehlschlag besonders viel Geld verlorengeht und es dementsprechend wichtig ist, Produkte zu entwickeln, die tatsächlich auch viele Menschen wollen. Startup-Thinking ist ein Werkzeug, das dich schrittweise über die drei großen Hürden bringt, und es erfüllt das Kriterium jedes guten Denkansatzes: Er ist auf breiter Ebene gültig, nicht nur bei wenigen Spezialfällen. Er funktioniert unabhängig davon, ob deine Idee ein Produkt oder eine Dienstleistung ist oder ob die potenziellen Kunden Geschäftskunden oder Endverbraucher sind.

Dennoch: Dies ist nicht blind als Schritt-für-Schritt-Anleitung zum Erfolg zu verstehen. Der Ansatz fühlt sich wahrscheinlich am Anfang sogar ziemlich ungewohnt für dich an und verlangt dir ein gewisses Abstraktionsvermögen ab – auch das ist Teil unternehmerischen Denkens. Startup-Thinking ist »kontrolliertes Einfach-mal-machen«. Ja, es geht darum, zu machen, seine eigene Trägheitskraft zu überwinden und die eigenen vier Wände so früh wie möglich zu verlassen – aber eben nicht blindlings.

Im Zentrum von Startup-Thinking steht immer ein Problem. Von diesem aus entwickelt sich der gesamte Rest, und von hier aus können wir auch all die wichtigen Fragen beantworten, die du wahrscheinlich schon im Kopf hast: Was macht eine Marktlücke oder eine gute Geschäftsidee aus? Wie finde ich das passende Gegenstück zu meinen eigenen Wünschen und Fähigkeiten, also das passende Problem beziehungsweise Bedürfnis? Wo fange ich überhaupt an? Und wie komme ich an Kunden?

Die Startup-Thinking-Zwiebel

Der Startup-Thinking-Ansatz lässt sich sehr gut bildlich darstellen: Er sieht aus wie eine Zwiebel. Den Kern einer guten Geschäftsidee – egal ob für dein 4-Stunden-Startup oder in einem großen Unternehmen – bildet ein *relevantes Problem*. Was dahintersteckt und wie wir herausfinden, was ein Problem wirklich relevant macht, werden wir später sehen. Die nächste Schale unserer Zwiebel besteht in einer adäquaten *Lösung*. Die dritte und letzte Schale ist dreigeteilt, sie beinhaltet alle Überlegungen zu *Einnahmen, Ausgaben* und der Frage, *wie du potenzielle Kunden erreichst*. Wir fassen sie als *tragfähiges Konzept* zusammen.

Ob du nun bereits eine Idee hast, die dich nicht mehr loslässt und mit der du dich bereits auseinandergesetzt hast (erste und eventuell zweite Hürde), oder ob du noch gar keine Vorstellung davon hast, was dein 4-Stunden-Startup sein könnte: In jedem Fall muss dein Startup aus exakt diesen Komponenten bestehen. Du musst dir der Reihenfolge nach, also von innen nach außen, über fünf Fragen klarwerden – nicht mehr und auch nicht weniger:

1. Was ist das Problem, und wer hat es?
2. Was ist eine gute Lösung dafür?
3. Wie erreiche ich potenzielle Kunden?
4. Wie viel muss ich ausgeben, um die Lösung zu realisieren und zu meinen potenziellen Kunden zu bekommen?
5. Wie viel kann ich für diese Lösung verlangen?

Jede Zwiebelschale braucht
einen Realitätscheck

Vollkommen unabhängig davon, was deine unternehmerische Idee ist, müssen wir allerdings noch eine Kleinigkeit hinzufügen. Diese ist ganz stark mit der zweiten Hürde verknüpft: Es geht nämlich darum, die Welt außerhalb deiner eigenen vier Wände *systematisch* in deine fünf Überlegungen einzubeziehen – und zwar nicht theoretisch, sondern ganz praktisch.

Nach jeder der drei Schalen unserer Zwiebel fügen wir eine weitere Komponente ein, die immer den gleichen Titel trägt: »Realitätscheck!« Um systematisch gute Geschäftsideen zu entwickeln, musst du das vollständige Modell, das nun um drei Realitätschecks erweitert ist, von innen nach außen durchlaufen. Dieses Bild ist das wichtigste des gesamten Buchs, du solltest es fest in deinem Gedächtnis verankern.

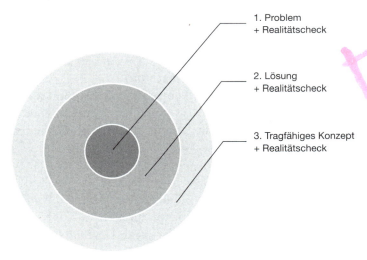

Die drei Schalen der Startup-Thinking-Zwiebel

Eventuell kommt dir dieses Vorgehen ein wenig suspekt vor, mit Sicherheit aber widerstrebt es der normalen Intuition. Ein Problem soll der Kern des Startup-Thinkings sein? Der Rest entwickelt sich dann zwangsläufig, Schale um Schale? Wie kann das gehen? Um dir das Vorgehen deutlich zu machen, möchte ich dir ein fiktives Beispiel geben, das dir jedoch vielleicht gar nicht so unbekannt ist und das hervorragend verdeutlicht, wieso das Problem der Kern ist und der Kern das Problem.

Das Problem ist der Kern – der Kern ist das Problem

Stell dir vor, du bist in deinem Lieblingscafé, vor dir sitzt dein bester Freund und strahlt dich an. Er hat dir gerade in einem langen Vortrag voller Euphorie und großer Gesten von seiner neuen Geschäftsidee berichtet, welche die Welt verändern wird. Nun schaut er dich erwartungsvoll an und will deine Meinung wissen. Ohne dich zu kennen und ohne die Idee deines Freunds überhaupt zu berücksichtigen, würde ich eine Wette eingehen. Wetten, dass einer deiner ersten Gedanken ist: »Gibt es das nicht schon?«

Die Frage nach der Neuheit eines Produkts kommt meist direkt aus dem Bauch und ist somit häufig die allererste Frage, die uns in den Sinn kommt, wenn wir von neuen Geschäftsideen hören. Es scheint ja auch klar zu sein: Geschäftsideen müssen innovativ sein, und viele verstehen unter Innovation eben etwas Bahnbrechendes, Revolutionäres, nie zuvor Gesehenes. Je neuer, desto besser, könnte man zusammenfassen. Diese weitverbreitete Sichtweise ist höchst gefährlich. Denn egal, was deine Geschäftsidee ist, ob es eine Internetplattform oder ein Haushaltsprodukt ist: Wenn es wirklich noch nichts Vergleichbares gibt, besteht die Gefahr, dass sie auch niemand wirklich braucht.

Investoren in Venture-Capital-Firmen lesen jeden Tag Dutzende Businesspläne. Sobald dort steht, dass eine Geschäftsidee so innovativ ist, dass es noch nichts Vergleichbares gibt, springen bei ihnen alle Alarmglocken an. Man kann nämlich auch wunderbare Chancen sehen, wo gar keine sind, und Lösungen am Bedarf vorbeientwickeln, um dann zu merken, dass es dafür gar kein passendes Problem gibt. Oder konkreter gesagt: dass es kein *relevantes* Problem ist, das dringend gelöst werden muss. Du solltest deinen besten Freund daher nicht fragen, ob es so etwas schon gibt oder nicht, sondern: »Was ist das Problem, und wie wird es heute gelöst?« Es sind genau die Fragen, die auch ein Investor stellen würde.

Doch zurück zu der eigentlichen Idee. Was ist es, das deinen besten Freund so sehr strahlen lässt? Die Idee kam ihm vor ein paar Wochen wie der sprichwörtliche Geistesblitz, morgens am Frühstückstisch: Seine Frau hatte mal wieder vergessen, beim Broteschmieren die Kruste abzuschneiden. Dabei wusste sie doch ganz genau, wie sehr er diese harten Dinger hasste: Er hatte sich als Kind einmal daran verschluckt und wäre fast daran erstickt – diesen Teil hatte er in seinen Ausführungen besonders plastisch dargestellt, das ganze Café hatte zu euch geschaut. Wollte sie ihn umbringen? Diese Vorfälle von Krustenattacken häuften sich in letzter Zeit. Darauf angesprochen, murmelte sie etwas von »morgens müde«, »halt vergessen« und »stell dich nicht so an«. Er glaubte ihr, leicht widerwillig, doch ein Gedanke ließ ihn nicht mehr los: Kann man das Krustenabschneiden nicht vereinfachen? So sehr, dass selbst seine Frau es nicht vergessen konnte und die ganze Kruste mit einem Handgriff einfach weg wäre?

Plötzlich hatte er ein Bild vor Augen: Genauso wie man Plätzchen aus Teig stanzen konnte, musste es doch möglich sein, auch die Kruste einfach wegzustanzen. Die Idee der Krustenausstanzform war geboren – und er war sich sicher, so etwas gab es noch nirgendwo zu kaufen, schließlich kannte er sich in Sachen Brotkrusten hervorragend aus! Das ist also die Idee, zu der nun deine Meinung gefragt ist. Nachdem du den ersten Reflex unterdrückst, deinem Freund zu seiner – offensichtlich – äußerst neuartigen und innovativen Idee zu beglückwünschen, fragst du also: »Was ist das Problem, das du damit löst?«

Wie aus der Pistole geschossen kommt seine Antwort, dass es sicher viele Menschen mit ähnlichen traumatischen Erlebnissen gebe, die daher Brotkrusten nicht ausstehen könnten. Er kenne andere Menschen, die sie schlecht vertrügen oder trocken gewordene Brotkrusten unkompliziert loswerden wollten. Alleine der letzte Punkt deute ganz klar auf einen Massenmarkt hin, denn die harten Krusten von trockenem Brot seien bekanntlich vielen ein Graus. Genauso lägen auch die Verkaufsargumente der Brotstanze auf der Hand: Die Handhabung sei kinderleicht, die gesamte Kruste in einem einzigen Arbeitsschritt krümelfrei stanzbar, das Design formschön und zeitlos. Er habe bereits ein ganzes Set vor Augen: verschiedene Farben und verschiedene Größen, denn für jede Brotform und -größe bräuchte es logischerweise eine eigene, passende Stanze, welche aber durch die verschiedenen Farben leicht von den anderen zu unterscheiden sei. Mit einem Set könne er auch einen höheren Preis ansetzen als für eine einzelne Brotstanze – genial! Und als ob all dies nicht genügen würde, setzt dein Freund nach: »Das wird allerhöchste Qualität. Ich habe in Solingen schon einen Produzenten gefunden, dessen guter Ruf auf der ganzen Welt bekannt ist. Das Ding wird richtig groß. Das wird ein Welterfolg!«

Unbeeindruckt hakst du nach: »Schön und gut, ich verstehe deine Lösung. Aber noch mal: Was ist das Problem, und wie wird es heute gelöst?« »Das ist doch klar«, erwidert er, »meine Frau benutzt ein normales Messer, aber das Problem ist, dass sie morgens so müde ist, dass sie es häufig vergisst!« Und jetzt wird es interessant.

 Eine Marktlücke ist nicht gleichbedeutend mit: »Das gibt es noch nicht.« Eine Marktlücke ist auch nicht gegeben, wenn ein Grundproblem identifiziert ist (»Viele Leute mögen keine Brotkruste«). Vielmehr entscheidet die Kombination aus dem ursprünglichen Grundproblem und den Problemen, welche die bestehende Lösung (»Messer«) mit sich bringt, darüber, ob es eine Lücke im Markt, also eine unternehmerische Chance gibt.

Jetzt liegt das eigentliche Problem auf dem Tisch, das dein bester Freund mit seinem bunten Stanzenset zu lösen versucht. Die aktuelle Lösung besteht darin, ein Messer zu benutzen, um die Krusten abzuschneiden. Welche Probleme könnten wir also identifizieren, um eventuell eine Marktlücke zu entdecken? Ich fürchte, keine, denn all die Verkaufsargumente, welche die neue Lösung mit sich bringt, sind in Wahrheit keine Vorteile gegenüber der bestehenden. Einfach handhabbar? Ist ein Messer auch. Es ist ebenso formschön, elegant, ein prima Geschenk und in hervorragender Qualität zu bekommen. Außerdem passt jedes Messer für jede Scheibe Brot – ich brauche kein ganzes Set, was ein enormer Vorteil gegenüber den Stanzen ist, wo jede Brotform eine eigene Stanze benötigt.

Einzig bleibt: Stanzen ist krümelfrei, das Abschneiden mit einem Messer kann unter Umständen zu Krümeln auf dem Teller führen. Aber mal ganz ehrlich: Wie häufig hast du schon morgens am Tisch gesessen und dich darüber aufgeregt, dass wieder so viele Brotkrümel auf deinem Teller liegen? Ist das echt ein Problem, das dringend gelöst werden müsste? Ist das ein Thema, das Freunde und Kollegen ständig diskutieren? Vermutlich nicht. Davon abgesehen adressiert die »gute« Lösung mit all ihren Features auch nicht das Hauptproblem: die vergessliche Ehefrau. Wenn wir davon ausgehen können, dass es wirklich Vergesslichkeit und doch kein heimtückischer Mordversuch an deinem besten Freund ist, liegt hier das wahre Problem. Und dieses hat nichts mit Messern oder farbigen Stanzen zu tun.

Ich gebe zu, die Geschichte klingt ziemlich kurios. Aber ich habe sie bewusst gewählt, um zu verdeutlichen, dass ein sauberes Problemverständnis der allererste Schritt zu deinem 4-Stunden-Startup sein muss. Wer stattdessen eine wahnsinnig innovative, neuartige Lösung mit tollen Features (»Qualität aus Solingen«) als Startpunkt nimmt, kann zwar ebenfalls durch Zufall das passende Problem finden, läuft aber massiv Gefahr, eine Menge Zeit, Geld und Energie sinnlos zu verschwenden. Und so fiktiv der Dialog zwischen dir und deinem besten Freund, die Geschichte von der Ehefrau und dem traumatischen Kindheitserlebnis auch sind: Das Produkt gibt es genau so wirklich, es heißt BrodoMax. All die Argumente, die dein fiktiver Freund im Beispiel vorgebracht hat, warum die Welt auf dieses Produkt gewartet hat, standen original so auf der Webseite des Unternehmens, vom Vorteil des krümelfreien Stanzens bis hin zum formschönen Design.

Ein glasklares Problemverständnis ist der erste, unumgängliche Schritt zu einer guten Geschäftsidee. Ohne dieses Verständnis bleiben nur Zufall, Glück und Hoffnung, dass sich andere für deine Idee begeistern und du diese Gruppe der potenziellen Kunden letztlich auch erreichen kannst. Unternehmerisches Denken ist nicht wie Atomphysik. Es geht nicht darum, etwas vollkommen Neues zu entdecken, sondern den gesunden Menschenverstand einzusetzen und sich auf das Wesentliche zu konzentrieren: Was ist das Problem, wer hat es, und wie wird es aktuell gelöst?

Und so kurios dieses Beispiel ist, man kann dem Erfinder der Brotstanze keinen Vorwurf machen. Zuerst das Problem in den Vordergrund zu ziehen, es aus allen Seiten zu beleuchten und gründlich zu durchdenken, lange *bevor* man über Lösungen nachdenkt, ist vollkommen gegen die normale Intuition. Wenn »normale« Menschen unter der Dusche oder im Auto auf Ideen kommen, dann sind dies häufig kreative *Lösungen*, aber eben keine Probleme! Die Frage »Gibt es so was noch nicht?« führt also sehr leicht in die falsche Richtung, nämlich zu exotischen Lösungen, aber nicht zu den Problemen dahinter.

Wenn du bereits eine Idee im Kopf hast, wäre jetzt ein guter Zeitpunkt, dieses Buch aus den Händen zu legen und dich kritisch zu fragen: »Habe ich wirklich ein Problem gefunden, das einer Lösung bedarf, oder ist es eine Lösung, für die ich noch ein relevantes Problem finden muss?« Dass das ein himmelweiter Unterschied ist, sollte das Beispiel dir deutlich gemacht haben. Aber was ist eigentlich ein *relevantes* Problem, und wie findest du eines für deine Geschäftsidee?

Erste Zwiebelschale:
ein relevantes Problem finden

Grundsätzlich gibt es drei Ansatzpunkte, um ein relevantes Problem für dein eigenes 4-Stunden-Startup zu finden:
1. ein Problem, das dich selbst betrifft,
2. ein Problem in deinem Umfeld,
3. ein theoretisch herleitbares Problem.

Viele 4-Stunden-Startups ergeben sich aus den beiden besonders intuitiven Ansatzpunkten: den eigenen Problemen und denen des Umfelds. Das ist naheliegend und bringt eine Reihe von Vorteilen mit sich: Hier kennen wir uns aus, sind nah dran an den echten Problemen und bringen viel Leidenschaft mit, um sie zu lösen. Doch das ist gleichzeitig ein schmaler Grat. Denn die Gefahr beim Start vom eigenen Hobby oder Interessensfeld aus haben wir im letzten

Abschnitt gesehen: etwas zu entwickeln, wofür man selbst brennt, aber sonst möglicherweise niemand.

Je größer die Leidenschaft, desto schwieriger ist es, einen kühlen, rationalen Blick auf das Problem zu bekommen. Wer sich einmal so sehr in eine Idee verknallt hat, dass er es über die ersten beiden Hürden geschafft hat, sich also schon so sehr mit ihr auseinandergesetzt hat und sie auch schon mit der Welt geteilt hat, weiß, wie schwer es sein kann, wieder eine neutrale Sicht auf alles zu bekommen. Zu viel Zeit, Geld und Energie sind vielleicht schon investiert worden, und alles wäre verloren, wenn man mittendrin aufhörte – dann lieber weitermachen, oder? Es ist dasselbe Phänomen, welches viele Menschen zu lange in unglücklichen Beziehungen oder frustrierenden Jobs festhängen lässt. Je mehr Zeit und Gefühle man bereits reingesteckt hat, desto schwieriger wird es, diese Investitionen einfach aufzugeben. Und so macht man immer weiter – auch wenn man sehr genau spürt, dass es nicht der Punkt ist, an dem man eigentlich sein möchte.

Eigene Probleme, Probleme im Umfeld oder theoretisch herleitbare Probleme sind als Ansatzpunkte zunächst einmal gleichwertig – es gibt keinen besseren oder schlechteren. Da jedoch die Gefahr besonders groß ist, sich bei den »nahen« Problemen zu verrennen und folglich den Schritt vom Hobby zum echten 4-Stunden-Startup nicht zu schaffen (niemanden interessiert, was du tust), ergibt es Sinn, sich intensiver mit dem dritten Punkt zu beschäftigen: Bei theoretisch herleitbaren Problemen beeinflusst uns die eigene Leidenschaft nicht, sie beflügelt nicht und lenkt uns auch nicht ab. Hier können wir den kühlen, rationalen Blick auf die Bedürfnisse der Welt üben.

Auch wenn dein 4-Stunden-Startup aus einem Hobby oder besonderem Interesse entstehen wird, ist dieser Perspektivwechsel wichtig, denn am Ende musst du dich selbst und die Welt da draußen kennen, um eine Schnittmenge zu finden. Und was macht ein solches Problem auch wirklich *relevant*? Zur Beantwortung hilft ein zunächst etwas schräger Vergleich.

Stell dir Probleme wie körperliche Schmerzen vor. Erstens müssen Probleme und Schmerzen überhaupt erst eine gewisse Wahrnehmungsschwelle überschreiten, bevor wir aktiv werden. Zweitens: Je seltener ein Schmerz auftritt, desto stärker muss er sein, um uns aktiv werden zu lassen. Und drittens, je stärker und/oder häufiger der Schmerz auftritt, desto größer wird unsere Bereitschaft, aktiv zu werden. Wer regelmäßig Migräneanfälle hat, wird eher zum Arzt gehen als jemand, der nur hin und wieder leichte Kopfschmerzen hat.

Ein relevantes Problem finden

Um das Konzept des theoretisch herleitbaren »schmerzhaften« Problems zu verstehen, hilft ein weiteres fiktives Beispiel aus dem täglichen Leben: Du und dein Lebenspartner haben drei Kinder im Teenageralter, die alle morgens Kaffee trinken. Jeden Morgen gehst du als Erster in die Küche und kochst mit der Filtermaschine eine große Kanne Kaffee.

Obwohl es morgens immer etwas hektisch ist, ist es bei euch Familientradition, dass ihr alle zusammen frühstückt: Fünf Leute sitzen am Tisch, der frisch gebrühte Kaffee steht in der Mitte, jeder füllt sich seinen Becher, isst schnell und verlässt dann das Haus. Alles ist bestens, die Situation ist perfekt gelöst für dich und deine Familie: Jeder hat passend zum Frühstück eine Tasse frisch gebrühten Kaffee vor sich, niemand muss warten. Nun, der Kaffee aus der Filtermaschine schmeckt zwar nicht wie im Café, aber dafür kostet die

Tasse auch fast nichts, und im Büro gibt es einen Vollautomaten.

Zurück zu der morgendlichen Situation: Um Kaffee mit deiner Filtermaschine zu kochen, musst du zuerst Wasser in die Kanne füllen, dann in die Maschine gießen, denn die hat keinen abnehmbaren Tank, der sich direkt befüllen ließe. Danach nimmst du einen Filter aus der Packung, knickst die Seiten ab und fummelst ihn in die Maschine. Anschließend löffelst du pro Tasse zwei gestrichene Löffel Kaffeepulver hinein. Weil dabei mal wieder etwas danebengegangen ist, musst du außerdem noch die Arbeitsplatte abwischen. Nach etwa 10 Minuten ist der Kaffee fertig – genau rechtzeitig, wenn deine gesamte Familie versammelt am Küchentisch sitzt. Jeder kann sich nun vom frischen Kaffee bedienen.

Für dich ist diese Lösung prima, denn sie hat zwar ihre Macken, doch die Vorteile überwiegen. Trotzdem weißt du, dass es zwei große gesellschaftliche Trends gibt: Erstens leben immer mehr Leute alleine. Und zweitens geht es morgens überall hektisch zu – dass die Mehrheit gestresst ist und unter Zeitnot leidet, ist wahrlich kein Geheimnis. Wie also sieht es in einem der vielen Millionen Single-Haushalte aus? Wie geht es im Haushalt eines karriereambitionierten Mittdreißigers zu, der zwar viel verdient, aber nur wenig Zeit hat? Ist die Lösung »Filterkaffeemaschine« für ihn ideal, oder hat er »Schmerzen«, wenn er jeden Morgen eingießen, umgießen, Filter reinfummeln, Kaffee portionieren, die Arbeitsplatte abwischen, sich ärgern und dann noch Minuten auf seinen Kaffee warten muss? Ja, die hat er! Und dieser Schmerz ist selbst für dich mit deiner Familie, die ihr rundum glücklich und zufrieden seid, nachvollziehbar – und damit theoretisch herleitbar.

Als die Senseo 2001 auf den Markt kam, passte sie zwar auch zu den »Fähigkeiten und Wünschen« ihres Produzenten, um es mit den Worten Aristoteles' zu sagen, doch in erster Linie erfüllte sie ein glasklares »Bedürfnis der Welt«.

Eines, das so offensichtlich war, dass auch ein Startup oder vielleicht sogar ein 4-Stunden-Startup hätte entstehen können. Die Senseo war ein hervorragendes Mittel, um einen täglichen, sehr wahrnehmbaren »Schmerz« von vielen Menschen zu lösen. Sie hat damit ein höchst relevantes Bedürfnis erfüllt.

Ein relevantes Problem ist dadurch definiert, dass es genügend Menschen »Schmerzen« bereitet. Je mehr Menschen oder je »schmerzhafter«, desto *relevanter* ist ein Problem. Ein Produkt für den Massenmarkt *muss* eine breite Masse betreffen. Für ein 4-Stunden-Startup, das eine kleine Nische besetzen möchte, genügt ein Problem, das nur für einen kleinen »Teil der Welt« relevant ist.

War die Senseo also ein perfektes Produkt? Nein. Sie brachte zwar viele Vorteile zur bestehenden Lösung der Filterkaffeemaschine, aber dennoch gab es noch Potenzial. Denn einen echten Espresso, Latte Macchiato oder Cappuccino wie im Café konnte man mit den ersten Senseos nicht machen – dieses »Problem« wurde schnell deutlich. Diese Maschine hatte zwar das schmerzhafteste Problem gelöst: den Prozess des täglichen Morgenkaffees deutlich zu verbessern. Aber auch wenn bis dahin nur die wenigsten morgens einen Espresso, Latte Macchiato oder Cappuccino getrunken hatten, so war doch das Bedürfnis danach für jeden erkennbar. Wie viele Leute bestellen sich im Café schon einen Filterkaffee? Die meisten wollen doch eher eine der italienischen Kaffeespezialitäten. Es genügt, diese Bedürfnisse ganz kühl zusammenzuaddieren, so dass der Erfolg eines Produkts wie der Nespresso-Kaffeemaschine niemanden wirklich überraschen konnte – eine Maschine, die all die Kaffeespezialitäten beherrscht, die wir auch im Café gerne trinken, aber dennoch so einfach zu benutzen ist wie eine Senseo. Die Nespresso erfüllt das Bedürfnis »guter italienischer Kaffee für zu Hause« auf ziemlich geniale Weise.

So einfach ist es, ein relevantes Problem theoretisch herzuleiten. Dafür auch eine (technisch realisierbare) Lösung zu finden steht auf einem anderen Blatt, aber darum geht es noch nicht. Wir bleiben beim unternehmerischen Fundament, der Entdeckung eines relevanten Problems. Wir werden später weitere Beispiele sehen, aber bereits hier kann man wunderbar erkennen, dass sich die restlichen Teile der Startup-Thinking-Zwiebel (Lösung, Einnahmen, Ausgaben, Weg zum Kunden) automatisch ergeben, wenn klar ist, *was* das Problem ist und *wessen* Problem es ist: Die Nespresso erfüllt das Bedürfnis eines Teils der Menschen, die bereits eine Senseo gekauft haben oder kaufen würden und die bereit sind, etwas mehr Geld für den Genuss eines morgendlichen Espressos oder Latte Macchiatos auszugeben.

Klar: Das ist eher eine Nische als ein Massenmarkt, aber dafür ist die Zahlungsbereitschaft dieser Menschen hoch. Sie erwarten also entsprechend eine absolut hochwertige Lösung für das Bedürfnis »italienische Kaffeespezialitäten für zu Hause«. Die Maschine selbst muss also unabhängig von den technischen Details hochwertig aussehen, genauso wie die dazugehörigen Kaffeekapseln. Nespresso hat beides berücksichtigt, die Kapseln kommen fast wie in einer Pralinenschachtel daher. Mit einer entsprechend hohen Zahlungsbereitschaft löst sich gleichzeitig die Frage nach den *Einnahmen* wie auch grundsätzlich nach den *Ausgaben*: Beides ergibt sich aus dem Kern des Produkts. Wenn ich aufgrund einer hohen Zahlungsbereitschaft hohe Einnahmen erzielen kann, dürfen auch die Ausgaben etwas höher liegen. Ich kann also nicht nur das Produkt (Maschine und Kapseln) hochwertig gestalten, sondern kann (und muss) auch meinen »Weg zum Kunden« entsprechend wählen:

Nespresso in Geschäften zu verkaufen, die eher an Apple-Stores als an Tchibo-Filialen erinnern, war absolut neuartig für das traditionelle Kaffee-Business, aber eine schlichtweg geniale Antwort auf die Frage: »Was ist das Problem, wer mein Käufer?«

Übrigens genauso wie die Wahl des Werbegesichts: George Clooney, der zwar kein Italiener ist, aber dennoch das italienische Lebensgefühl ideal verkörpert. Dass dieser außerdem bekanntlich seit Jahren am Comer See in Italien lebt, passt ebenfalls perfekt zum Kern. Und dass Clooney dann 2014 auch noch mit großem Medienrummel in Venedig heiratet, ist wohl auch kein Zufall, sondern eher ein teures, aber perfekt choreographiertes Match zum Kern von Nespresso: Italien für zu Hause. Nur wenn der Kern klar ist, können sich eine stimmige Lösung, ein stimmiger Weg zu den Kunden, stimmige Einnahmen und Ausgaben ergeben.

> Ist es wirklich so einfach,
> relevante Probleme zu erkennen?

Ja! Ich behaupte, dass jeder auf diese Weise Probleme erkennen kann. Klar: Wer noch nie Kaffee mit einer Filtermaschine gekocht hat und nicht weiß, welche Alternativen es gibt, kann auch nicht die mögliche Relevanz des Problems einschätzen. Es kann also jeder Probleme sehen, vorausgesetzt, er setzt sich mit einem Gebiet auseinander. Und noch mal: Wir reden an dieser Stelle nicht über eine technisch und wirtschaftlich adäquate Lösung, sondern nur über das Erkennen eines Problems. Die meisten Menschen glauben das erst mal trotzdem nicht, es sind häufig die gleichen, die sagen, sie seien nicht kreativ, und die denken, man müsse zum Unternehmer geboren sein, um etwas unternehmen zu können. Apple-Gründer Steve Jobs sagte dazu:

»Kreativität ist nur das Verknüpfen von Dingen. Wenn du kreative Menschen fragst, wie sie etwas bewerkstelligt haben, fühlen sie sich fast ein wenig schuldig, weil sie eigentlich nicht wirklich etwas getan haben; sie haben nur etwas gesehen. Für sie war es nach einer Weile offensichtlich. Weil sie in der Lage waren, ihre Erfahrungen zu verknüpfen und daraus neue Dinge zu erschaffen. Der Grund dafür, dass sie dazu in der Lage waren, war, dass sie entweder mehr Erfahrungen hatten oder dass sie mehr über ihre Erfahrungen nachgedacht hatten als andere Menschen.«

Natürlich gibt es Leute, denen es leichter fällt als anderen, Probleme und Chancen zu erkennen, aber letztlich ist es vor allem eine Frage der Übung und der Erfahrung. Es ist genauso wie bei kenianischen Sportlern, die es schaffen, barfuß einen Marathon in Bestzeit zu laufen, während andere nur danebenstehen und staunen. Aber: Selbst diese staunenden Zuschauer können laufen – vielleicht nicht barfuß oder gleich einen Marathon, aber mit genügend Training und Freude an der Sache kann fast jeder zumindest zum Läufer werden.

Nichts anderes hat es mit Kreativität und Startup-Thinking auf sich: Nicht jeder muss ein großes Unternehmen formen können, aber jeder hat die Fähigkeit, unternehmerisches Denken zu lernen! Du musst nur die Hürde des Anfangs überwinden und erste Erfahrungen sammeln. Aber gerade der Anfang tut weh – genauso, wie der erste Muskelkater beim Laufen der schlimmste ist, ist es auch hier. Es gibt jedoch einen »Hack«, wie man sehr einfach und spielerisch lernen kann, Probleme theoretisch herzuleiten. Alles, was du brauchst, ist eine gute Portion Menschenverstand und vielleicht ein bisschen Geduld, um Spaß an diesem Spiel zu entwickeln.

Statt Probleme abstrakt herzuleiten, betreibst du »Reverse-Engineering«: Du schaust dir vorgegebene Lösungen an und stellst dir zwei Fragen: Was ist das

Problem (die Kombination aus Grundproblem und bestehenden Alternativen), und wie würde ich es lösen? Die einzige Voraussetzung ist, dass dich das Problem ein klein wenig interessiert und die Lösung mit gesundem Menschenverstand überschaubar ist. Ein Atomkraftwerk kannst du dir lange anschauen, ohne voranzukommen, aber bei jedem Produkt und jeder Dienstleistung, für die du potenzieller Kunde bist, ist das möglich.

Du solltest das Ganze unverkrampft sehen, denn immerhin geht es hier nur um dein 4-Stunden-Startup und nicht darum, ein weiteres Muss zu kreieren. So trainierst du sehr effektiv deinen »Startup-Thinking-Muskel«, und du übst, echte Probleme statt exotischer Lösungen zu finden. Wenn du also zum Beispiel das nächste Mal im Supermarkt bist, nimm ein Produkt in die Hand und stelle dir die genannten Fragen. Zum Beispiel eine Biobanane: Welches Problem löst sie, und wessen Bedürfnis erfüllt sie? Was sind die Alternativen? Wie muss »Bio« aussehen und sich anfühlen? Und vielleicht auch: Was ist der passende Weg zum Kunden? Würdest du sie im Internet kaufen, oder musst du sie zwingend vorher einmal in die Hand genommen haben? Wie müsste der ideale Supermarkt aussehen, wo du mit gutem Gefühl eine Biobanane kaufen würdest? Was ist rein qualitativ mit den Einnahmen und Ausgaben? Wie viel mehr würdest du für eine Biobanane ausgeben als für eine normale Supermarkt-Banane? Und wie viel teurer mag es sein, Bio statt normal anzubauen?

Ganz egal, ob es eine Dienstleistung oder ein Produkt wie die Brotstanze oder die Filterkaffeemaschine ist: Du kannst dir immer die gleichen Fragen stellen: Was ist das Problem, und wie würdest du es lösen? Brauchst du dieses Produkt, weil es deinen »Schmerz« lindert, oder wessen Schmerz könnte es lindern? Diese Fragen sind der Kern jeder Geschäftsidee.

Der erste Realitätscheck: Ist das Problem wirklich relevant?

Startup-Thinking ist eine Denkweise, die man als normaler Mensch erst einmal verinnerlichen muss. Und es ist sicher keine Schritt-für-Schritt-Anleitung, um in dreißig Tagen Millionär zu werden. Die Suche nach einem relevanten Problem kann lange dauern, manchmal ergibt es sich aus einem bereits lang ausgeübten Hobby, oder es springt dich an, wenn du mit offenen Augen und kindlicher Neugierde durch die Welt gehst und plötzlich eine potenzielle Marktlücke entdeckst, die dich nicht mehr loslässt. Die Suche nach einem guten Problem ist anspruchsvoll, und selbst in großen Unternehmen wird dieser Grundpfeiler des Startup-Thinkings häufig nicht sauber umgesetzt.

Dem Entdecken eines Problems folgt zwingend der zweite Schritt, die Überprüfung der Annahmen: Haben diejenigen, von denen ich denke, dass sie ein bestimmtes Problem haben, wirklich dieses Problem? Und wie relevant und »schmerzhaft« ist es wirklich für sie? So logisch und offensichtlich das Problem für dich auch sein mag, ob es tatsächlich auch genügend andere betrifft, kannst du nur herausfinden, indem du diejenigen einbeziehst, die es interessieren soll. Du musst die eigenen vier Wände verlassen, bevor du dich daranmachst, eine Lösung für das Problem zu entwickeln.

Wie gesagt, selbst in renommierten Unternehmen wird nicht immer konsequent nach diesem Ansatz gedacht. Auch dort merkt man oft viel zu spät, dass sich nicht genügend Menschen für das interessieren, was im Schutz der eigenen vier Wände ersonnen wurde. Und auch in großen Unternehmen liegt der Fokus viel zu häufig auf dem eigenen Ego, dem für wichtig befundenen Renommee, den eigenen Wünschen, Zielen und Fähigkeiten – aber zu wenig auf den Bedürfnissen und Problemen der Welt.

Was passiert, wenn man seine Annahmen keinem Realitätscheck unterzieht, weil man sich nicht traut, andere zu fragen, oder weil man es schlicht für überflüssig erachtet – man weiß es ohnehin besser als ein potenzieller Kunde –, zeigt ein aktuelles Beispiel: Es ist die Deutsche Post mit einem Projekt, für das ein Budget von sagenhaften 500 Millionen Euro veranschlagt ist – dem E-Postbrief.

Das Problem, das die Deutsche Post identifiziert hat, betrifft vermeintlich die breite Masse, nämlich jeden, der E-Mails verschickt. Damit ist die Frage »Wer hat das Problem?« bereits geklärt. Doch was ist das Problem genau, das quasi jedem von uns »Schmerzen« verursacht? Folgende Annahmen haben die Strategen der Post »über uns« gemacht und auf ihrer Webseite veröffentlicht: Wir haben regelmäßig Kontakt zum Einwohnermeldeamt: anmelden, abmelden, anmelden, abmelden – wessen Alltag ist nicht davon bestimmt? Klar, dass die Kommunikation hierbei dringend verbessert werden muss. Gott sei Dank nimmt sich mal jemand dieses Problems an. Ebenfalls regelmäßig »Schmerzen« bereitet uns wohl das Einsenden von Bauanträgen. Wie bitte, das hast du noch nie gemacht oder höchstens ein- oder zweimal im gesamten Leben? Und es geht weiter: Wie häufig hast du dich auf der Seite deines Online-Weinhändlers darüber geärgert, dass er »nur« einen Shop anbietet? Wer kennt ihn nicht, den tiefen Wunsch, statt auf einen Kaufen-Button zu klicken, eine E-Mail mit der Bestellung zu verfassen? Klar, ebenfalls ein Massenphänomen, die Leute reden von nichts anderem. Genauso wie über die letzte Problembeschreibung: Sonntagabend, du schlägst die Zeitung auf und entdeckst die Stellenanzeige deines Lebens. Du musst diese Stelle haben, doch da Sonntag ist, kannst du deine Unterlagen erst am nächsten Morgen in den Briefkasten werfen – oder müsstest heute eine normale E-Mail schreiben! Ein Alptraum bahnt sich an. Zumindest scheint es die Post so zu sehen.

Es gibt zwei Möglichkeiten: Entweder hat die Post ihre Hausaufgaben gemacht und tatsächlich genügend Menschen in der breiten Masse gefunden, die unter diesen Schmerzen leiden, und entsprechend den E-Postbrief entwickelt. Oder sie hat all diese *Annahmen* niemals evaluiert und nicht gefragt, ob das wirklich Probleme sind, die die breite Masse beschäftigen. Ich lehne mich mal aus dem Fenster und behaupte, das Letztere ist der Fall: Die Post hat eine 500 Millionen Euro teure Brotstanzform entwickelt. Mit tollen Features, allerdings um Probleme zu lösen, die nur sehr wenige von uns betreffen. Sie hat keinen Realitätscheck für das vermeintliche Problem gemacht – sondern im Schutz der eigenen vier Wände und im völligen Blindflug einfach drauflosentwickelt.

Die Post hatte dabei ein fixes Ziel vor Augen: eine »neue Ära der Briefkommunikation« zu erschaffen, um die bröckelnden Umsätze im normalen Briefgeschäft irgendwie aufzufangen. Der E-Postbrief soll eine kostenpflichtige Alternative zur E-Mail sein, was für die Post natürlich toll wäre. Allerdings hat sie dabei nur sich selbst, ihre Fähigkeiten und Ziele im Auge und es somit nicht geschafft, ein passendes Problem zu identifizieren. Dass außerdem auch die *Lösung* evaluiert werden muss (zweiter Realitätscheck in unserer Zwiebel), hat die Post vermutlich ebenfalls ignoriert. Denn selbst wenn die aufgelisteten Probleme wirklich relevant wären, wäre eine kostenpflichtige E-Mail, die nur in den »allermeisten« Fällen rechtsgültig ist, sicher keine derart tolle Lösung, um dafür einen eigenen Serverpark hinzustellen, eine eigene IT-, Vertriebs- und Marketingabteilung aufzubauen und eine schätzungsweise 80 Millionen teure Werbekampagne zu finanzieren. Ist der unternehmerische Kern nicht gegeben, sind selbst eine nachträglich eingeführte Smartphone-App, noch mehr Server, mehr Vertrieb, mehr Marketing und achtzig weitere IT-Fachleute nichts anderes als bloß Lametta an einem toten Gerippe.

Geld ist ein Beschleuniger – wie das Gaspedal eines Autos. Die *Richtung* deines unternehmerischen Projekts bestimmt hingegen nur das von dir gefundene Problem. Geld ändert nicht die Richtung, es sorgt nur dafür, dass du schneller ankommst – egal wie richtig oder falsch das Ziel ist. Daher solltest du dir bei deinem 4-Stunden-Startup um Geld am Anfang keine Sorgen machen. Um herauszufinden, ob deine Geschäftsidee wirklich gut ist, brauchst du häufig nur sehr wenig oder gar kein Geld. Und für gute Geschäftsideen finden sich Investoren, denn es gilt dieselbe Logik: Eine gute Geschäftsidee ist die Lösung zu dem Problem, das für Investoren schmerzhaft ist – ihr Geld aussichtsreich anzulegen.

Die drei Hürden vom Anfang dieses Kapitels gelten also nicht nur für dich als potenziellen Gründer eines 4-Stunden-Startups. Unternehmerisches Denken ist überall wichtig, wo neue Produkte und Innovationen über die Zukunft eines Unternehmens bestimmen – was in allen Unternehmen der Fall ist, die eine Zukunft haben wollen.

Was hätte die Deutsche Post stattdessen tun sollen? Was solltest du tun, sobald du denkst, ein relevantes Problem identifiziert zu haben? Die Antwort ist ganz einfach: Führe einen Realitätscheck durch, indem du mit denen, die es betrifft, über das von dir identifizierte Problem sprichst und dabei herausfindest, ob dieses genauso relevant ist, wie du vielleicht denkst. Dieses Vorgehen sollte mittlerweile logisch sein, dennoch scheint dieser Schritt für viele wiederum der Intuition zu widersprechen: »Ich soll über meine Geschäftsidee sprechen, bevor ich eine konkrete Lösung habe?«, »Nachher klauen sie mir meine Idee!« und »Ich bin kein guter Verkäufer, ich weiß gar nicht, was ich sagen soll«, sind die häufigsten Einwände, wenn es darum geht, die zweite Hürde zu überwinden und die Welt an deiner Idee teilhaben zu lassen.

Daher ein paar ganz konkrete Ratschläge: Es geht an dieser Stelle nicht darum, jemandem irgendetwas zu verkaufen. Das Ziel des ersten Realitätschecks ist vielmehr herauszufinden, wie relevant dein Problem wirklich ist und ob du die richtigen Annahmen über die vermeintlich Betroffenen gemacht hast. Möglicherweise stellt sich heraus, dass dein Problem durchaus Potenzial hat, es allerdings ganz andere Kunden betrifft, als du bisher dachtest. Das Ziel dieser Gespräche ist daher nicht, etwas anzupreisen, sondern zu lernen. Damit erübrigt sich auch die Befürchtung, dass dir jemand deine Idee klauen könnte – denn dies würde voraussetzen, dass du bereits eine Lösung für das Problem gefunden hast. Alles, was du zu diesem Zeitpunkt jedoch wissen möchtest, ist, ob du ein drängendes Problem erkannt hast oder nicht: Ob Menschen nachts aufwachen, weil sie mal wieder an den letzten Bauantrag oder die letzte Kommunikation mit dem Einwohnermeldeamt denken, ob sich viele eine Alternative zum Messer wünschen, wenn es darum geht, trockene Brotkrusten zu entfernen – oder eben nicht.

Und warum sollte jemand an einem derartigen Gespräch mit dir Interesse haben? Gegenfrage: Wenn jemand anderes das Problem erkannt hat, das dich vielleicht schon lange beschäftigt – warum solltest du dann nicht mit dieser Person darüber reden? Wenn sie dir dann auch noch überzeugend klarmacht, dass dieses Problem ihre ganze Aufmerksamkeit entfacht hat, sie schon über Lösungsansätze nachdenkt, aber gerne dein Feedback haben möchte, bevor sie diese weiterverfolgt und möglicherweise viel Zeit und Geld aufwendet?

Es hängt natürlich von der Art der Ansprache ab, aber ich bin mir sicher, die Chancen stehen sehr gut, dass du als »Betroffener« bereit bist, ein wenig Zeit zu investieren, damit dein eigenes Problem hoffentlich bald von jemandem gelöst werden kann.

Was ist also eine gute Ansprache für ein solches Gespräch? Auf der einen Seite sollte ganz klar werden, dass du nichts verkaufen willst, sondern lediglich das Problem deines Gegenübers besser verstehen möchtest. Die Form der Ansprache selbst ist dabei nebensächlich, sie kann per E-Mail, Telefon oder persönlich erfolgen. Wichtig ist jedoch, dass nach der ersten Ansprache ein echtes, offenes Gespräch folgt, idealerweise persönlich, zumindest jedoch telefonisch.

Und wen sprichst du zuerst an? Am einfachsten ist es, zunächst warme Kontakte anzusprechen, also Menschen aus deinem Bekanntenkreis, die dem Profil des von dem Problem Betroffenen entsprechen, bevor du auf Wildfremde zugehst. Freunde und Familie sind zwar naheliegend, aber weniger geeignet, wenn es darum geht, das Problem zu evaluieren – selbst wenn dein Problem in diesem Umfeld entstanden ist. Denn sie sind durch deine Person beeinflusst, für sie kann es schwierig sein, eine neutrale Haltung einzunehmen. Sie werden entweder zu freundlich zu dir sein oder zu pessimistisch – je nachdem, wie sie dich als Person wahrnehmen: Deine Freundin mag die Idee toll finden, doch deinem Vater konntest du es noch nie recht machen …

Ideal ist daher dein erweiterter Bekanntenkreis – also Menschen, die dich zwar kennen, dir aber einigermaßen unvoreingenommen begegnen. Hier solltest du starten. Doch dieser Kreis ist logischerweise begrenzt – wie geht es weiter? Du wirst während der ersten Gespräche ein Gefühl bekommen, für wen das Problem wirklich relevant ist und für wen nicht. Um weitere Gespräche über deinen eigenen Bekanntenkreis hinaus führen zu können, bittest du diejenigen, für die das Problem relevant ist, darüber nachzudenken, für wen es in ihrem eigenen Umfeld ebenfalls interessant sein könnte.

Noch mal in aller Deutlichkeit: Es geht nicht darum, irgendetwas zu verkaufen, sondern Menschen zu finden, die ein eigenes Interesse daran haben, dich dabei zu unterstützen, wenn du ihr Problem löst! Dabei solltest du es deinen Unterstützern leichtmachen: Bereite für sie eine E-Mail vor, in der du kurz und bündig das Problem auf den Punkt bringst und schilderst, warum du denkst, dass es für den Angesprochenen relevant sein könnte. Deine Unterstützer sollten keine Arbeit damit haben, dir zu helfen, sondern diese Mail lediglich mit ein paar eigenen Worten versehen weiterleiten können. Das Ganze könnte so aussehen:

> *Hallo Christian,*
> *danke nochmals für das nette Gespräch über unsere »Geschäftsidee« letzte Woche und vielen Dank, dass du unsere Mail an Freunde von dir weiterleitest, die wahrscheinlich dasselbe Problem beschäftigt wie dich und mich:*
> *Wir sind es satt, im Supermarkt Kirschen aus Südamerika und Spargel aus Polen zu kaufen! Warum muss unser Obst und Gemüse erst eine halbe Weltreise machen, bevor wir es kaufen können?*
> *Es gibt viele Bauernhöfe in unserer Region, die frische, saisonale Produkte verkaufen: Doch wer hat schon die Zeit, alle Bauernhöfe im Umland abzuklappern? Außerdem gibt es häufig keine transparenten Öffnungszeiten. Wir würden dies gerne ändern und es möglich machen, frische, saisonale Produkte von regionalen Bauernhöfen auch in unserer Stadt einfach zu bekommen.*
> *Wir sind keine Geschäftsleute, aber die Sache ist uns so wichtig, dass wir bereit sind, unsere Freizeit dafür zu investieren und vielleicht sogar ein kleines Startup dafür zu gründen. Doch bevor wir diesen Schritt wagen, wollen*

wir verstehen, ob dies wirklich ein relevantes Problem ist oder ob wir die Einzigen sind, die sich für Obst und Gemüse aus der Region begeistern ... ;-)
Wenn du uns maximal 15 Minuten deiner Zeit für ein kurzes Telefonat schenken könntest, wären wir unglaublich dankbar. Wir wollen ganz sicher nichts verkaufen (Christian kann es bestätigen), sondern lediglich verstehen, ob wir auf dem richtigen Weg sind.
Vielen Dank im Voraus!
Felix

Wie viele dieser Gespräche sind sinnvoll und erforderlich? Es sollten mindestens zehn sein, vielleicht sogar fünfzehn oder zwanzig. Grundsätzlich gilt: je mehr, desto besser. Allerdings hängt die Zahl sicher auch davon ab, wie aufwendig und kostspielig es ist, zu den nächsten beiden Realitätschecks zu gelangen: Wenn es für dich ohne großen Aufwand möglich ist, eine Lösung zu finden und diese einem potenziellen Kunden vorzuführen, solltest du vorher nur so viele Gespräche führen wie nötig, um ein Gefühl dafür zu bekommen, ob du mit deinem Problemverständnis auf dem richtigen Weg bist, und dich auf die späteren Realitätschecks konzentrieren. Wenn dir acht von zehn Leuten bestätigen, dass sie genau das von dir identifizierte Problem um den Schlaf bringt, dann bist du auf dem richtigen Weg. Wenn dir zehn von zehn sagen, dass sie an alles andere denken, aber sicher nicht an ihren nächsten Bauantrag, hast du ebenfalls genügend Gespräche geführt – und solltest die Relevanz des Problems für diese Gruppe dringend überdenken.

Noch ein Wort dazu, wie bereits etablierte 4-Stunden-Startups und Unternehmen die beiden Schritte des Problemfindens und des Realitätschecks elegant zusammenführen können und so dauerhaft innovativ bleiben: indem sie Probleme nicht in den eigenen vier Wänden theoretisch herleiten, sondern Kundenservice als Innovationsmaschine begreifen. Guter Kundenservice stellt den Kunden zufrieden, das dürfte jedem klar sein. Dass Kundenservice jedoch gleichzeitig ein kostenloser Service des Kunden für das Unternehmen ist, ist nicht so offensichtlich.

Schaut man genau hin, erkennt man jedoch wichtige Parallelen: Kunden adressieren offen ihre Probleme und Bedürfnisse, und zwar diejenigen, die ihnen wirkliche »Schmerzen« bereiten. Dies sind die, für die das Produkt eine wirkliche Bedeutung hat, also die Menschen, die ein neues 4-Stunden-Startup überhaupt erst mal finden muss! Guter Kundenservice findet deshalb wie ein guter Realitätscheck ohne jeglichen Verkaufsdruck statt. Du möchtest lernen, was diejenigen zu sagen haben, denen deine Geschäftsidee etwas bedeutet. Der Fokus heißt nicht verkaufen, sondern ein glasklares Problemverständnis zu gewinnen und daraus eine Lösung zu generieren, die besser ist als alles aktuell Verfügbare.

Für dein 4-Stunden-Startup solltest du, zumindest am Anfang, alle Kundenanfragen selbst beantworten und daraus so viel wie möglich für dich mitnehmen. Gleichzeitig hast du damit bereits diejenigen gefunden, die du im zweiten Realitätscheck brauchst, wenn es darum geht, den Entwurf einer Lösung zu evaluieren, bevor dieser mit viel Aufwand in einem fertigen Produkt mündet: nämlich die mit den größten »Schmerzen« und dem größten eigenen Interesse, dir auf dem Weg zu einem besseren oder neuen Produkt zu helfen. Du kannst Kundenservice an Callcenter und externe Dienstleister abschieben, oder du erkennst, dass diejenigen, die ein Interesse daran haben, dein Produkt noch besser zu machen, für dich Gold wert sind. Das gilt auch für große Unternehmen, egal ob Produkt oder Dienstleistung, egal ob End- oder Geschäftskunden.

Zweite Zwiebelschale: eine gute Lösung finden

Natürlich gibt es eine Menge höchst relevanter Probleme, die extrem schmerzhaft sind und viele betreffen, für die es jedoch keineswegs einfach ist, eine gute Lösung zu finden: Hunger in Afrika, sauberes Trinkwasser in Slums, bessere Alternativen zu Öl und Benzin sind nur einige der drängendsten Probleme, die es zu lösen gilt. Zum Glück darfst du mit deinem 4-Stunden-Startup einige Dimensionen kleiner denken – und somit ist es für dich deutlich einfacher, gute Lösungen zu finden.

Allerdings müssen wir an dieser Stelle wieder bescheiden genug sein, um festzustellen, dass wir nur gute Annahmen machen können, die Qualität unserer Lösung letztlich jedoch die beurteilen müssen, die am Ende dafür bezahlen sollen. So einfach es für potenzielle Kunden ist, sich über ihre Probleme und Bedürfnisse zu äußern, so schwierig ist es für viele, sich eine Lösung vorzustellen oder selbst zu entwerfen. Dies gilt genauso, wenn sich dein 4-Stunden-Startup etabliert hat, du Kundenservice ernst nimmst und dich deine bestehenden Kunden auf die nächsten Probleme und Bedürfnisse bringen: In den seltensten Fällen bringen deine Kunden gleich die passende Lösung mit.

Deine Aufgabe als Unternehmer ist es, Ideen zu entwickeln und Lösungen zu finden, doch diejenigen, die das Problem wirklich haben – egal ob Neu- oder Bestandskunden –, können dir sagen, ob dies auch eine gute Lösung ist, die also wirklich den Kern des Problems adressiert. Daher gilt: Bevor du ein fertiges Produkt entwickelst, musst du deine Lösung einem gründlichen Realitätscheck unterziehen. Da es extrem schwer ist, sich eine Lösung vorzustellen oder nur durch eine mündliche Beschreibung richtig zu verstehen, ist es zwingend notwendig, dass du im Realitätscheck deinen Lösungsansatz *zeigst* – sei es durch Bilder, Skizzen oder ein

Muster. Dieses Muster demonstriert lediglich deinen Lösungsansatz, nicht aber das fertige Produkt. Entsprechend ist er sehr günstig, möglicherweise sogar kostenlos.

Der zweite Realitätscheck:
Wie gut ist die Lösung wirklich?

Die bisherigen Schritte zur Gründung deines 4-Stunden-Startups sind zwar sicherlich eine Herausforderung, aber am Geld scheitern sie normalerweise nicht. Und ein weiterer Vorteil macht es dir nun leichter, wenn du den Weg, wie bislang beschrieben, gegangen bist: Diesmal führst du deinen Realitätscheck mit warmen Kontakten durch: Aus dem ersten Realitätscheck weißt du, wessen Problem du gerade löst – und wenn das Problem für diese Menschen relevant ist, sind sie genau diejenigen, die als Erste deinen Lösungsansatz sehen wollen – und müssen.

> *Hallo Christian,*
> *wir hatten vor ein paar Wochen über unsere Idee gesprochen, Obst und Gemüse aus dem Umland auf einfache Art und Weise auch zu uns in die Stadt zu bringen. (Danke auch noch mal für das Weiterleiten unserer Mail an deine Freunde und Bekannten – das hat uns wahnsinnig geholfen!)*
> *Mittlerweile haben wir zwei verschiedene Lösungsansätze ausgearbeitet, die wir dir gerne zeigen möchten, um zu verstehen, ob diese das Problem wirklich lösen und welcher dir besser gefällt! Wir wollen noch nicht zu viel verraten, aber die Ideen sind:*
> *1. Ein Abo mit frischem Obst und Gemüse, einmal pro Woche oder Monat per Paket zu dir nach Hause*
> *2. Ein »mobiler Markt« so wie früher der Eis- oder Eierwagen, der durch die Straßen gefahren ist, jedoch mit Obst und Gemüse*

Beides ist nicht so leicht vorstellbar, das wissen wir. Daher haben wir uns ins Zeug gelegt und einige tolle Entwürfe gemacht, die unsere Ideen illustrieren.

Du hattest uns beim letzten Gespräch gesagt, wir dürften dir unsere Ideen zeigen. Damit du nicht viel Aufwand hast, möchten wir nächste Woche mal bei dir zu Hause vorbeikommen. Das dauert maximal 30 Minuten. Und: Wir bringen auch leckeren Kuchen vom Bäcker unseres Vertrauens mit! ;-)

Wir freuen uns auf deine Antwort, wann es dir gut passen würde.

Beste Grüße

Felix

==Das Ziel des zweiten Realitätschecks ist es herauszufinden, ob die Lösungsansätze wirklich geeignet sind, die Bedürfnisse des Kunden zu befriedigen, oder ob sie am eigentlichen Problem vorbeizielen.== Möglicherweise zeigen sich hierbei auch Probleme, die vorher nicht absehbar waren, oder du stellst vielleicht fest, dass dein Problemverständnis noch nicht klar genug war. Ebenfalls denkbar ist es, dass mehrere Lösungsansätze funktionieren, sich dabei jedoch die vorher homogene Gruppe der »Betroffenen« nun in mehrere Lager aufteilt: Manche ziehen die eine Lösung vor, manche die andere.

All diese grundsätzlichen Punkte müssen für dich geklärt sein, bevor es zum nächsten Schritt geht: den Überlegungen zu Ausgaben, Einnahmen und dem Weg zum Kunden sowie dem finalen Realitätscheck. Diese Teile hängen stark miteinander zusammen und ergeben die letzten Puzzlestücke, um zu entscheiden, mit welcher Lösung du ins Rennen gehst, um darauf dein 4-Stunden-Startup aufzubauen. Auch sie ergeben sich zwangsläufig aus den vorigen Schritten. Die Startup-Thinking-Zwiebel wächst von innen nach außen.

Dritte Zwiebelschale:
ein tragfähiges Konzept entwerfen

Bevor du endlich richtig starten kannst, musst du noch eine letzte Aufgabe lösen: herausfinden, ob sich ausgehend von dem relevanten Problem und der grundsätzlich passenden Lösung ein finanziell tragfähiges Konzept entwickeln lässt. Und vor allem: ob deine potenziellen Kunden tatsächlich zu Kunden werden und dein Produkt kaufen.
Der finale Realitätscheck beantwortet daher genau diese Frage: Behaupten deine Interessenten nur, dass sie das Produkt toll finden, oder sind sie wirklich bereit, dafür Geld auszugeben? Kein Unternehmen der Welt kann nur von Absichtsbekundungen leben, auch dein 4-Stunden-Startup nicht.

Der Weg zu den Kunden

Fangen wir mit den Überlegungen über den Weg zum Kunden an. Damit ist weniger der physische Weg deines Produkts (Versand via DHL oder Hermes) gemeint, sondern vielmehr wie diejenigen, die das Problem haben, auf dich und deine Lösung idealerweise aufmerksam werden.

Nicht jedes Problem ist jederzeit und überall relevant. Du musst deinen potenziellen Kunden an dem Ort und zu dem Zeitpunkt abholen, an dem das Problem relevant ist. Ich hatte dir an früherer Stelle empfohlen, deine Fähigkeiten, Probleme zu sehen, durch Reverse-Engineering zu trainieren. Schau dir angebotene Produkte und Dienstleistungen an, um zu hinterfragen, welche Bedürfnisse sie befriedigen. Schau dir Werbekanäle (also all die Wege, die dich zu einem Produkt führen) an, um zu verstehen, wie es gute Unternehmen schaffen, dich dort abzuholen, wo und wann dein Problem für dich relevant ist.

Ein Beispiel: Ein Schlüsseldienst bietet an 364 Tagen des Jahres ein für dich völlig uninteressantes Produkt an. Doch an dem einen Tag, an dem hinter dir die Tür ins Schloss fällt und dein Haustürschlüssel in der Wohnung liegt, hast du ein Problem. Innerhalb von einer Sekunde hat es einen Sprung von völlig irrelevant zu sehr schmerzhaft vollzogen. Was würdest du tun? Heutzutage würdest du sicher dein Handy rausholen und »Schlüsseldienst« googeln. Ein cleverer Schlüsseldienst muss auf diesem Kanal einfach zu finden sein, idealerweise ganz oben als erster Treffer. Sein Hauptwerbekanal sind daher sicher keine Anzeigen im Stadtblatt oder auf großflächigen Anzeigetafeln, sondern die Suche auf mobilen Geräten.

Ein Blick zurück: Was wäre vor zehn Jahren der Kanal der Wahl gewesen, als noch nicht fast jedes Handy einen Internetzugang hatte? Du stehst ja immer noch vor der Tür: Wie praktisch wäre es für dich, direkt an der Haustür einen dezenten Aufkleber mit der Telefonnummer eines Schlüsseldiensts zu haben? Sicher sehr praktisch, denn du müsstest nur dort anrufen, was besonders vorteilhaft ist, wenn es nachts um halb vier ist und dich kein Nachbar in seine *Gelben Seiten* – wir befinden uns zehn Jahren zurück – schauen lassen könnte. Dieser Kanal könnte auch heute noch funktionieren, insbesondere bei Kunden, die keine Smartphones haben, also zum Beispiel älteren Menschen. Würde ich heute einen Schlüsseldienst eröffnen, würde ich ein Wochenende lang mein Einzugsgebiet bearbeiten und überall dort, wo es sinnvoll ist, ein nettes Schreiben (mit der genauen Problembeschreibung als Inhalt) und einem kleinen, unauffälligen Aufkleber für die Haustür einwerfen.

Findest du keinen Weg zu deinen Kunden, ist dein 4-Stunden-Startup zum Scheitern verurteilt, egal wie gut dein Problemverständnis und deine Lösung sind. Da der Weg zum Kunden nicht nur essentiell ist, sondern gleichzeitig auch deine Ausgaben massiv beeinflusst, ist dies zwingend die erste Überlegung. Was hierbei die richtige Lösung ist, hängt einzig und allein von deinem Produkt und dem betreffenden Problem ab. Wenn du beides richtig verstanden hast – und das solltest du unbedingt –, musst du kein Marketingexperte sein, um dich in die Lage deiner Kunden zu versetzen und dich zu fragen: Wie kommen die auf mich?

Ist es denkbar, dass es viele Menschen in Städten gibt, die lieber frisches Obst und Gemüse aus der Region essen wollen statt der üblichen Produkte aus dem Ausland, die es im Supermarkt gibt? Sicherlich. Aber ist dies ein Produkt, das du aktiv im Internet suchen würdest? Nicht so sicher. Selbst wenn dies ein Bedürfnis ist, ist der »Schmerz« wahrscheinlich nicht so groß, dass auch alle potenziellen Kunden aktiv nach einer Lösung suchen würden – anders als es beim Schlüsseldienst der Fall ist. Das Problem ist relevant, aber du musst deine Kunden abholen, statt nur darauf zu warten, dass sie aktiv werden und dich suchen.

Was könntest du in diesem Fall machen? In dieser Phase gibt es viele theoretisch denkbare Möglichkeiten – deren Machbarkeit du später mit der Realität abgleichen musst. Du könntest Flyer mit deinem Konzept der Abo-Box verteilen. Du könntest deinen mobilen Markt mit einem unverkennbaren Jingle ausstatten, durch die Stadt fahren und dabei gleichzeitig verkaufen und auf dein Konzept aufmerksam machen. In diesem Fall könntest du sogar beide Lösungsansätze kombinieren, also mit dem mobilen Markt Obst und Gemüse direkt verkaufen und dabei auch jedem Interessenten einen Flyer mit dem Konzept der Abo-Box in die Hand drücken. Du könntest den Filialleiter eines Supermarkts von deinem Konzept überzeugen und mit ihm zusammen herausfinden, ob die Box oder der mobile Markt vielleicht ein Problem löst, das er hat. Vielleicht wäre es interessant, deine Box ins Sortiment eines Supermarkts aufzunehmen oder für deinen mobilen Markt mit dem lokalen Biosupermarkt zusammenzuarbeiten, der so eigene regionale Produkte vertreiben könnte und im Gegenzug für dich wirbt.

Die Möglichkeiten sind unendlich, und sie zu finden ist kein Hexenwerk, sondern nur gezielt eingesetzte Kreativität, ausgehend von einer klaren Vorstellung davon, was das Problem ist und wessen Problem du löst. Das kann jeder mit ein bisschen Übung. Allerdings muss der Weg zu den Kunden nicht nur gefunden werden, sondern auch zu den Einnahmen und Ausgaben passen. Und sie müssen nicht nur denkbar, sondern auch realisierbar sein.

Einnahmen und Ausgaben

Über jeden der beiden Punkte, Einnahmen und Ausgaben, ließen sich ganze Bücher schreiben. Wir berücksichtigen hier die alte KISS-Regel und beschränken uns damit auf den Kern der Sache: Nur wenn du dauerhaft Einnahmen erzielen kannst, die größer sind als alle Ausgaben, ist dein 4-Stunden-Startup überlebensfähig.

Da wir keine Gewinnvorgaben des Managements oder Ähnliches haben und du auch nicht zwingend von deinem 4-Stunden-Startup leben musst, ist das Wieviel zunächst zweitrangig. Es zählt einzig, ob deine potenziellen Kunden bereit sind, deine Kosten (plus den Betrag X als Gewinn) zu decken. Dies ist der nächste Schritt unserer Überlegungen, bevor wir uns mit unseren Ausgaben beschäftigen können: Was sind deine Kunden überhaupt bereit zu bezahlen? Dafür musst du eines verinnerlichen: Du wirst fast immer an bestehenden Alternativen gemessen.

Wie wir zu Beginn dieses Kapitels festgestellt haben, wird in den wenigsten Fällen dein Produkt so neu sein, dass es noch keine Alternativen gibt. Diese Fälle sind deshalb so selten, weil du hierbei ein Bedürfnis erst schaffen musst, statt ein vorhandenes zu befriedigen. Schon bevor die Senseo auf den Markt kam, tranken Menschen Kaffee. Philips musste also nicht versuchen, den Markt davon zu überzeugen, von nun an bittere, braune Brühe zu trinken, sondern konnte dieses Bedürfnis als gegeben betrachten und einfach nur eine bessere Kaffeemaschine bauen.

Die bestehenden Alternativen sind für deine Einnahmen so wichtig, weil sie die Ankerpunkte dafür setzen, wie viel deine Kunden zu zahlen bereit sind. Diese Zahlungsbereitschaft wiederum setzt die Marke für deine möglichen Ausgaben. Es gibt unzählige Wege, um die Ausgaben deines 4-Stunden-Startups gering zu halten oder zu reduzieren, jedoch nur sehr wenige, um die Zahlungsbereitschaft deiner Kunden für die Lösung ihres Problems zu beeinflussen – und diese hängt von den übrigen Alternativen und der Relevanz des Problems ab.

Wenn du nachts um halb vier vor deiner Haustür stehst und dir der freundliche Mitarbeiter des Schlüsseldiensts sagt, dass es 240 Euro kostet, dich wieder hineinzulassen, wirst du das Geld sicher nicht gerne bezahlen, aber ohne günstigere Alternative wirst du die Summe rausrücken. Würdest du für regionales Gemüse, in einer Box zu dir an die Haustür geliefert, mehr bezahlen als im Supermarkt oder auf dem Markt, weil dir der Komfort des Lieferservices etwas wert ist oder weil du aus altruistischen Motiven die heimischen Bauern unterstützen möchtest? Oder würdest du gleich viel oder sogar weniger bezahlen, weil saisonales

Gemüse logischerweise keine so große Auswahl bieten kann wie ein Supermarkt – du also im Winter vielleicht jede Woche einen Karton mit nichts anderem als Grünkohl zugeschickt bekommst?

Du kannst und musst viele gute Annahmen über die Zahlungsbereitschaft deiner Kunden treffen, doch letztlich gilt auch hier: Die Realität behält am Ende immer recht. Der ultimative Test deiner Geschäftsidee steht an: Werden genug Menschen einen Preis bezahlen, der deine Ausgaben für das Produkt selbst und die Ausgaben, die der Weg zum Kunden mit sich bringt, deckt? Kaufen sie wirklich, oder reden sie nur darüber, dass sie kaufen würden?

Der dritte Realitätscheck: minimales Produkt, maximaler Lerneffekt

Um dies herauszufinden, braucht es ein sogenanntes »Minimum Viable Product« (MVP), also ein erstes, minimales Produkt. Dieser noch recht junge Begriff wurde von Eric Ries geprägt und bezeichnet ein Produkt, das den Kern des Problems löst, jedoch darüber hinaus keine weiteren Features bietet. Bei Software würde man von einer Version 1.0 sprechen. Das Konzept des MVP ist nicht so leicht zu verstehen, wie es auf den ersten Blick scheint: Eine der häufigsten Fehlinterpretationen ist, dass ein MVP ein unfertiges, fehlerhaftes Produkt ist, das noch gar nicht auf den Markt gebracht werden dürfte und mit dem man seine ersten Kunden quasi unfreiwillig zu Versuchskaninchen macht, die sich mit den Fehlern herumschlagen dürfen. Ein gutes MVP ist hingegen ein fehlerfreies Produkt – das allein das Hauptbedürfnis befriedigt, und kein Stück mehr.

Bleiben wir zur Verdeutlichung dieses Prinzips noch einen Moment lang bei unserem fiktiven Beispiel mit den Produkten von Bauern aus der Region. Wir nehmen an, dass mittlerweile alle Interessenten zu den beiden Lösungen befragt worden sind. Obwohl beide Lösungsansätze den Kern des Problems (leichter Zugang zu den Produkten von Bauern aus dem Umland) auf dem Papier gleichermaßen treffen, könnte sich herausgestellt haben, dass sich eine klare Mehrheit für eine Lösung mit der Abo-Box entschieden hat. Der mobile Markt hatte ebenfalls für viele seinen Charme, jedoch hat sich gezeigt, dass diejenigen, die als Kunden für regionale Produkte identifiziert wurden, meist berufstätig sind – und somit das Zeitfenster nach Feierabend für dessen Besuch zu klein wäre. Ein mobiler Markt hätte für viele mehr Stress als Komfort bedeutet, so dass letztlich nicht genügend Käufer erreicht werden könnten.

Mit diesem Wissen kommt das MVP ins Spiel, unser minimales, aber funktionierendes Produkt, um zu testen, ob das Konzept »leichter Zugang zu den Produkten von Bauern aus dem Umland« tatsächlich funktioniert: Unabhängig davon, wie die logistischen Prozesse später sein werden, wie also die Produkte von den Bauern aus zu den Kunden kommen, egal ob die Box später aus Holz oder Pappe sein wird, genau genommen sogar unabhängig davon, ob nicht doch der mobile Markt eine Lösung ist, der beides bietet, Produkte verkaufen und gleichzeitig Boxen ausliefern, muss das MVP nur den Kern der Sache treffen – und deine Kunden auf die Probe stellen. Durch die letzten beiden Realitätschecks hast du bereits eine erste potenzielle Kundenbasis.

Diejenigen, die Interesse bekundet haben und bereit waren, sich die beiden Lösungen anzuschauen, sind nun auch diejenigen, denen du im letzten Realitätscheck dein MVP vorstellst und zum Kauf anbietest. Was ist das MVP in diesem Fall? Das ist ganz einfach – und günstig. Du brauchst nichts weiter als ein paar Boxen und frische Produkte von einem Bauern aus deiner Region. Beides kostet nicht die Welt, außerdem ist es dein Ziel, diese Investition wieder hereinzuholen.

Mit deinen warmen Kontakten vereinbarst du Termine,

kaufst kurz vorher die entsprechenden frischen Produkte bei einem oder mehreren Bauern aus der Region – und stellst so deine Abo-Box selbst zusammen. Welche Ausgaben hast du hierfür? Es sind Ausgaben für die Produkte, für den Transport der Waren und für die Verpackung (also die Box selbst), außerdem solltest du jetzt bereits eine Vorstellung haben, was der Weg zu deinen Kunden später kosten wird, also wie viel Aufwand es bedeutet, einen Kunden zu gewinnen. Wie gesagt, die Ausgaben lassen sich später optimieren, zum Beispiel durch Mengenrabatte oder Ähnliches. Doch an dieser Stelle braucht es erste Annahmen, um abschätzen zu können, ob du deine Kosten überhaupt decken kannst – denn dein MVP braucht einen realistischen Preis. Der dritte Realitätscheck, also das letzte Gespräch mit den »Betroffenen«, könnte so aussehen:

Du: »Danke, dass du dir heute noch mal die Zeit genommen hast, damit wir dir unseren Prototypen zeigen konnten. Christian, ich freue mich wirklich, dass dir unser Konzept von der Abo-Box gefällt. Wir werden dein Feedback berücksichtigen und unseren Kunden später drei Optionen zur Auswahl stellen: mehr Obst in der Box, mehr Gemüse oder mehr Milch und Käseprodukte. Da die Logistik jedoch noch nicht ganz feststeht und es bei Milch und Käse mit der Kühlkette Probleme geben könnte, wollen wir uns zunächst auf Obst und Gemüse konzentrieren – also so, wie die Box nun vor dir steht. Eine wichtige Frage beschäftigt uns natürlich noch: Was würdest du denn für die Box bezahlen?«

Christian: »Oh, also geht es jetzt doch ums Verkaufen?«

Du: »Nein, wir wollen dir nichts aufdrängen oder so. Wir wollen jedoch verstehen, ob wir unseren Job wirklich so gut gemacht haben, dass Menschen, die darin einen Nutzen sehen, auch bereit sind, dafür zu bezahlen. Wenn wir jemanden wie dich, der von der ersten Stunde an dabei war, weil er genauso wie wir gerne frische Produkte aus der Region haben möchte, nicht mit unserem Produkt überzeugen können, dann wird es uns auch bei keinem anderen gelingen. Deshalb ist dies für uns der letzte Test, bevor wir Ernst machen und Geld in die Sache investieren.«

Christian: »Ja, das ergibt Sinn. Also, normalerweise kaufe ich Biogemüse im Supermarkt an der Ecke. Wenn ich mir die Box so anschaue, würde ich dafür im Laden etwa 20 Euro bezahlen. Ich würde euch ja gerne sagen, dass ich bereit wäre, mehr zu bezahlen, weil es mir ja auch nach Hause geliefert wird, aber wenn ich ehrlich bin, dann macht das für mich keinen so großen Unterschied. Daher würde ich auch so um 20 Euro für eure Box bezahlen.«

Du: »Wir haben uns vorher die gängigen Alternativen angeschaut, also Biogemüse, Gemüse vom Wochenmarkt und so weiter. Tatsächlich soll die Box 18,99 Euro kosten. Damit werden wir zwar nicht reich, aber unsere Kosten können wir damit decken. Am Anfang beliefern wir unsere ersten Kunden selbst, um weiter zu testen, ob das Ganze auch funktioniert, und weil wir bei der Gelegenheit weiter Feedback von euch bekommen können, wenn wir euch die Box bringen. Die Box wird aus Holz sein. Und sobald wir euch die neue volle Box bringen, nehmen wir die leere Box einfach wieder mit. Das ist günstiger und schont die Umwelt. Also: Lust, unser erster echter Kunde zu werden? Kaufst du die Box so, wie sie hier vor dir steht, und wir dürfen dir in vierzehn Tagen die nächste bringen?«

Christian: »Ich finde euren Preis fair und das Konzept mit den Pfand-Holzboxen gut. Keine Ahnung, wie ihr das hinbekommen könnt, aber das solltet ihr später irgendwie beibehalten, wenn ihr auch nicht mehr selbst ausliefert. Also, ich bin bereit, es mal auszuprobieren. Ich muss ja nichts unterschreiben oder so?«

Du: »Nein, wir starten ja gerade erst! Ein Handschlag genügt uns. Und für 18,99 Euro ist diese Box deine! Ach übrigens, wir probieren gerade auch einige Möglichkeiten aus, wie wir unser Konzept bekannter machen können. Wir haben ein paar gute Ideen, aber wissen nicht, was am Ende auch wirklich funktioniert. Wenn wir dich in den nächsten Wochen überzeugen können, dann empfiehl uns gerne weiter. Auch das machen wir ganz unbürokratisch: Für jeden, der uns sagt, dass er über dich kommt, bekommen du und er bei der nächsten Lieferung eine besondere Box – da haben wir uns schon was ausgedacht ...«

Der letzte Realitätscheck ist entscheidend. Wenn du es nicht schaffst, dein MVP an warme Kontakte zu verkaufen, die bis hierhin mitgegangen sind und echtes Interesse gezeigt haben, dann wird es auch kein anderer kaufen – egal ob du ihm Flyer schickst oder Google-Anzeigen schaltest. Funktioniert dein MVP nicht, dann ist es deine Aufgabe, die Schalen der Zwiebel von außen zurück nach innen zu verfolgen: Liegt es am Preis (und damit indirekt auch an deinen Ausgaben), ist die Lösung die richtige, ist das Problem wirklich so relevant, wie du bisher angenommen hast?

Einnahmen, Ausgaben und der Weg zu den Kunden: Ein Beispiel

Wie wichtig diese letzten Schritte für ein 4-Stunden-Startup sind, zeigt auch das Beispiel der drei Jungs von DeinBus aus dem ersten Kapitel: Als sie mit dem Ziel an den Start gegangen sind, Fernbusse als Alternative zur Bahn oder Mitfahrgelegenheit zu etablieren, hätten sie genauso irgendwelche Investoren suchen können, um mit deren Millionen eine Busflotte aufzubauen, eine professionelle Webseite und ein Buchungssystem zu entwickeln. Sie hätten eine eigene IT-, Marketing- und Vertriebsabteilung aufbauen und für ihren

Kundenservice Callcenter in Osteuropa beauftragen können. Immerhin hatten sie schon gesehen, dass es Fernbusse in vielen anderen Ländern gibt und es dort ein sehr günstiges, weitverbreitetes Verkehrsmittel ist – die Annahme, dass sich der Aufwand auszahlt, war also durchaus berechtigt.

Sie hätten zum Produktstart eine große Werbekampagne ins Fernsehen bringen, deutschlandweit Anzeigen schalten und Werbeflyer verteilen können. Sie hätten versuchen können, alle Kanäle zum Kunden gleichzeitig zu bedienen und einen perfekt choreographierten Produktstart hinzulegen. Wären es nicht drei Studenten gewesen, die einfach mit einem kleinen 4-Stunden-Startup gestartet sind, sondern ein großer Konzern, der diese neue Geschäftsidee verwirklicht hätte, dann wäre es vielleicht genauso gekommen.

Doch anstatt ein vermeintlich perfektes Produkt zunächst auf Hochglanz zu polieren und es mit allen nur erdenklichen Features auszustatten, um es dann mit einem gigantischen Aufwand auf den Markt zu bringen, konzentrierten die drei sich einzig und alleine auf ein vernünftiges Zusammenspiel von Einnahmen, Ausgaben und dem Weg zum Kunden: Ihnen war klar, dass der Preis für eine Busfahrt günstiger sein muss als für eine vergleichbare Bahnfahrt und etwa im Bereich einer Mitfahrgelegenheit liegen sollte. Sie wussten, dass sie ihre Ausgaben gering halten müssen und vor allem keine hohen Fixkosten auftürmen dürfen, bevor nicht klar war, ob das Produkt wirklich funktionieren würde.

Statt also eine eigene Flotte aufzubauen, fragten sie sich: Wo gibt es eine Schnittmenge zwischen unseren Wünschen und den Bedürfnissen der Welt? Wessen Problem könnten wir lösen? Sie kamen darauf, dass sich etablierte Busunternehmen über eine höhere Auslastung ihrer Flotten freuen würden und es kein großer Aufwand für sie wäre, einen Bus, der an einem bestimmten Tag sowieso nicht fährt, für das kleine Startup zu reservieren. Als Nächstes stellten sie sich die Frage nach dem Weg zum Kunden. Wie viele Menschen googelten wohl »Busfahrt von Köln nach München«, wenn niemand weiß, dass es solche Busfahrten überhaupt gibt? Nicht viele, daher verließen sie sich nicht darauf, dass sie schon gefunden würden, sondern holten ihre potenziellen Kunden dort ab, wo diese sowieso waren: bei den Mitfahrzentralen.

Um ihr MVP zu testen, stellten sie genau dort ihre Busfahrten als normale Mitfahrgelegenheiten ein. Wurde eine Fahrt gebucht, riefen sie den entsprechenden Kunden an und fragten ihn, ob es okay wäre, wenn die Mitfahrgelegenheit nicht in einem Golf, sondern in einem Reisebus stattfinden würde – dafür jedoch etwas günstiger als der Preis der normalen Mitfahrgelegenheit. Natürlich waren nicht alle von dieser Idee begeistert, und manche stornierten ihre Buchung daraufhin wieder. Und natürlich waren auch nicht alle Busse am Anfang voll besetzt, so dass die drei Jungs bei manchen Fahrten draufzahlen mussten, um die Busmiete zu begleichen. Doch das alles machte nichts, denn das MVP erfüllte seinen Zweck, möglichst günstig einen maximalen Lerneffekt zu bieten und die wichtigste aller Annahmen mit der Realität abzugleichen: Ist das Problem so relevant und die Lösung so gut, dass Menschen auch wirklich dafür bezahlen?

Es ist sicherlich keine einfache Aufgabe, eine adäquate Lösung für ein relevantes Problem zu finden, daraus ein funktionierendes Produkt oder eine Dienstleistung zu machen, einen Weg zu potenziellen Kunden zu finden und ein gesundes Verhältnis aus Einnahmen und Ausgaben herzustellen. Es braucht eine gute Portion Kreativität und Neugierde. Es braucht die Bereitschaft, über den Tellerrand zu schauen und andere Meinungen zu akzeptieren. Es braucht vor allem aber die innere Stärke, gleichzeitig der größte Fan seiner Geschäftsidee zu sein und sich trotzdem nicht so sehr in seine Idee zu verknallen, dass man alle Warnsignale von denen, die dafür bezahlen sollen, einfach ignoriert und als unwichtig abtut.

Man muss nicht zum Unternehmer geboren sein, um etwas zu unternehmen – jeder kann unternehmerisches Denken lernen. Der Startup-Thinking-Ansatz ist eine strukturierte Denkweise, um mit minimalen Kosten einen maximalen Lerneffekt zu erreichen. Es ist ein Ansatz, um dich systematisch über die drei einzigen, entscheidenden Hürden zu bringen, die zwischen dem bloßen Wollen und dem erfolgreichen Machen trennen:
1. Finde etwas, was dich begeistert.
2. Traue dich, die Welt teilhaben zu lassen.
3. Stelle sicher, dass genügend andere Menschen deine Begeisterung teilen, bevor du zu viel Geld, Zeit und Mühe in die falsche Sache investierst.

Ich gebe zu: Startup-Thinking ist nicht einfach, es ist sogar an manchen Stellen sehr kontraintuitiv. Aber es ist der beste Weg, damit dein unternehmerisches Projekt ein Erfolg und Ausgangspunkt für weitere Erfahrungen wird, statt es Glück und Zufall zu überlassen, am Ende nicht frustriert und enttäuscht zu sein – mit der einzigen Erklärung, dass Unternehmertum wohl doch nichts für dich ist.

Als ich 2011 mein erstes 4-Stunden-Startup, das Spritspar-Training, begann, hatte ich bereits einige Jahre Berufserfahrung im Vertrieb eines internationalen Konzerns und mich zuvor in meinem Studium zum Wirtschaftsingenieur auf Marketing und Entrepreneurship spezialisiert. Ich dachte, ich hätte beste Voraussetzungen, um ein eigenes unternehmerisches Projekt an den Start zu bringen – und musste lernen, dass all die Noten und Zeugnisse nichts bedeuteten, denn in Wahrheit hatte ich keine Ahnung.

Ich war zum Beispiel mit der Annahme gestartet, dass der Privatkundenmarkt für Spritspar-Trainings eine wahre Goldgrube sein muss. Immerhin beschwerte sich nahezu jeder in meinem Umfeld in regelmäßigen Abständen über seine viel zu hohen Tankrechnungen. Auf die Idee, diejenigen einzubeziehen, die mein Produkt kaufen sollten, kam ich jedoch viel zu spät. Vielmehr hielt ich es für ziemlich offensichtlich, dass ich ein relevantes Problem gefunden hatte – und dass das Spritspar-Training als Lösung hierfür hervorragend geeignet war. Immerhin funktionierte es ja: Man konnte mit meinem Training erwiesenermaßen bis zu 30 Prozent sparen und war dabei sogar noch schneller unterwegs als zuvor.

Meine zweite Annahme: Heute läuft alles über das Internet – das weiß nun wirklich jeder, weshalb auch diese Annahme keiner weiteren Überprüfung bedurfte. Ein großer Fehler! Ich investierte einen fünfstelligen Betrag in eine Webseite mit Shopsystem, um somit den Privatkundenmarkt auf vermeintlich ideale Art und Weise zu bedienen – nur um am Ende zu merken, dass der Weg zu meinen Kunden gar nicht über das Internet funktioniert. Zwar hatte ich ein Problem adressiert, das für viele grundsätzlich relevant ist – jedoch keines, das die breite Masse über das Internet zu lösen versucht! Kein Mensch kommt auf die Idee, »Spritspar-Training Köln« zu googeln, denn nur die wenigsten wissen, dass es so etwas überhaupt gibt. Das Shopsystem, das ich ausgesucht hatte, war daher völlig überdimensioniert – es hätte ein viel simpleres und günstigeres System gereicht. Wäre diese Erkenntnis mit einem MVP gekommen, das ich ohne weiteres für ein Taschengeld hätte entwerfen können, wäre das Ganze kein Problem gewesen. So hingegen war meine Investition ein echter Fehlschlag. Ein Fehlschlag, der wirklich zu vermeiden gewesen wäre!

Und auch insgesamt erwies sich der Privatkundenmarkt als wesentlich schwieriger als gedacht: Wenn ich potenziellen Privatkunden von meinem Produkt erzählte, hörte ich viele Interessensbekundungen, jedoch waren nur wenige so überzeugt, dass sie es auch wirklich kaufen wollten. Möglicherweise hatten sie schlicht dieselben Vorbehalte wie ich anfangs. Vielleicht konnten sie sich auch einfach nicht vorstellen, was hinter dem Konzept Spritspar-Training steht und wie es gehen soll, dass man sparsam *und* schnell fährt. Ich zeigte ihnen kein MVP, fragte nicht nach den Gründen ihrer mangelnden Kaufbereitschaft, und von alleine sagten sie sie mir auch nicht. Mir fehlte der richtige Fokus: Ich wolle nur mein Produkt verkaufen, statt möglichst viel zu lernen.

Zwar hatte ich bei meinem ersten unternehmerischen Projekt an all die Dinge gedacht, die man in jedem Gründungsseminar lernt: an die passende Rechtsform meiner Firma, die Anmeldung beim Finanzamt, sogar die europaweite Registrierung meiner Marke. Ich hatte bei mehreren Businessplan-Wettbewerben mitgemacht, eine tolle Webseite designen und die hochwertigsten Visitenkarten drucken lassen, die ich finden konnte – alles sollte perfekt sein. Doch ich musste feststellen: Vieles war eben nur Lametta an einem (teilweise) toten Gerippe. Das war eine bittere Erkenntnis, aber letztlich behält die Realität immer recht.

Hätte ich nicht so einen ausgeprägten Sturkopf, dann hätte ich an dieser Stelle aufgegeben, doch so – ohne damals das Bild von Aristoteles mit den beiden überlappenden Kreisen vor Augen zu haben – machte ich mich auf die Suche nach einer besseren Schnittmenge zwischen meinen eigenen »Fähigkeiten und Wünschen« sowie den »Bedürfnissen und Problemen« der Welt. Und ich verinnerliche den Startup-Thinking-Ansatz, um mich auf die wirklich wichtigen Fragen zu konzentrieren: »Was ist das Problem, das du löst, und wessen Problem ist es?«, anstatt zuerst eine coole Lösung zu haben und für diese dann das passende, relevante Problem zu erfinden. Der Rest ergabt sich zwangsläufig – und so fand ich die »richtigen« Kunden, die in meinem Fall Firmenkunden waren, und folglich auch den passenden Weg zu ihnen.

Ich hatte ein für alle Mal verstanden, dass es bei einem guten unternehmerischen Projekt von Anfang an immer zwei Beteiligte gibt: dich und die Welt da draußen. Ein gutes 4-Stunden-Startup kann nur in der Schnittmenge der beiden entstehen, nirgendwo sonst. Es zeichnet sich nicht dadurch aus, dass deine Visitenkarten auf 350-Gramm-Papier gedruckt sind, du bereits eine GmbH gegründet hast, deine Webseite 10 000 Euro gekostet hat oder der Shop ganz leicht skalierbar ist, sobald deine Idee durch die Decke geht und jeden Tag Millionen deine Webseite besuchen. Ich hoffe, du begehst nicht die gleichen Fehler, sondern bist bereits jetzt ein bisschen schlauer als ich damals: An allererster Stelle steht ein relevantes Problem, der Rest muss sich ergeben. Die Startup-Thinking-Zwiebel wächst von innen nach außen – immer.

Und denk daran: Ein 4-Stunden-Startup ist der Startpunkt zu deiner Reise – nicht der Endpunkt, der sich für den Rest deines Berufslebens nicht mehr groß verändern wird. Mit der Bereitschaft, möglichst viel zu lernen und deine Idee so anzupassen, dass du wirklich die ideale Schnittmenge triffst, ist vieles möglich. Sogar, dass aus einer kleinen Idee, die eigentlich nur eine Man-müsste-mal-Idee war, irgendwann etwas finanziell sehr Erfolgreiches wird.

4

DIE TOOLBOX: DER SCHNELLSTE WEG VOM WOLLEN ZUM MACHEN

»Es genügt nicht, zum Fluss zu kommen mit dem Wunsche, Fische zu fangen. Man muss auch das Netz mitbringen.«
Konfuzius

Nachdem du nun die drei großen Hürden sowie den Startup-Thinking-Ansatz kennengelernt hast, mit dem du systematisch Geschäftsideen entwickeln kannst, möchte ich dir nun einen ganzen Werkzeugkasten mit nützlichen Tools und Tricks vorstellen. Dieser Werkzeugkoffer ist ähnlich universell wie der Startup-Thinking-Ansatz – also größtenteils unabhängig davon, ob du ein Produkt oder eine Dienstleistung, ob an Endkunden oder Geschäftskunden anbietest. Mit diesen Tools kannst du dein 4-Stunden-Startup so professionell wie ein großes Unternehmen aufstellen, musst dabei aber meist nur einen Bruchteil der üblichen Kosten aufwenden.

Dieser Werkzeugkasten erhebt dabei keinen Anspruch auf Vollständigkeit, er basiert auf meinen eigenen Erfahrungen und denen anderer Gründer. Häufig gibt es ähnliche Anbieter zu den hier genannten. Sollte während deines Projekts ein Problem auftauchen, das sich nicht mit Hilfe dieser Tools und Tricks beheben lässt, kannst du nach Alternativen suchen und gleichzeitig checken, ob die jeweiligen Anbieter einen guten Job machen: Die Lösung deines Problems sollte der Kern ihres Tuns sein, entsprechend einfach sollten sie über die Kanäle zu finden sein, die sich automatisch aus der Frage ergeben: »Was ist das Problem, und wessen Problem löse ich?« Im Idealfall sollten sie dich quasi anspringen – natürlich nur im übertragenen Sinne.

Wie du eine eigene Homepage bekommst

Ziemlich unabhängig davon, was dein 4-Stunden-Startup ist, um eine eigene Webseite kommst du kaum herum. Diese ist mindestens deine Visitenkarte, vielleicht sogar der Hauptweg zu deinen Kunden. Deshalb ist eine eigene Homepage unser Startpunkt.

Vielleicht liegt es daran, dass ich Ingenieur bin, vielleicht ist es aber auch unsere »typisch deutsche« Mentalität, die zu der Einstellung führt: Wenn man etwas macht, dann auch möglichst perfekt – besonders wenn dich eine Idee so gepackt hat, dass du dich über Monate hinweg mit ihr beschäftigst, viel Zeit und Energie investierst, um endlich irgendwann den Entschluss zu fassen, die Welt an der entstandenen Lösung teilhaben zu lassen. Völlig klar. Niemand will sich blamieren, und besonders nicht mit dem Aushängeschild seines 4-Stunden-Startups – der eigenen Homepage.

Als ich das erste Mal von »Homepage-Baukästen« hörte, klang das für mich nach Bastelkram, Halbfertigem und billigem Design. Das passte nicht zu meiner Einstellung: Wenn man etwas macht, dann richtig. Wie im letzten Kapitel berichtet, war daher für mich klar, dass eine professionelle Agentur meine Webseite entwerfen und programmieren sollte. Dass das Ganze in meinem Fall war, wie mit Kanonen auf Spatzen zu schießen, realisierte ich erst zu spät. Genauso wie die Tatsache, dass es Baukastensysteme gibt, die nicht nur phantastisch aussehende Webseiten ermöglichen, sondern auch kinderleicht zu bedienen sind, einen eigenen Online-Shop integriert haben – und dabei nicht mehr als ein Taschengeld kosten.

Tool:
Jimdo (www.jimdo.de)

Jimdo ist ein solcher Baukasten, um eine eigene Homepage professionell zu gestalten. Die Software wurde 2004 von drei jungen Deutschen entwickelt; die Resonanz im Freundes- und Bekanntenkreis darauf war so enorm, dass sie 2007 ein Unternehmen daraus machten. Seitdem entwickelt sich das Tool von einem Geheimtipp zu einer echten Erfolgsgeschichte: 2015 bekam das Unternehmen rund 25 Millionen Euro Wachstumskapital und wurde im selben Jahr mit dem Deutschen Gründerpreis ausgezeichnet. Insgesamt wurden bereits mehr als 15 Millionen Webseiten mit Jimdo erstellt.

Um deine eigene Webseite zu erstellen, kannst du aus einer Vielzahl von Webseitenvorlagen wählen und diese mit Hilfe eines intuitiv bedienbaren Editors bearbeiten. Mit wenigen Mausklicks kannst du beispielsweise das Layout deiner Seite ändern oder ein YouTube-Video einbinden. Im Editor sind außerdem wichtige Themen, zum Beispiel Suchmaschinenoptimierung, übersichtlich zusammengefasst und auch für Laien sehr gut verständlich. Jimdo bietet dir darüber hinaus die Möglichkeit, einen eigenen Shop in deine Webseite zu integrieren, und erfüllt alle Voraussetzungen, damit dieser auch rechtssicher ist – ein wichtiger Punkt, den vor allem ausländische Anbieter nicht immer berücksichtigen.

Auch beim Shop ist die Bedienung ausgesprochen einfach: Wenige Klicks genügen, um ein neues Produkt hinzuzufügen. Wobei »Produkt« hierbei auch eine Dienstleistung sein kann, denn nichts hindert dich daran, auch solche hier anzubieten. Für den Shop stehen zudem verschiedene Zahlungsmöglichkeiten zur Verfügung. Leider ist der Onlineshop bislang nur begrenzt automatisierbar: Die direkte Anbindung an einen Versanddienstleister, der sich um die komplette Abwicklung deiner Bestellungen kümmern könnte, ist leider derzeit nicht möglich. Solange du nicht jeden Tag Hunderte Pakete verschickst, sollte dies allerdings kein großes Problem sein – erst recht nicht, wenn deine Seite als MVP dienen soll, um ein Produkt oder einen Markt auszutesten, bevor du dein Geschäftsmodell auf Größe skalierst.

Obwohl die Pflege der Webseite auch für Laien gut handhabbar ist, arbeitet Jimdo darüber hinaus mit verschiedenen regionalen Freelancern und Agenturen zusammen, den sogenannten »Jimdo Experts«. Deren Angebot reicht von der Individualisierung von Webseiten-Layouts bis zu E-Commerce-Beratung. Einen dieser Experten, Florian Spieß, hast du bereits kennengelernt. Bei Jimdo als Experte gelistet zu sein ist ein effektiver Weg zum Kunden für sein eigenes 4-Stunden-Startup: Er ist genau dort zu finden, wo das Problem für seine potenziellen Kunden relevant ist.

Kosten: Das Basispaket von Jimdo ist kostenlos, aber nur für ein erstes Hineinschnuppern geeignet. Empfehlenswert sind die Varianten »JimdoPro« für 5 Euro pro Monat oder »JimdoBusiness« für 15 Euro pro Monat, da beide mehr und bessere Möglichkeiten bieten, zum Beispiel mehr Designs und Zahlungsmöglichkeiten im Onlineshop. Alle Pakete können dreißig Tage lang kostenlos getestet werden.

Alternativen: Jimdo ist für den Anfang goldrichtig: Es ist günstig und bietet viel Komfort. Auch weniger technisch Versierte sind dank des Editors in der Lage, ihre Seite anzupassen, einen Shop einzurichten und zu verwalten.

Bevor wir über Alternativen sprechen, sollten wir uns kurz die Nachteile von Jimdo anschauen, denn selbst Jimdo ist nicht perfekt. Neben der fehlenden Anbindung an die Schnittstellen von Versanddienstleistern hat das Tool derzeit noch einen weiteren Schwachpunkt: Es stehen so gut wie keine »One-Page-Layouts« zur Verfügung, also Webseiten, bei denen der komplette Inhalt auf einer einzigen Seite präsentiert wird. One-Page-Layouts sind in der Regel mit vielen, großen Bildern ausgestattet, um dem Besucher alle wichtigen Infos so effektiv wie möglich zu vermitteln. Ein schönes Beispiel für diesen Webseitentyp ist die preisprämierte Seite von Cameo (https://vimeo.com/cameo), einer Videoapp des YouTube-Konkurrenten Vimeo. Darüber hinaus gibt es Hunderte und Tausende beeindruckender Seiten mit diesem Layout. Mittlerweile hat sich dies in vielen Varianten bei nahezu allen aktuellen Startups als Standard durchgesetzt.

Was im ersten Moment nach einem Detail klingt, hat in der Praxis durchaus Bedeutung. Seiten mit diesem Layout sind nämlich in den letzten Jahren nicht umsonst immer populärer geworden. Der Grund dafür: Es wird immer schwerer, die Aufmerksamkeit potenzieller Kunden zu bekommen. Der durchschnittliche Webseitenbesucher entscheidet innerhalb der ersten 15 Sekunden, ob er auf einer Seite bleibt oder sie gleich wieder verlässt. Es muss dem Besucher deiner Seite also auf den allerersten Blick klarwerden, für welches seiner Probleme oder Bedürfnisse deine Seite relevant ist.

Neben anderen Baukästen, die diese Designform besser beherrschen als Jimdo wie beispielsweise die teureren Anbieter Strikingly und Wix, ist Wordpress zu empfehlen. Wordpress ist ebenfalls ein beliebtes System, mit dem sich Webseiten ohne Programmierkenntnisse bearbeiten lassen – allerdings nur in Grenzen. Die Bedienung ist nicht so intuitiv wie bei Jimdo. Einen Webdesigner für die Einrichtung und Pflege der Seite sollte man daher einplanen. Dafür besticht Wordpress durch die herausragende Qualität und Anzahl der verfügbaren One-Page-Layouts, die es oft sogar kostenlos gibt. Eine sehr empfehlenswerte Seite, um sich inspirieren zu lassen und Layouts herunterzuladen, ist zum Beispiel Onepagelove (www.onepagelove.com). Wordpress ist für sich genommen ebenfalls kostenlos, allerdings muss hier – anders als bei Jimdo – deine Webseite bei einem eigenen »Hoster«, also einem Anbieter von Speicherplatz im Internet, beheimatet sein. Bekannte Hoster sind beispielsweise 1&1, Hosteurope oder Strato.

Neben den genannten Hosting-Anbietern gibt es auch einige kostenlose. In der Praxis disqualifiziert sich der Großteil allerdings für dein 4-Stunden-Startup durch das Einblenden von Werbebannern. Dies sieht extrem unprofessionell aus. Kostenlos und ohne Werbung ist Lima City (www.lima-city.de). Leider ist im Gegenzug die Ladegeschwindigkeit nicht besonders gut – was sich verschmerzen lässt, wenn deine Seite schlank gehalten ist.

Wie du einen Namen findest

Du weißt nun, wie du einfach an eine eigene Webseite kommst und wie du schnell und günstig einen neuen Markt oder ein neues Produkt testen kannst. Für ein solches MVP reicht mit großer Sicherheit bereits eines der vorgegebenen Designs, das du ohne großen Aufwand mit Leben füllst. Wir werden an späterer Stelle noch einmal im Detail auf den Punkt Gestaltung zurückkommen, wenn es darum geht, aus einem MVP ein echtes 4-Stunden-Startup zu machen: wie du beispielsweise an ein Logo kommst oder eigene Werbung kreierst. Aber bevor du dir Gedanken über solche Feinheiten machst, solltest du dir vorweg noch eine Sache überlegen: Wie wird dein 4-Stunden-Startup überhaupt heißen?

Einen guten Namen zu finden, der alle nötigen Kriterien erfüllt, ist zugegebenermaßen keine leichte Aufgabe: Er sollte leicht verständlich und gut zu merken sein, die relevanten Internetadressen sollten noch frei sein genauso wie die sozialen Netzwerke – und ist all das geschafft, musst du trotzdem noch aufpassen, dass dir am Ende keine Abmahnung ins Haus flattert, weil du bei der Markenrecherche vielleicht nicht sorgfältig genug vorgegangen bist. All das ist viel Arbeit und keine Leichtigkeit. Aber sind diese Schritte gegangen und darüber hinaus auch noch der letzte – die Eintragung deines Wunschnamens als eigene, deutschland- oder europaweit gültige Marke –, dann hast du ein sehr solides Fundament geschaffen, um darauf dein 4-Stunden-Startup aufzubauen.

Ein guter Name für dein Produkt beziehungsweise dein 4-Stunden-Startup erfüllt folgende Kriterien:
- Er verletzt keine Marken- oder Namensrechte eines anderen Unternehmens.
- Es ist eine entsprechende Internetadresse (de- und/oder com-Domain) verfügbar.
- Der Name ist in den wichtigen sozialen Netzwerken verfügbar und nicht von anderen besetzt.
- Der Name ist ansprechend, leicht verständlich und gut zu behalten.

Obwohl der erste Punkt der wichtigste ist, stehen in der Praxis die drei übrigen Punkte am Anfang der Überlegungen. Logisch: Ohne überhaupt einen Namen zu haben, kannst du auch nicht prüfen, ob dieser andere Marken- oder Namensrechte verletzt.

Namensgeneratoren

Einen guten Namen zu finden, der auch noch nicht vergeben ist, ist gar nicht so einfach: Aktuell sind über 120 Millionen com-Domains und 16 Millionen de-Domains bereits vergeben. Um trotzdem auf einen guten Namen zu kommen, gibt es einige Tools, die gleichzeitig deine Kreativität beflügeln und auch bereits checken, ob die passende Domain verfügbar ist – denn dies ist anhand der genannten Zahlen durchaus sinnvoll.

Tool:
Dot-o-Mator (www.dotomator.com)

Dieses Tool macht viel Spaß, selbst wenn man gerade gar nicht auf der Suche nach einem neuen Namen ist: Aus verschiedenen Wortanfängen und -endungen kombiniert es auf Knopfdruck die wildesten Kombinationen und überprüft dabei sofort, ob die entsprechenden Domains, Facebook-Seiten et cetera noch verfügbar sind. Dabei gibt es verschiedene Kategorien, aus denen man wählen kann. Aus »simple colors« als Wortanfang und »web 2.0 parts« als Wortendung ergeben sich zum Beispiel coole Kombinationen wie Pinkjo.com, Grayyo.com oder Whitenix.com. Aus »fancy colors« und »places« entstehen Kombinationen wie Hazelville, Indigoloft oder Gingerplex. Für automatisch generierte Namen klingen diese doch schon ziemlich schick, und die entsprechenden Domains sind derzeit sogar noch verfügbar.

Dot-o-Mator ist gut geeignet, um systematisch Wortneuschöpfungen zu kreieren und auf diese Weise in ganz neue Richtungen zu denken. Selbst wenn hier nicht dein Traumname ausgespuckt wird, kann es ein brauchbarer Ansatzpunkt sein. Außerdem bietet das Tool die Möglichkeit, ein eigenes Wort in die Namensfindung einzubringen. Soll dein 4-Stunden-Startup zum Beispiel unbedingt »Peter« im Namen enthalten, dann wirft dir Dot-o-mator Vorschläge wie zum Beispiel peterify.com, peterguru.com, 99peter.com aus. Zugegeben: Dein Projekt sollte besser nicht »Peter« im Namen tragen, aber wie gesagt: Wer einmal anfängt, wird leicht süchtig.

Kosten: 0 Euro.

Alternativen: Ähnliche Seiten sind auch Impossibility.org, Namemesh.com und Wordoid.com. Auch hier lassen sich kostenlos neue Ideen durch Kombination von vorgegebenen und eigenen Wörtern erstellen und die Verfügbarkeit der entsprechenden internationalen com-Adresse prüfen.

Domains prüfen und registrieren

Statt eines Namensgenerators kannst du natürlich auch deine eigene Phantasie bemühen und dir einen passenden Namen ausdenken. Du musst allerdings selbst prüfen, ob die entsprechenden Domains noch frei sind. Dafür kannst du dasselbe Tool nutzen, mit dem du eine Domain registrieren kannst.

Nachdem du einen potenziellen Namen gefunden hast, steht die nächste Frage an: Welche Domain solltest du registrieren und welche benutzen – eine com-Domain oder eine de-Domain? Die Antwort ist simpel: Du registrierst beide. Erstens sind die Kosten so gering, dass es sich nicht lohnt, an dieser Stelle zu sparen, zweitens möchtest du sicher nicht, dass dein 4-Stunden-Startup erfolgreich wird und du dir später die entsprechenden Domains teuer kaufen musst, falls jemand anderes diese mittlerweile registriert haben sollte. Von einem Namen, bei dem beispielsweise nur die com-Domain verfügbar ist und die de-Domain bereits vergeben, würde ich Abstand nehmen, da die Verwechslungsgefahr zu groß ist und es darüber hinaus zu markenrechtlichen Problemen kommen kann. Welche der beiden du später tatsächlich benutzt, ist ein wenig Geschmackssache, denn beide Domainendungen wirken seriös und sind weit verbreitet, anders als zum Beispiel »eu«, »info« oder neue Endungen wie »shop« oder »bayern«.

Wichtig: Wenn du richtig schnell sein und vielleicht sogar bereits dein MVP über deine Homepage testen willst, solltest du zunächst die de-Domain nutzen. Um deine Adresse zu einem anderen Anbieter wie zum Beispiel Jimdo umzuziehen, musst du bei Domains mit den Endungen »com«, »net«, »org«, »info« und »biz« nämlich zuerst eine sechzigtägige Sperrfrist abwarten. Erst danach kannst du diese umziehen oder wieder kündigen. Nach dieser Frist kann die com-Domain die Hauptseite werden und die de-Domain dann auf diese verlinken. Dieser Wechsel geht ohne großen Aufwand innerhalb weniger Tage vonstatten.

Sollte eine Domain bereits vergeben, aber der entsprechende Name trotzdem markenrechtlich unbedenklich sein, gibt es eine letzte Möglichkeit, um doch noch an die entsprechende Domain zu kommen. Viele Webseiten werden registriert, ohne je benutzt zu werden. Diese werden dann zum Verkauf gestellt und sind zum Beispiel bei SEDO (www.sedo.de) zu bekommen. Damit du eine Vorstellung über das Preisniveau bekommst: Der Durchschnittspreis einer com-Domain liegt etwa bei 2000 Euro, für de-Domains bei 1000 Euro. Die Preise können jedoch massiv nach oben ausbrechen, wenn die Domain entsprechend attraktiv ist: Die Domain Kaffee.de wurde beispielsweise 2014 für 100 000 Euro verkauft.

Tool:
Host Europe (www.hosteurope.de)

Host Europe steht stellvertretend für die großen Anbieter, die sich weitestgehend ähneln: Die Suche nach verfügbaren Adressen geht bei allen schnell und unkompliziert, genauso wie die Registrierung der gewünschten Internetadresse. Die Mindestlaufzeit beträgt dabei in der Regel zwölf Monate. Kündigst du nicht mit entsprechend Vorlauf, verlängert sich die Laufzeit um ein weiteres Jahr.

Kosten: Host Europe zeichnet sich durch günstige Preise aus. Diese sind abhängig von der Domainendung, aber insgesamt kein allzu großer Kostenfaktor. Auch andere Anbieter unterscheiden sich nur um ein paar Euro. Bei Host Europe kostet eine com-Domain derzeit 14,40 Euro pro Jahr, eine de-Domain nur 7,20 Euro. Die meisten Anbieter bieten darüber hinaus regelmäßig Werbeaktionen mit vergünstigten Tarifen für das erste Jahr an. Beispielsweise kostet dann bei United Domains eine de-Domain nur 5 Euro, bei 1&1 gibt es diese für Neukunden sogar für nur 3,50 Euro.

Alternativen: Wie bereits gesagt, gibt es eine ganze Reihe anderer Anbieter, um Domains zu überprüfen und zu registrieren. Die Kosten sind bei allen ähnlich gering.

Godaddy (www.godaddy.com) zeichnet sich zwar nicht durch die größte Übersichtlichkeit aus, bietet dafür aber sehr günstige Preise an. Ein echter Tipp sind die Sonderaktionen für com-Domains, bei denen diese für 99 Cent im ersten Jahr registriert werden können.

Marken- und Namensrechte prüfen

Nachdem du nun einen potenziellen Namen gefunden hast, für den die entsprechende Internetadresse noch verfügbar ist und idealerweise auch die Seiten in den sozialen Netzwerken noch frei sind, steht der letzte Schritt an, bevor du loslegen kannst: die Prüfung, ob der Name nicht die Rechte eines Dritten verletzt.

Vorweggenommen: Das Markenrecht ist sehr komplex. Einen Namen ohne Rücksprache mit einem Fachanwalt zu verwenden ist nicht zu empfehlen, genauso wenig wie die eigenhändige Eintragung einer Marke. Schlägt diese nämlich fehl, weil zum Beispiel bei der Recherche ein ähnlicher Name übersehen wurde oder der Name gar nicht schutzfähig ist – wenn er etwa viel zu allgemein gefasst ist und keine Unterscheidungskraft besitzt –, sind die Anmeldekosten futsch, ohne dass die Marke eingetragen werden konnte.

Allerdings kannst du dir teure anwaltliche Recherchen sparen, wenn du selbst alle Möglichkeiten nutzt, um im Vorfeld bereits zu prüfen, ob dein Wunschname vergeben ist. Dies klappt selbst für Laien in gewissen Grenzen prima, und du kannst bereits früh einen anderen Namen ins Visier nehmen – bloß der Umkehrschluss funktioniert nur begrenzt: Findest du keine Kollisionen, heißt dies nicht, dass es keine gibt.

Tool:
Tulex (www.tulex.de)

Tulex existiert bereits seit 2006 und bietet nicht nur eine kostenlose Identitätsrecherche an, sondern darüber hinaus sogar eine *erweiterte* Identitätsrecherche. Dabei sucht das Tool in den relevanten nationalen und internationalen Datenbanken. Bei der erweiterten Identitätsrecherche werden identische und sehr ähnliche Treffer ausgegeben. Sucht man beispielsweise nach »Tulex«, stellt sich heraus, dass dieses Wort bereits 2005 als Marke registriert wurde und es auch schon ähnliche Markennamen gibt, zum Beispiel »Virtulex« oder »Rotulex«. Die Suche ist insgesamt unkompliziert und schnell.

Kosten: Tulex zeichnet sich dadurch aus, dass nicht nur die normale, sondern darüber hinaus auch die erweiterte Identitätsrecherche kostenlos ist. Eine derartige anwaltliche Recherche ist kostenpflichtig und kann bereits mehr als 100 Euro kosten.

Alternativen: Statt einen Anbieter wie Tulex zu benutzen, der die relevanten Datenbanken auf einen Schlag durchsucht, kannst du dies in Grenzen auch selbst machen. Das Deutsche Patent- und Markenamt (DPMA) bietet eine kostenlose Recherchemöglichkeit für deutsche Marken, das Harmonisierungsamt für den Binnenmarkt (HABM) für europäische Gemeinschaftsmarken und die World Intellectual

Property Organisation (WIPO) für internationale Marken. Allerdings ist diese eigenhändige Suche keine erweiterte, sondern nur eine normale Identitätsrecherche: Auf den Suchbegriff »Tulex« wirft die europäische Datenbank nur identische Begriffe aus oder solche, die neben »Tulex« noch ein weiteres Wort beinhalten, wie beispielsweise »Tulex Pharmaceuticals«.

Diese manuelle Recherche kann dennoch nützlich sein, nämlich im Anschluss an die Recherche mit Tulex: Bei Marken gibt es nämlich bestimmte Geltungsgebiete, die in sogenannten Waren- und Dienstleistungsverzeichnissen festgehalten sind und ebenfalls angezeigt werden. Dies ist für dich wichtig, da es durchaus möglich ist, eine neue Marke anzumelden, wenn die bestehende einen anderen Geltungsbereich hat. Beispielsweise kann eine Marke, die bereits für Lebensmittel registriert ist, von jemand anderem für ein technisches Gerät angemeldet werden. Um zu sehen, für welche Produkte und Dienstleistungen bestehende Marken genau angemeldet sind, hilft die manuelle Recherche im zweiten Schritt, denn dies zeigt Tulex nur sehr rudimentär an. Als weitere Alternative kann auch ein Markenrechtsanwalt eine erweiterte Identitätsrecherche durchführen, dies ist allerdings mit Kosten verbunden, die du wie beschrieben am Anfang vermeiden kannst.

Ist der gewünschte Name noch frei, sind weitere Recherchen, zum Beispiel eine Ähnlichkeitsrecherche oder gegebenenfalls eine Risikobeurteilung, erforderlich. Soll nicht nur sichergestellt werden, dass du mit der Verwendung deines Namens keine Rechte Dritter verletzt, sondern darüber hinaus dein Name selbst einen eigenen Schutzanspruch erhalten, kannst du diesen ebenfalls als Marke eintragen – nur so ist dein Name rechtlich geschützt.

Die Kosten hierfür liegen bei Tulex bei 289 Euro für eine deutschlandweite Anmeldung und bei 479 Euro für eine europaweite Anmeldung. Beides versteht sich zuzüglich Mehrwertsteuer und der Kosten der Anmeldung selbst beim zuständigen Markenamt: 300 Euro für Deutschland und 900 Euro für Europa. Andere Markenanwälte bieten ähnliche Preise und Dienstleistungen wie eine Risikobeurteilung oder die Anmeldung einer Marke an.

 Um bei einer umfassenden Recherche, vielleicht sogar der Eintragung einer Marke, einen Anwalt zu konsultieren, dabei jedoch die Kosten drastisch oder sogar auf null zu reduzieren, gibt es eine weitere Alternative, die allerdings nur sehr wenige Gründer aktiv nutzen: Es gibt einige Businessplan-Wettbewerbe, bei denen die Teilnahme kostenlos ist – und deren Teilnehmer darüber hinaus kostenlose Unterstützung, zum Beispiel durch einen Markenanwalt, bekommen können. Meiner Erfahrung nach helfen die dortigen Experten sehr engagiert, schnell und freundlich. Die meisten interessieren sich zudem nicht besonders dafür, wie weit man in dem jeweiligen Wettbewerb überhaupt eingestiegen ist ... Kostenlose Unterstützung hat natürlich auch in diesem Rahmen ihre Grenzen und sollte nicht missbraucht werden. Kannst du dein Gegenüber jedoch durch die verschiedenen Schichten der Start-up-Thinking-Zwiebel mitnehmen und ihm auf diese Weise berichten, wie du eine spannende Lösung für ein relevantes Problem gefunden hast, wird er dir wahrscheinlich gerne helfen – und du kannst ein kleines Vermögen sparen.

Wie du ein Gestaltungskonzept entwickelst

Name, Domain, Marke, eine eigene Homepage – das alles ist kein Selbstläufer, aber für dich nun auch kein Hexenwerk mehr. Und zur Beruhigung: Bei einem 4-Stunden-Startup muss nicht alles von Anfang an bereits perfekt sein. Dies ist ein ganz wichtiger Teil der Philosophie dahinter und gerade für Angestellte in großen Unternehmen eine Umstellung. Daher ganz deutlich: Du bist kein Weltkonzern und rollst auch deine Produkte sicher nicht auf einen Schlag weltweit aus!

Stell dir vor, du gibst deinem 4-Stunden-Startup einen vermeintlich coolen Namen, und am Ende stellt sich heraus, dass er auf Spanisch »Wichser« heißt, so wie es Mitsubishi mit seinem »Pajero« passiert ist? Oder der Name deines Unternehmens spricht sich auf Japanisch wie »Tod« aus, so wie es bei Tchibo der Fall ist? Weltkonzerne kann das Millionen kosten, für ein 4-Stunden-Startup ist das in Wirklichkeit ein überschaubares Problem. Verschwende deine Zeit und Energie also nicht mit der Jagd nach vermeintlicher Perfektion. Wir haben im letzten Kapitel gesehen, dass es viel wichtiger ist, überhaupt den Anfang zu schaffen, anstatt im ewigen »Eigentlich-würde-ich-gerne-mal« zu versacken.

Wenn aber der Anfang erst mal gemacht ist, darf sich selbstverständlich auch ein 4-Stunden-Startup weiterentwickeln. Dies gilt grundsätzlich in allen Bereichen, und genauso für ein Element, das bei großen Unternehmen mit Millionen entwickelt wird und dann für Jahre wie in Stein gehauen bleibt: das Logo deines Unternehmens. Wir sind kein Konzern und werden es daher deutlich pragmatischer und günstiger angehen.

Ein Logo finden

Gutes Design kostet Geld, wer hier spart, zahlt häufig doppelt. Dies gilt gleichermaßen für ein Logo. Allerdings: Der erste Wurf muss nicht zwangsläufig der ganz große sein. Wenn es zum Beispiel darum geht, zunächst einmal ein MVP zu testen oder die ersten Schritte im Markt zu machen, sollte das Logo auf deiner Webseite oder Visitenkarte zwar professionell aussehen, aber Design-Awards muss es nicht gewinnen.

Auch bei großen Startups ist es normal, dass sich ein Logo mit der Zeit entwickelt und verändert – manchmal auch so krass wie zum Beispiel bei Lieferheld, einem 2010 in Berlin gegründeten Lieferservice, der mittlerweile Teil der ebenfalls erst 2011 gegründeten, aber bereits über 1500 Mitarbeiter starken und mit über 3 Milliarden Euro bewerteten Delivery Hero Holding GmbH ist.

Das Lieferheld-Logo im Wandel

Tool:
Designmantic (www.designmantic.com)

Um schnell und günstig an ein erstes Logo zu kommen, ist Designmantic ein guter Startpunkt. Nachdem du den Namen deiner Firma eingegeben und die passende Kategorie (zum Beispiel Consulting) ausgewählt hast, spuckt die Seite unmittelbar Hunderte von entsprechenden Logos aus. Die Qualität der Logos erstreckt sich dabei von unterirdisch schlecht bis professionell anmutend – mit ein bisschen Mühe finden sich jedoch für nahezu alle Branchen brauchbare Entwürfe. Diese können darüber hinaus individuell angepasst und verändert werden. Mit wenigen Klicks ist es beispielsweise möglich, verschiedene Schriftarten oder Farben auszuprobieren und so das vorgegebene Logo weiter zu verbessern. Zusätzlich gibt es die Möglichkeit, eine Subline einzufügen, also einen zusätzlichen Untertitel wie zum Beispiel »Die günstigsten Autos in Köln«.

So einfach die Handhabung ist, um innerhalb weniger Minuten ein eigenes Logo zu bekommen, muss jedoch gleichzeitig klar sein, dass alle Logos einem vorgegebenen Katalog entspringen. Die Nutzungsrechte sind also nicht exklusiv, und es kann sein, dass dein Logo oder eine Variante anderswo auf der Welt bereits verwendet wird. Wie wichtig dies für dich ist, kannst nur du selbst beurteilen. Ein weiteres wichtiges Detail: Du erwirbst zwar das Recht, dein Logo zu benutzen, darfst es jedoch nicht offiziell als Bildmarke schützen lassen.

Kosten: Ein Logo zu entwerfen und beliebig viele Varianten auszuprobieren ist kostenlos. Die Nutzungsrechte kosten 29 US-Dollar, also aktuell rund 27 Euro.

Alternativen: Eine ähnliche Seite ist FreeLogoServices (www.freelogoservices.com), Preise und Ausstattung sind nahezu identisch. Ein Minuspunkt ist hingegen die fehlende Suchmöglichkeit, die Designmantic bietet, um Logos nach Begriffen wie »Book« oder »Food« zu filtern.

Einen Designer finden

Egal, ob du irgendwann dein Logo weiterentwickeln, das Design deiner Webseite individualisieren oder Werbung gestalten möchtest: Genauso, wie kaum ein 4-Stunden-Startup um eine Homepage herumkommt, wird auch das Thema Design nahezu zwangsläufig eine Rolle für dich spielen.

Und du wirst mit Sicherheit an den Punkt kommen, an dem du Unterstützung durch professionelle Designer benötigst.

Tool:
99designs (www.99designs.de)

Die Designplattform 99designs ist mehr als nur ein Tool oder genauer gesagt: ein Online-Marktplatz, bei dem du mit Designern aus der ganzen Welt zusammenkommst. 99designs hat sich das Ziel gesetzt, eine ganze Branche auf den Kopf zu stellen. Daher ist es auf gewisse Weise doppelt interessant: als Tool und als Beispiel für eine »disruptive Innovation«. So werden Innovationen genannt, die das Potenzial haben, bestehende Produkte und Dienstleistungen komplett zu verdrängen. Ein bekanntes Beispiel dafür sind Digitalkameras, die es innerhalb weniger Jahre geschafft haben, die analogen Kameras komplett zu verdrängen. Disruptive Innovationen schaffen es, mit einer neuen, radikalen Lösung ein relevantes Problem zu lösen – aber lassen dabei zwangsläufig auch Verlierer zurück.

Auch 99designs löst durch die Möglichkeiten des Internets ein für Kunden relevantes Problem: Einen guten Designer zu finden kann ausgesprochen schwierig sein. Der übliche Prozess sieht so aus: Du suchst nach Designern und Agenturen im Internet, fragst Bekannte, schaust dir Referenzen an, führst Gespräche, triffst mit viel Mühe eine Vorauswahl, holst Angebote ein – und vergibst letztlich auf dieser Grundlage einen drei-, vier- oder sogar fünfstelligen Auftrag. Das kann toll funktionieren, aber ob die Wahl des Designers die richtige war und das Ergebnis letztlich deinen Erwartungen entspricht, kann dir niemand garantieren. Und über Geschmack lässt sich bekanntlich streiten.

99designs dreht diesen Prozess komplett um: Am Anfang beschreibst du dein Projekt, bei dem übrigens vollkommen egal ist, ob es das komplette Design einer Webseite, ein handgezeichnetes Etikett für eine Weinflasche oder Werbung auf einem Lieferwagen sein soll. Danach senden dir Dutzende Designer ihre Entwürfe zu – daher der Name 99designs. Du gibst den Designern Feedback zu ihren Entwürfen und triffst nach einigen Tagen eine Vorauswahl. Daraufhin werden weitere Entwürfe eingereicht und durch dein Feedback weiter verbessert. Nach spätestens sieben Tagen ist der Wettbewerb beendet, und du wählst das beste Design aus. Erst dann wird der Gewinner bezahlt, alle anderen gehen leer aus. Ist überhaupt kein Design dabei, das deinen Ansprüchen genügt, kannst du von der Geld-zurück-Garantie Gebrauch machen.

99designs funktioniert damit offensichtlich für dich als Kunden sehr vorteilhaft. Bist du hingegen Designer, kann diese disruptive Innovation eine Bedrohung sein. Wir werden diesen Punkt an späterer Stelle noch einmal kurz beleuchten, denn er betrifft nahezu alle Marktplätze, die für dich ein wichtiger »Weg zum Kunden« sein können.

Kosten: Die Preise variieren abhängig davon, was designt werden soll: Eine komplette Webseite ist beispielsweise teurer als ein Buchcover. Grundsätzlich gibt es bei allen Produkten vier Pakete, die sich ein wenig im Kundenservice, vor allem aber im Preis unterscheiden. Die Logik dahinter: Je höher das Budget, desto mehr Designer nehmen teil und desto besser sind sie. Aktuell kostet beispielsweise ein Logo im Paket »Bronze« 249 Euro, das teuerste ist »Platin« mit 999 Euro.

Gerade im März 2015 haben Jimdo und 99designs eine strategische Partnerschaft geschlossen, so dass es hier ein besonderes Angebot gibt: Logo plus Jimdo-Webseite inklusive dem 60 Euro teuren Jimdo-Pro-Paket für insgesamt 419 Euro.

Alternativen: Seit 2012 der deutsche Konkurrent 12designer geschluckt wurde, steht 99designs als Designmarktplatz ziemlich konkurrenzlos da und ist mit über einer Million Designern der weltweite Marktführer. Daneben gibt es noch andere Marktplätze, auf denen Designleistungen angeboten werden, jedoch nicht ausschließlich. Solche sind beispielsweise Upwork und Fiverr, die wir an späterer Stelle noch genauer kennenlernen.

Wie du zum Grafikprofi wirst

Mittlerweile ist unser Werkzeugkasten schon ziemlich prall gefüllt: Du weißt nun, wie du professionell und günstig eine Webseite und einen Onlineshop aufbaust, was einen guten Firmen- beziehungsweise Produktnamen ausmacht und wie du entsprechende Internetadressen bekommst. Du hast gesehen, wie du schnell und günstig an ein einfaches Logo kommst und wie du komplexe Designaufträge vergeben kannst und dabei nicht das Risiko eingehen musst, eine Menge Geld zu investieren, ohne zu wissen, ob dir das Ergebnis gefällt.

Design ist ein Thema, das dich auch nach dem erfolgreichen Start deines Projekts weiter beschäftigen wird – also noch lange, nachdem deine Webseite entworfen ist und deine Visitenkarten mit deinem Logo bedruckt sind. Wenn dein 4-Stunden-Startup angelaufen ist, wirst du sicher Werbung machen wollen, professionelle Bilder für Facebook-Posts brauchen oder mal einen eigenen Flyer benötigen. Für all das gibt es ein mächtiges Werkzeug. Und das Beste daran ist: Damit kann wirklich *jeder* mit ein paar Klicks die unglaublichsten Dinge anstellen – kostenlos.

Tool:
Canva (www.canva.com)

Ein Grafikprogramm wie Photoshop ist kostspielig, und es braucht viel Erfahrung und Wissen, um es richtig zu benutzen. Mit anderen Worten: Es ist etwas für Profis. Wer daran etwas ändern kann, der hat – ähnlich wie 99designs – das Potenzial, eine ganze Branche zu verändern. Canva scheint eine Lösung gefunden zu haben, um auch Laien in die Lage zu versetzen, professionelle Designs zu erstellen.

Damit konnte das kleine australische Startup sogar Guy Kawasaki gewinnen, der als erster »Chief-Evangelist« von Apple bekannt geworden ist und den entsprechenden Terminus des »Evangelism-Marketings« populär gemacht hat, was gewissermaßen einer »organisierten Mundpropaganda« entspricht. Kawasaki sagte 2014 in einem Interview über Canva: »Macintosh schaffte es, Computer einer breiten Masse zugänglich zu machen; Google schaffte dasselbe mit Informationen, eBay demokratisierte den Handel. Auf dieselbe Art und Weise demokratisiert Canva Design. Du bekommst in deinem Leben nicht viele Chancen, eine Industrie für die breite Masse zu öffnen, daher habe ich die Gelegenheit ergriffen, um bei Canva mitzuarbeiten.«

Das Herzstück von Canva ist ein Online-Grafikpogramm, in dem du mit wenigen Klicks grafische Elemente wie Schriften oder Icons auswählst und mit der Maus in deine Arbeit ziehst. Dabei gibt das Programm Hilfestellungen, so dass das Anordnen der Elemente leicht von der Hand geht. Das alleine ist bereits toll, da du auf diese Weise sehr intuitiv und schnell Designs erstellen kannst. Der eigentliche Clou ist allerdings, dass bei Canva Tausende Designer Vorlagen erstellen, egal ob für Visitenkarten, Präsentationen, einen Briefkopf oder Werbung in sozialen Netzwerken.

Von der Mustervorlage zum eigenen Design mit Canva

Jedes Projekt beginnt mit der Auswahl einer passenden Schablone, zum Beispiel muss ein Facebook-Post exakt 800 mal 800 Pixel groß sein, ein Facebook-Coverbild 851 mal 315 Pixel. Genau genommen kannst du diese Zahlen sofort wieder vergessen, denn anders als bei Photoshop oder ähnlichen Programmen stellst du diese Größen nicht umständlich ein, sondern jede Schablone, jedes »Canva« also, ist bereits für den jeweiligen Zweck voreingestellt. Danach füllst du diese Schablone mit Leben: Entweder verwendest du dabei eine der vielen Vorlagen und passt nur noch den Inhalt an (siehe Abbildung), oder du ersetzt grafische Elemente und das Layout nach deinen Wünschen.

Insgesamt stellt dir Canva über eine Million Bilder und Elemente zur Verfügung. Natürlich kannst du auch eigene Bilder hochladen, so dass es buchstäblich mit zwei Klicks möglich ist, beispielsweise dein Logo in jedes beliebige Projekt einzufügen – egal ob für Facebook, einen Briefkopf oder ein Plakat. Wiederum mit zwei Klicks veröffentlichst du dein Projekt, zum Beispiel eine Anzeige, direkt auf Facebook oder Twitter oder lädst es auf deinen Computer herunter. Dabei ist Canva so voreingestellt, dass du dir auch um Dinge wie Dpi-Zahl oder Ähnliches keine Gedanken machen musst.

Um noch bessere Designs zu erstellen und sogar einen durchgängigen grafischen Gesamtauftritt für dein 4-Stunden-Startup, ein sogenanntes Corporate Design, zu bekommen, bietet Canva eine »Design School« an. Dort wird in Blogbeiträgen und Webinaren Wissen anschaulich vermittelt. Außerdem gibt es hier Dutzende professioneller Corporate Designs zum kostenlosen Download, die alles beinhalten, was du brauchst: Präsentationen, Visitenkarten und Vorlagen für soziale Netzwerke – alles im Stil deines Unternehmens.

Kosten: Canva ist als Grafikprogramm umsonst, und auch viele Vorlagen sind kostenlos, so dass sich bereits hiermit tolle Designs erstellen lassen. Verwendest du kostenpflichtiges Grafikmaterial, kostet die Benutzung pauschal 1 US-Dollar pro Bild.

Alternativen: Die gängigen Alternativen für Profis sind das teure Photoshop und das kostenlose Gimp. Auch für beide gibt es kostenlose Tipps und Kurse im Internet, allerdings bleibt die Bedienung für Laien eine Herausforderung.

Bilder, Bilder und immer wieder Bilder

Um an Bilder zu kommen, gibt es eine teure, eine günstige und eine kostenlose Möglichkeit. Als ich 2011 mein erstes 4-Stunden-Startup gründete, sollte es die »perfekte«, die teure Variante sein: Alle Bilder auf meiner Webseite sollten von einem professionellen Fotografen gemacht werden. Was das für eine Schnapsidee war, erklärte mir die Grafikagentur, die meine erste Webseite programmieren sollte. Sie zeigten mir die günstige Variante: Stockfotos. Erst viel später und durch Zufall lernte ich dann die beste kostenlose Möglichkeit kennen.

Tool:
Fotolia (www.fotolia.de)

Stockfotos sind für Fachleute ein alter Hut. Für mich, der allen Ernstes einen Fotografen engagieren wollte, eröffnete sich eine neue Welt. Auf Stockfoto-Plattformen wie Fotolia gibt es Millionen von Bildern, die gegen eine kleine Gebühr heruntergeladen und genutzt werden dürfen. Hier bedienen sich Startups genauso wie große Unternehmen. Insgesamt lassen Stockfoto-Plattformen eigentlich keine Wünsche offen, hier gibt es alles, was man nur brauchen könnte.

Und täglich grüßt das Stockmodel.

Vielleicht kommt dir ja dieser nette junge Mann bekannt vor? Nein? Dann achte mal auf ihn, denn ich garantiere dir, dass du ihn immer wieder sehen wirst, nachdem du ihn einmal wahrgenommen hast. Er ist nämlich eines der Stockfoto-Modelle, die dir an jeder Ecke begegnen. Nicht nur ich habe dieses Bild eine Zeitlang auf meiner Webseite verwendet, auch andere Unternehmen wie zum Beispiel Markenbilliger.de oder die Stadtwerke Schwedt benutzen exakt dasselbe Bild. Den gleichen Typ in anderen Posen habe ich aber auch schon bei Großkonzernen gesehen, beispielsweise in einer Bannerwerbung der Ergo-Versicherung, in einem Flyer der Supermarktkette Netto oder an Geldautomaten der Commerzbank.

Kosten: Die Kosten richten sich nach der Größe des benötigten Bildes und der gewünschten Verwendung. Die Standardlizenz kostet bei einem Bild in der kleinsten Größe etwa einen Euro.

Alternativen: Es gibt ähnliche Seiten wie Fotolia, die sich im Hinblick auf Umfang und Kosten nicht wesentlich unterscheiden, zum Beispiel Istockphoto, 123RF, Getty Images oder Shutterstock. 500px ist gleichzeitig eine Stockfoto-Plattform und Fotocommunity, hier kannst du aus über 50 Millionen Bildern wählen. Die Bilder sind hochklassig, aber entsprechend teuer: Bilder für Webanwendungen kosten 50 US-Dollar, in höheren Auflösungen für Druckmaterial sogar 250 US-Dollar.

Um kostenlos an hervorragende, hochauflösende Bilder zu kommen, die auch auf den üblichen Stockfoto-Seiten wie Fotolia zwischen 10 und 30 Euro kosten können, gibt es eine Seite, die vielen Fotografen ebenfalls als Fotocommunity bestens bekannt ist: Flickr (www.flickr.com). Was allerdings nicht jeder Nutzer weiß: Suchst du hier nach Bildern, so kannst du die Ergebnisliste nach Art der Lizenz filtern. Wählst du hierbei den Lizenztyp »kommerzielle Nutzung erlaubt«, so kannst du bedenkenlos die angezeigten Fotos in allen verfügbaren Auflösungen für dein 4-Stunden-Startup verwenden. Dafür musst du noch nicht einmal bei Flickr registriert sein.

Wie du den Weg zu deinen Kunden findest

Einer der letzten, großen Schritte im Startup-Thinking-Prozess ist es, einen Weg zu deinen potenziellen Kunden zu finden. Wie wir im letzten Kapitel und auch hier anhand von Beispielen gesehen haben, entsteht der ideale Weg zum Kunden zwangsläufig aus einem klar durchdachten Kern: Wessen Problem löst du, wann und wo ist es für deine Kunden relevant? Für einen Schlüsseldienst könnte ein Aufkleber mit einer 24-Stunden-Notfallnummer an der Haustür potenzieller Kunden der richtige Kanal sein. Für ein Startup, das eine neue Alternative im Fernverkehr etablieren möchte, könnten Anzeigen bei den gängigen Mitfahrzentralen im Internet passen.

Den richtigen Weg zu seinen potenziellen Kunden zu finden ist eine Aufgabe, die viel Kreativität erfordert. Nichtsdestotrotz gibt es auch hierfür einige Tools, die recht universell und unabhängig von der speziellen Geschäftsidee deines 4-Stunden-Startups funktionieren, zum Beispiel Suchmaschinenmarketing oder Crowdfunding.

Crowdfunding

Crowdfunding, zu Deutsch etwa »Schwarmfinanzierung«, ist eine noch recht junge Möglichkeit, um im Internet kreative Projekte zu finanzieren oder Geschäftsideen zu evaluieren – und sie wird immer populärer. Dabei geht es jedoch vorranging gar nicht um das Thema Finanzierung, sondern mindestens genauso sehr darum, das Potenzial einer Idee auszutesten. Vorreiter auf diesem Feld ist Kickstarter, das 2009 in New York gegründet wurde; nur ein Jahr später ging die erste deutsche Crowdfunding-Plattform Startnext in Dresden an den Start. Dass Crowdfunding ein immer beliebterer »Weg zu Kunden« wird, belegen auch die Zahlen:

Startnext konnte in den ersten zwölf Monaten nach seiner Gründung nicht viel mehr als 200 000 Euro mit Projekten umsetzen, nur drei Jahre später waren es bereits über 8 Millionen – und der Trend zeigt weiter steil nach oben.

Mit der steigenden Popularität verbreitet sich allerdings auch ein Missverständnis immer mehr: Viele verstehen Crowdfunding als »Spenden«, was nicht zuletzt am Vokabular der Anbieter selbst liegt, wo von »Unterstützern« und »Dankeschöns« die Rede ist. Fast könnte man das Gefühl bekommen, es solle bloß nicht der Eindruck erweckt werden, dass hier Ideen »verkauft« würden. Erfolgreiche Crowdfunding-Kampagnen leben allerdings nicht von Altruismus, sondern davon, dass die Projekte damit überzeugen, dass sie ein relevantes Problem lösen oder ein sehr klares Bedürfnis befriedigen können. Erfolgreiche Kampagnen schaffen es, die Schnittmenge zwischen den Wünschen und Vorstellungen ihrer Initiatoren (»Wir brauchen euer Geld, weil ...«) und dem Rest der Welt (»Wir bieten euch dafür ...«) zu treffen. Das ändern auch Bezeichnungen wie »Jetzt unterstützen« statt eines üblichen Buttons »Jetzt kaufen« nicht. Crowdfunding eher als Vorverkauf denn als eine Art Spendengala zu sehen, kann daher ein erfrischender Perspektivwechsel sein.

Tool:
Startnext (www.startnext.de)

Wir hatten im Kapitel über Startup-Thinking gesehen, dass du möglichst früh herausfinden musst, ob dein 4-Stunden-Startup diejenigen, die es interessieren soll, auch wirklich interessiert. Eine Crowdfunding-Kampagne ist eine Mischung aus zweitem und drittem Realitätscheck: Du testest, ob deine Idee so zündet, dass andere dafür Geld bezahlen würden, aber ein richtiges MVP ist nicht in allen Fällen möglich. Du kannst deinen potenziellen Kunden beispielsweise kein physisches Produkt in die Hände drücken. Trotzdem solltest du mit deiner Kampagne die gegebenen Möglichkeiten so weit wie möglich nutzen, um nicht nur eine paar Skizzen deiner Lösungsidee zu zeigen (zweiter Realitätscheck), sondern so nah wie möglich an das spätere Produkt heranzukommen (dritter Realitätscheck).

Jede Kampagne auf Startnext muss zwingend ein Video und eine Projektbeschreibung enthalten, Bilder oder Illustrationen sind optional. Der Raum ist also gegeben, um zum Beispiel wenigstens eine Animation eines Prototyps zu zeigen oder das erste Kapitel eines Buches zu veröffentlichen. Dabei solltest du bedenken, dass Crowdfunding-Kampagnen von ihrer Glaubwürdigkeit leben. Das obligatorische Video darf durchaus mit dem Smartphone gemacht sein, wenn du beispielsweise ein Buch finanzieren willst. Willst du jedoch Geld für ein Filmprojekt einsammeln, sollte das Video deine Kompetenz in diesem Bereich mehr als deutlich machen. Erfolgreiche Kampagnen machen auch in solchen Details deutlich, dass sie das Vertrauen ihrer potenziellen Kunden wert sind, um deren Problem zu lösen bzw. Bedürfnis zu befriedigen.

Außerdem hilfreich: den potenziellen Kunden deutlich zu machen, dass sie kein großes Risiko eingehen, wenn sie deine Idee kaufen, bevor daraus ein fertiges Produkt geworden ist: Wird nämlich das Finanzierungsziel nicht erreicht, bekommen alle »Unterstützer« ihr Geld von Startnext zurückerstattet. Das Risiko ist für sie vielmehr, dass du dich mit dem Geld aus einer erfolgreich ausgezahlten Kampagne aus dem Staub machen könntest oder es nicht schaffst, das versprochene Produkt auch zu liefern. Vertrauen und Kompetenz sind also auch an dieser Stelle entscheidend.

Kosten: Obwohl Startnext eine sehr gute Infrastruktur, unter anderem mit zahlreichen Zahlungsanbietern, bereitstellt und auch der Kundenservice meiner Erfahrung nach sehr gut ist, verlangt das Unternehmen kein Geld. Vielmehr überlässt es den Unterstützern und den Projektstartern, wie viel sie im Erfolgsfall für die Leistung bezahlen möchten. Als Richtwert für Projektinitiatoren gelten zwischen 5 und 7 Prozent der Finanzierungssumme. Kosten entstehen daneben nur durch die Gebühren der Zahlungsanbieter, diese betragen aktuell 4 Prozent.

Alternativen: Seit kurzem sind auch die amerikanischen Plattformen Indiegogo und Kickstarter auf dem deutschen Markt vertreten. Insbesondere Kickstarter kann interessant sein, wenn über den deutschen Markt hinaus ein internationales Publikum angesprochen werden soll.

Marktplätze

In diesem Kapitel hast du bereits einen Marktplatz kennengelernt: die Designplattform 99designs, auf der du alle Arten von Grafikarbeiten kaufen kannst. Damit funktioniert 99designs offensichtlich auch als globaler »Weg zum Kunden«, den sich logischerweise auch viele Designer aus Schwellenländern wie Indonesien, Indien oder den Philippinen zunutze machen. Ist es moralisch überhaupt vertretbar, dort zu kaufen? Nun, das muss jeder für sich selbst entscheiden. Wenn du bei Amazon bestellst statt beim Buchhändler um die Ecke, ist die Situation ganz ähnlich: Des einen Freud ist des anderen Leid, und am Ende darf man sich nicht wundern, wenn der kleine Buchhändler wegen fehlender Umsätze pleitegeht.

Aber dennoch muss man diese Marktplätze etwas differenzierter betrachten. Erstens: Es gewinnt nicht immer nur der Billigste. Bei 99designs legst du beispielsweise selbst fest, wie viel Geld du ausgeben willst. Entsprechend bestimmst du mit deinem Budget, für wen es sich lohnt, am Wettbewerb teilzunehmen – und ob eben auch für Designer mit höheren Stundensätzen. Für dich als Kunden ist es übrigens egal, ob sich auch Glücksritter oder weniger fähige Designer an deinem Projekt versuchen, denn am Ende gilt das simple Motto: Es kann nur einen geben – und das ist derjenige, der dich mit seiner Arbeit überzeugt.

Ich habe schon mehrere Projekte über 99designs ausgeschrieben. Bei unserem letzten Buch haben sechsunddreißig Designer innerhalb von einer Woche insgesamt 152 Designs für das Cover eingereicht. Der Gewinner kam dabei übrigens nicht aus einem Schwellenland, sondern aus Kanada. Sein Name ist Tod, er ist Mitte vierzig und betreibt sein Design-Business selbst in Form eines 4-Stunden-Startups: Im Hauptberuf ist er Manager bei Staples in Vancouver.

Zweitens: Neben dem Preis gibt es noch viel mehr, was einen Anbieter auszeichnen kann. Gerade bei globalen Plattformen kann es einen großen Unterschied machen, ob beispielsweise die Kommunikation gut funktioniert. Mit einem Anbieter auf Englisch einen Auftrag abzuhandeln, wenn dieser außerdem in einer anderen Zeitzone lebt, kann auch eine Herausforderung sein. Daher kann es ein großer Pluspunkt – vielleicht sogar ein Alleinstellungsmerkmal – sein, wenn ein Anbieter fließend Deutsch spricht und seinem Auftraggeber sogar per Telefon zur Verfügung steht. Solche Marktplätze daher auch für dein 4-Stunden-Startup als »Weg zum Kunden« zu sehen, kann sinnvoll sein.

Tool:
Upwork (www.upwork.com)

Ähnlich wie 99designs ist Upwork, das 2015 aus der Fusion der beiden Vermittlungsportale Odesk und Elance entstanden ist, ebenfalls ein globaler Marktführer. Upwork vermittelt Freelancer an Auftraggeber, ist dabei jedoch nicht nur auf Design beschränkt. Vielmehr werden Dienstleistungen in unzähligen Kategorien angeboten – von der Entwicklung von kompletten Smartphone-Apps über Suchmaschinenoptimierung bis hin zu E-Book-Konvertierungen und Ghostwriting für Blogs. Die enorme Vielfalt an Dienstleistungen ist die große Stärke von Upwork – es ist wirklich alles Erdenkliche dabei. Egal, ob du selbst anbieten oder einen Auftrag vergeben möchtest, hier finden sich sowohl genügend Auftraggeber als auch Spezialisten für jede erdenkliche Aufgabe. Insgesamt sind aktuell über 9 Millionen Dienstleister bei Upwork registriert, die über eine Milliarde US-Dollar pro Jahr umsetzen.

Um bei Upwork einen Auftrag zu vergeben, beschreibst du zunächst dein Projekt und legst dein Budget fest. Meist nach wenigen Stunden bereits bekommst du zahlreiche Bewerbungen von geeigneten und auch weniger geeigneten Kandidaten. **Du kannst hierbei auf die Bewertungen und Kommentare anderer Kunden zurückgreifen und so den passenden Anbieter auswählen.** Außerdem hast du die Möglichkeit, allen Bewerbern Fragen zu stellen, um deren Kompetenz zu testen. Letztlich vergibst du zu einem vereinbarten Fixbetrag beziehungsweise Stundensatz deinen Auftrag, erst danach beginnt der Auftragnehmer mit seiner Arbeit. Da Upwork eine globale Plattform ist, gibt es auch hier viele Anbieter aus Schwellenländern mit entsprechenden Herausforderungen und Chancen für beide Seiten.

Kosten: Abhängig von Art und Umfang der gewünschten Dienstleistung. Für jedes ausgeschriebene Projekt stellen sich Dienstleister mit einer großen Spanne von Stundensätzen und entsprechenden Qualifikationen vor.

Alternativen: Neben dem Marktführer ist die »hausinterne« Plattform Elance auch nach der Fusion unter diesem Namen weiter aktiv. Ähnliche, aber deutlich kleinere Plattformen sind beispielsweise Freelancer.com oder Twago; auf Letzterer sind viele deutsche Freelancer zu finden. Es steht dir bei Upwork natürlich frei, dein Projekt nur auf Deutsch zu beschreiben und sowohl als Anbieter als auch als Kunde entsprechende Projekte zu selektieren.

Ein Marktplatz wie 99designs oder Upwork hat einen großen Vorteil, den andere Marktplätze in dieser Form nur eingeschränkt oder gar nicht haben: Du kannst aktiv auf Kunden zugehen, statt darauf warten zu müssen, dass sie zu dir kommen. Dies ist bei anderen Marktplätzen nur eingeschränkt oder gar nicht möglich. Egal, ob Dawanda oder Etsy für Selbstgemachtes, iTunes für deine Musik, Amazon oder eBay für Bücher und beliebige andere Produkte: Sie alle bieten zwar die Infrastruktur, um deine Ideen und Produkte in die Welt zu bringen, jedoch ist das Angebot auf diesen Plattformen enorm. Die Gefahr, in der Masse unterzugehen, ist daher entsprechend groß – und daher ist es empfehlenswert, neue Plattformen lieber zu früh als zu spät auszuprobieren.

Entscheidest du dich trotzdem, auf diesen Marktplätzen anzubieten, solltest du in jedem Fall aktiv dafür sorgen, dass du gefunden wirst. Häufig sind die Werbemöglichkeiten etwas versteckt, aber dennoch bietet fast jeder Marktplatz mittlerweile die Möglichkeit, aus der Masse herauszustechen. Hier ausnahmslos alle Möglichkeiten für alle Marktplätze zu listen, würde den Rahmen sprengen, daher nur eine kleine, exemplarische Auswahl, deren Prinzip sich auf andere Anbieter übertragen lässt: Dawanda bietet beispielsweise die Möglichkeit, auf der Startseite angezeigt (15 Euro für sieben Tage) oder im Newsletter präsentiert zu werden (ab 250 Euro).

Amazon bietet ebenfalls eine Reihe ähnlicher Möglichkeiten an: Hier können Produktanzeigen in den Sucherergebnissen geschaltet werden, wenn Kunden nach bestimmten Wörtern suchen. Alternativ können Anzeigen auch direkt auf der Seite eines anderen Produkts platziert werden – vergleichbar mit dem bekannten Feld »Kunden, die diesen Artikel gekauft haben, kauften auch« –, ohne dass der Kunde das entsprechende Produkt vorher gesucht hat.

Diesen Weg ist zum Beispiel das in Berlin ansässige Startup Einfach-machen-lassen sehr erfolgreich gegangen, dessen Gründer eine sehr schöne Geschäftsidee hatten; mit einem klaren, für viele relevanten Problem im Zentrum der

Startup-Thinking-Zwiebel: Online-Shopping wird immer populärer, insbesondere technische Geräte sind im Internet günstig zu bekommen. Durch Tests und Kundenmeinungen fällt die Auswahl unter Umständen leichter, als wenn sie nur auf der Meinung eines einzigen Verkäufers basierte. Allerdings fehlt vielen großen E-Commerce-Seiten wie Amazon ein echter Kundenservice, der das Gerät zu Hause aufstellt und einrichtet – ein Service, der insbesondere für ältere Kunden ein echtes Problem löst. Einfach-machen-lassen hat ein solches deutschlandweites Servicenetzwerk aufgebaut und bietet seine Dienstleistung dort an, wo sie für den Kunden höchste Relevanz hat: direkt auf der Produktseite bei Amazon. Also dort, wo der Kunde kauft und sich mit dem Thema »Aufstellung und Einrichtung« beschäftigt – ähnlich wie der Schlüsseldienstaufkleber an der Haustür. Mittlerweile arbeitet das nur drei Mann starke Startup direkt mit Amazon zusammen, um seinen Service noch prominenter auf den Produktseiten platzieren zu können.

Grundsätzlich gilt bei allen Marktplätzen: Du bekommst die komplette Infrastruktur zur Verfügung gestellt, um nahezu jedes beliebige Produkt oder eine Dienstleistung zu verkaufen. Dafür musst du Gebühren zahlen, zum Beispiel für das Einstellen von Produkten oder Fotos, aber auch in Form einer Provision bei erfolgreichem Verkauf. Auch die Modelle und Preise für plattforminterne Werbung variieren: zwischen einem Fixbetrag für eine herausgehobene Positionierung, zum Beispiel auf der Startseite, bis zur Pay-per-Click-Werbung, bei der das Einblenden kostenlos ist und nur dann gezahlt werden muss, wenn ein Kunde wirklich auf die Anzeige klickt.

Manche Marktplätze sind darüber hinaus mehr als nur eine Verkaufsplattform – sie decken vielmehr auch den Herstellungsprozess ab. Bei Spreadshirt kannst du beispielsweise dein eigenes Klamottenlabel eröffnen. Du kümmerst dich nur um coole Designs und darum, dein 4-Stunden-Startup bekannt zu machen. Dabei musst du noch nicht einmal in deine Waren investieren: Erst wenn ein T-Shirt oder Ähnliches wirklich gekauft wird, produziert es Spreadshirt für dich. Die Bestellung wird also »on Demand« vom Marktplatzanbieter erfüllt.

Ganz ähnlich ist es bei Createspace, einer Tochterfirma von Amazon. Hier kannst du, ohne in Vorleistung gehen zu müssen, ein eigenes Buch hochladen, das danach bei Amazon zu kaufen ist. Es wird zwar immer als »auf Lager« ausgewiesen, tatsächlich druckt Createspace das Buch aber erst, sobald es tatsächlich verkauft wurde. Auch von diesem Modell gibt es bereits unzählige Anbieter, und es werden sicher weitere hinzukommen.

Du hast dich schon immer gefragt, was Menschen alles für Geld machen? Die Antwort findest du auf Fiverr (www.fiverr.com), wo es, wie der Name schon verrät, alles ab 5 Dollar gibt. Und hier gibt es wirklich alles: männliche und weibliche Models, die sich Namen auf nahezu alle erdenklichen Körperstellen schreiben, Menschen, die auf Palmen klettern, um eine Kokosnuss mit deiner individuellen Botschaft zu pflücken, oder dein Logo auf dem Gipfel des Mount Everest in die Kamera halten.

Insgesamt ist Fiverr ein bisschen wie Upwork auf Koks. Es gibt nichts, was es nicht gibt – aber damit lässt sich dennoch einiges anstellen: Beispielsweise gibt es hier tolle Whiteboard-Animationen zu kaufen. Sie sind hervorragend geeignet, um auf anschauliche Weise ein neues Produkt oder eine neue Dienstleistung zu erklären: Nach und nach entsteht am Whiteboard eine Geschichte. Du kannst auf diese Weise einen kompletten, professionellen Werbespot produzieren lassen – die Top-Anbieter haben hierfür über zweitausend Kundenbewertungen und eine Weiterempfehlungsrate von fast 99 Prozent.

Oder wie viele Leute kennst du, die einen professionellen Ukulele-Jingle für dich aufnehmen können? Keinen? Ich auch nicht, vor allem keinen, der das schon über fünftausendmal gemacht hat und es damit sogar bis ins *Time Magazine* geschafft hat. Bei Fiverr findest du solche Angebote ohne Probleme.

Oder was wäre eine witzige Idee, um dein neugegründetes 4-Stunden-Startup bekannt zu machen? Ich glaube, ein Video, in dem sich ein Dutzend Menschen dein Logo auf ihre Lippen und Stirn gemalt haben oder Schilder mit deinem Logo im Hotdog-Kostüm vor der Freiheitsstatue hochhalten, bekommt mehr Aufmerksamkeit als ein Post à la: »Hey Leute, schaut euch mal meine neue Webseite an ...«

Fiverr ist wie ein großer Flohmarkt. Wer hier mit offenen Augen ein bisschen stöbert, wird mit Sicherheit die eine oder andere nützliche Kuriosität abgreifen können – und bekommt vielleicht sogar eine Anregung für eine eigene Geschäftsidee. Wie der Name bereits sagt, kostet alles einen Fünfer (US-Dollar). Bei vielen Angeboten ist dies allerdings nur der Preis für die Basisleistung, Extras werden zusätzlich vergütet: Ein dreißigsekündiger Ukulele-Jingle kostet zum Beispiel 5 Dollar, für 10 Dollar mehr gibt es eine ganze Band und für 20 Dollar mehr erwirbst du sogar das Recht, den Jingle weiterzuverkaufen.

Pop-up-Stores

Um dein Geschäftsmodell mit physischen Produkten außerhalb der digitalen Welt zu testen, gibt es eine recht neue Möglichkeit: sogenannte Pop-up-Stores.

Tool:
Rocket Spaces (www.rocketspaces.de)

Man kann es sich fast bildlich vorstellen: Es macht »pop«, und plötzlich hat irgendwo ein kleines Geschäft eröffnet. Pop-up-Stores sind Verkaufsflächen, die in leerstehenden Gebäuden oder innerhalb anderer Geschäfte entstehen. So plötzlich sie auftauchen, so schnell verschwinden sie auch wieder – häufig existiert ein Pop-up-Store nur für ein paar Tage oder Wochen. Sie eignen sich hervorragend dafür, um günstig ein Produkt in der realen Welt zu erproben, oder auch dafür, einen Standort in einer Stadt zu testen, bevor man sich durch langfristige Verträge bindet.

Die beiden Gründer von Rocket Spaces kamen auf diese Weise selbst auf ihre Idee: Ursprünglich verfolgten sie eine ganz andere Geschäftsidee, die sie durch eine Pop-up-Store-Tour durch Deutschland testen wollten. Das war Anfang 2014, und die beiden mussten feststellen, dass es keine zentrale Plattform für ganz Deutschland gab, um auf einfache Art und Weise mit potenziellen Vermietern ins Geschäft zu kommen. Mittlerweile ist Rocket Spaces mit aktuell dreihundert Flächen Deutschlands größte Plattform für die Vermittlung von Pop-up-Stores und temporären Gewerbemieten. Neben Metropolen wie Hamburg, München oder Berlin sind auch kleinere Städte vertreten, zum Beispiel Oberhausen, Solingen oder Chemnitz. Auch einige Locations in Österreich und der Schweiz sind verfügbar.

Kosten: Die Kosten variieren stark nach Lage und Ausstattung der Gewerbefläche. Eine der günstigsten Immobilien auf der Seite ist das Retram in Berlin-Neukölln, das mit seinen 20 Quadratmetern ab 58 Euro pro Tag zu bekommen ist. Eine der teuersten Locations ist der X-Store im Düsseldorfer Zentrum, wo sich die Tagesmiete auf fast 2000 Euro beläuft. Allerdings beinhaltet dies den kompletten 100 Quadratmeter großen Laden – es lassen sich aber auch Teilbereiche oder eine einzelne Wand für deutlich weniger Geld buchen.

Alternativen: 2013 begann PopUp Berlin, das Phänomen der aufpoppenden Geschäfte und Events – häufig entstehen auch temporäre Galerien und Ausstellungen – aufzulisten. Bald wurden den Gründern zwei Dinge klar: Zum einen bestand offenbar eine enorme Nachfrage nach dieser neuartigen Form der Immobiliennutzung, zum anderen beschränkte sich das Phänomen nicht nur auf Berlin. Mittlerweile heißt PopUp Berlin Go-PopUp und hat sich ebenfalls auf die Vermittlung von Verkaufsflächen spezialisiert.

Suchmaschinenmarketing

Einer der bekanntesten »Wege zu Kunden« ist heute sicherlich Suchmaschinenmarketing (»Search Engine Marketing« oder SEM). Es umfasst die beiden Bereiche der Suchmaschinenoptimierung (»Search Engine Optimization« oder SEO) und der Suchmaschinenwerbung (»Search Engine Advertising« oder SEA). Häufig wird Suchmaschinenmarketing auch synonym hierzu verwendet. Beide Themengebiete sind sehr komplex und füllen ganze Bibliotheken, weshalb dieser Abschnitt dir nur einen ersten Überblick und Anregungen geben soll.

Nach welcher Logik Google sucht und in welcher Reihenfolge entsprechende Treffer aufgelistet werden, ist eines der bestgehüteten Geheimnisse des Suchmaschinenriesen. Jedoch gibt es einige bekannte Faktoren, die du sehr leicht für dein 4-Stunden-Startup nutzen kannst. Neben der Suchmaschinenoptimierung, die du auf deiner Webseite machen kannst, also zum Beispiel bestimmte Suchworte in deinen Texten und Überschriften zu verwenden (Jimdo hilft dir hierbei), gibt es noch einen weiteren massiven Einflussfaktor: Bisher sind wir davon ausgegangen, dass deine Internetadresse den Namen deines Produkts oder deines 4-Stunden-Startups tragen soll. Allerdings ist der Name deiner Internetadresse darüber hinaus auch für SEO entscheidend. Enthält deine Internetadresse die für dich relevanten Suchwörter, erhöht dies deine Chancen sehr, über Suchmaschinen gefunden zu werden.

Ein ganz kleines Projekt, das ich zu diesem Thema 2012 spaßeshalber innerhalb eines Abends entworfen und an den Start gebracht habe, war dieses: Bei den damals extrem hohen Spritpreisen fand ich es sehr wahrscheinlich, dass viele Leute nicht nur »Benzinpreis« oder »günstige Tankstelle« suchen, sondern auch »wo günstig tanken«. Eine kurze Recherche ergab, dass die entsprechenden Domains noch verfügbar waren, keine fünf Minuten später war ich der Inhaber der Domain Wo-günstig-tanken.de.

Obwohl man für 5 Euro nicht viel falsch machen kann, gab es ein Problem: Wie kommt man an aktuelle Benzinpreise, ohne die dafür notwendige Infrastruktur und Community zu haben? Die Lösung ergab sich durch Startup-Thinking: Haben die etablierten Anbieter von Benzinpreisvergleichen ein Problem, und kann ich es lösen? Meine Annahme: Sie alle haben das Bedürfnis, mehr Besucher auf ihre Webseiten zu bekommen – und ich könnte dabei helfen. Um diese Annahme einem Realitätscheck zu unterziehen, habe ich also eine kurze Mail an alle etablierten Anbieter geschickt, mit folgendem, sinngemäßem Inhalt: »Ich möchte Wo-günstig-tanken.de als Anbieter für einen Benzinpreisvergleich aufbauen, damit jedoch meinem Partner keine Konkurrenz machen, sondern ihm ebenfalls einen Nutzen bieten. Daher soll ein Teil meiner Besucher auf das Portal des Partners weitergeleitet werden. Um das elegant zu lösen, schlage ich vor, die ›normalen‹ Suchergebnisse auf Wo-günstig-tanken.de anzuzeigen und diejenigen Besucher, die zusätzlich nach Postleitzahl oder Marke der Tankstelle sortieren wollen, auf die Seite des Partners weiterzuleiten.«

Einige Anbieter antworteten gar nicht, andere fragten, ob ich sie noch alle hätte, und einer fand die Idee super. Wir vereinbarten die kostenlose Nutzung seiner Daten unter den beschriebenen Bedingungen ganz formlos per Mail. Daraufhin schickte er mir den HTML-Code, den ich brauchte, um die Suchmaske in meiner frisch registrierten Jimdo-Seite zu integrieren. Ich hatte und habe von HTML wenig Ahnung, aber das war bei Jimdo mit zwei Klicks erledigt. Um meine eigene Benzinvergleichsseite zu realisieren, brauchte ich also etwa zwei Stunden und 65 Euro. Danach beschäftigte ich mich mit der Seite nicht weiter, machte auch keine Werbung, Facebook-Posts oder Sonstiges – ich wollte einfach sehen, was passiert. Und es passierte über Monate hinweg: nichts.

Doch irgendwann kam plötzlich Bewegung in die Sache. Erst waren es nur eine Handvoll Besucher pro Tag, dann innerhalb eines Monats plötzlich Dutzende und dann Hunderte. 2013 hatte die Seite dann rund 95 000 Besucher, im darauffolgenden Jahr 105 000. Suchwörter in der Internetadresse können das Suchergebnis massiv beeinflussen, aber Google bewertet gleichzeitig, wie lange eine Internetadresse bereits registriert ist und ob sie aktiv genutzt wird. Es dauerte einige Zeit, aber nach ein paar Monaten war meine Seite beim Suchbegriff »wo günstig tanken« bei Google unter den ersten drei Treffern!

Wenn deine potenziellen Kunden zwar im Internet nicht nach exakt deinem Produkt suchen, kann es dennoch sehr nützlich sein, darüber nachzudenken, welche verwandten Probleme es gibt, und diese als »Satelliten« um das eigentliche Problem zu nutzen: Es suchen beispielsweise deutlich mehr Leute nach Spritpreisen als nach Spritspar-Trainings.

Aber wer nach Spritpreisen sucht, ist mit größerer Wahrscheinlichkeit an einem Spritspar-Training interessiert als jemand, dem seine Tankrechnung völlig egal ist. Diese Zielgruppe war durch Wo-günstig-tanken.de sehr gut erreichbar.

Anzeigen in Suchmaschinen funktionieren übrigens nach dem Pay-per-Click-Prinzip. Das heißt, es fallen keine Kosten für die Einblendung der Anzeige an, sondern lediglich, wenn ein potenzieller Kunde auch auf die Anzeige klickt und auf dein Angebot weitergeleitet wird. Der größte Anbieter in diesem Bereich ist Google, der neben der Suchmaschine auch ein ganzes Werbenetzwerk umfasst.

Tool:
Google AdWords (www.google.de/adwords)

Fast 95 Prozent der deutschen Internetnutzer suchen mit Google. An dieser Stelle Anzeigen zu schalten hat damit den offensichtlichen Vorteil, dass es ein guter Weg zum Kunden sein kann: Sucht jemand nach »Friseur Castrop-Rauxel«, ist sofort klar, welches Bedürfnis der Kunde hat und dass er offensichtlich auf der Suche nach einer passenden Lösung ist.

Allerdings: Der Weg zu den Kunden muss auch finanzierbar sein. In den letzten Jahren hat Suchmaschinenmarketing – eben weil es ein hervorragender Weg zum Kunden sein kann – einen wahren Boom erlebt, der die Anzeigenpreise in die Höhe getrieben hat. Für manche Produkte und Dienstleistungen sind die Anzeigenpreise derart hoch, dass sie sich nicht mehr rentieren. Denn nicht jeder Interessent, der auf eine Anzeige klickt, wird auch zum Kunden. Kostet beispielsweise der Klick für ein bestimmtes Produkt 3 Euro und im Durchschnitt kauft dieses dann jeder Zwanzigste, so kostet dieser Kanal 60 Euro, um einen Kunden zu gewinnen. Das kann für viele Produkte und Dienstleistungen zu teuer sein.

Kosten: Abhängig vom Wettbewerb für das entsprechende Suchwort. Die Kosten können zwischen einigen Cents bis hin zu 10 oder 20 Euro pro Klick betragen. Bevor du deine Kampagne live schaltest, bietet Google dir mit dem »Keyword Planner« eine gute Möglichkeit, um die Kosten der Klicks und das voraussichtliche Suchvolumen abzuschätzen.

 Du solltest wissen, dass die größte Suchmaschine Google jeden neuen Kunden mit 75 Euro sponsert, sofern er selbst 25 Euro einzahlt. Auf diese Weise kannst du also kostengünstig testen, ob dies für dich funktioniert. Außerdem richtet dir der Kundenservice von Google auf Wunsch deine Werbekampagne ein, für welche Suchbegriffe deine Anzeige beispielsweise geschaltet werden soll oder welcher Anzeigentext angezeigt wird. Diese Starthilfe ist notwendig, da die Bedienung von Adwords alles andere als narrensicher ist.

Alternativen: Google ist der Marktführer unter den Suchmaschinen und mit seinem Werbenetzwerk, zu dem zum Beispiel YouTube gehört, ebenfalls Marktführer als Anbieter von Suchmaschinenmarketing. Aber auch Microsoft bietet mit seiner Suchmaschine Bing Werbemöglichkeiten an. Hier gibt es ebenfalls eine Starthilfe, unter anderem in Form eines Startguthabens von aktuell 50 Euro.

Soziale Netzwerke

Soziale Netzwerke als »Weg zum Kunden« zu betrachten, ist sicher kein Geheimtipp mehr. Mittlerweile gibt es wohl kein Unternehmen, das diese Kanäle vollkommen ignoriert. Das war nicht immer so, und der anfänglichen Skepsis scheint mittlerweile unkritische Euphorie gefolgt zu sein. Fast scheint es, dass sich heute alles irgendwie um Social Media drehen muss – als wäre es eine Geheimwaffe. Ob sich dies für dich und dein 4-Stunden-Startup allerdings lohnt, solltest du dich wirklich fragen. Denn häufig übersteigt der Zeitaufwand den Nutzen deutlich, nicht jedes »Like« bedeutet auch einen zahlenden Kunden – und ein halbherzig gepflegtes Facebook-Profil, dem eigentlich auch nur deine privaten Freunde aus Verbundenheit folgen, nützt am Ende niemandem.

Tool:
YouTube (www.youtube.de)

Genauso wie die sozialen Netzwerke von etablierten Unternehmen lange als unseriös und irrelevant eingeschätzt und entsprechend gemieden wurden, geht es heute einem für 4-Stunden-Startups geradezu prädestinierten Feld: einem eigenen YouTube-Kanal. Damit verbinden viele vor allem kreischende Teenies und »Stars«, die selbst nicht viel älter sind als ihre Fans. Dabei sind viele der erfolgreichen YouTuber auch erfolgreiche Unternehmer, die ihre Kanäle neben der Schule, dem Studium oder dem Job angefangen und den Schritt in die komplette Selbständigkeit erst gemacht haben, nachdem der Kanal erfolgreich angelaufen war.

Ein Beispiel: Torge Oelrich, der in seinem Hauptberuf Sozialarbeiter an einer Grundschule ist, hat als »Freshtorge« mittlerweile über 1,5 Millionen Follower mit seinem Kanal *Freshhaltefolie*. Im Sommer 2015 brachte er sogar einen eigenen Kinofilm heraus, der fast eine halbe Million (meist junge) Besucher anlockte. Dabei ist Torge selbst schon lange kein Teenager mehr – er ist bereits Mitte zwanzig. Auch andere erfolgreiche YouTuber waren längst im Beruf oder Studium angekommen, als sie ihre Kanäle eröffneten. Florian Mundt beispielsweise, der einer breiten Masse als »LeFloid«

durch sein Merkel-Interview im Sommer 2015 bekannt wurde, studiert in Berlin Psychologie und ist bereits Ende zwanzig, und Eric Range, der als »Gronkh« mit über vier Millionen Abonnenten und über 1,5 Milliarden Aufrufen einer der erfolgreichsten deutschen YouTuber ist, ist sogar bereits Ende dreißig.

Zweifelsohne ist das Angebot vieler Kanäle auf YouTube oft sehr speziell und adressiert bestimmte Nischen, so dass nicht jeder Kanal jedermanns Geschmack trifft – und auch nicht treffen soll. Aber YouTube ist nichtsdestotrotz ein hervorragender »Weg zum Kunden«, mit dem sich richtig viel Geld verdienen lässt. Früher galt die Daumenregel: Mit hunderttausend Abonnenten kannst du von deinem Kanal leben, heute liegt die Zahl der nötigen Follower nach Aussagen erfolgreicher YouTuber etwas höher. YouTube-Stars mit ein paar hunderttausend oder gar über einer Million Followern verdienen entsprechend viel – ein sechsstelliges Jahreseinkommen ist machbar.

Dabei verdienen die YouTuber über die Werbung, die YouTube auf dem Kanal schaltet, und über Product-Placement. Dass die »Kunden« der YouTuber, also die Zuschauer, nicht für deren Angebote zahlen müssen, führt dazu, dass ein Kanal sehr schnell sehr groß werden kann. Hier müssen keine Budgets verhandelt oder Angebote geschrieben werden – einen Kanal zu abonnieren kostet nur einen Klick. Am Ende zahlen die werbenden Unternehmen, und die kommen von alleine, wenn ein Kanal es schafft, die Bedürfnisse eines (Nischen-)Publikums zu erfüllen. Voraussetzung für einen Kanal ist ein Thema, das junge Menschen anspricht, die eine Affinität zum Medium YouTube haben und instinktiv eher hier suchen, statt sich eine Zeitschrift zu kaufen oder den Fernseher anzumachen, um ihr Bedürfnis nach Unterhaltung oder bestimmten Themen zu befriedigen.

Des Weiteren braucht es natürlich auch eine gute Portion Kreativität und Ausdauer, um jede Woche mindestens ein neues Video zu veröffentlichen. Dabei stehen die meisten YouTuber selbst vor der Kamera und damit im Zentrum der Aufmerksamkeit – darauf muss man Lust haben. Es gibt aber auch genügend Kanäle, bei denen der Inhalt im Vordergrund steht und weniger der YouTuber selbst, so wie zum Beispiel bei *Freekickerz*, Europas größtem YouTube-Kanal über Fußball, mit aktuell über 3 Millionen Abonnenten: Hier werden regelmäßig Spielsituationen erläutert oder neue Produkte vorgestellt. Das Leben und der Alltag des Machers Konstantin Hert, der ebenfalls bereits Ende zwanzig ist, bleiben hierbei privat.

Kosten: YouTube selbst ist kostenlos, auch für gewerbliche Anbieter. Logischerweise verdient das Unternehmen allerdings an den Werbeeinnahmen der Kanäle mit. Die Kosten für die Videoproduktion können zwischen null und sehr hoch liegen. Die notwendige Technik für das Aufnehmen und Bearbeiten von Videos ist jedoch mittlerweile für ein Taschengeld zu bekommen. Die eigenen Videos – ganz unprofessionell – nur mit einem Smartphone oder einer Spiegelreflexkamera zu erstellen ist nicht nur denkbar, sondern kann wegen der besonderen Authentizität, die bei diesem Medium eine wichtige Rolle spielt, sogar förderlich sein.

Alternativen: Viele soziale Netzwerke mausern sich gerade nach und nach zu solchen Kanälen, mit denen du Geld durch Werbung verdienen kannst. Insbesondere Instagram wird mit seinen immer weiter steigenden Nutzerzahlen auch kommerziell immer interessanter. Anders als bei YouTube gibt es hierbei keine eingespielten Werbeclips, sondern die Haupteinnahmequellen sind Product-Placement und sogenanntes Affiliate Marketing, also das Verlinken auf eine andere Webseite oder einen anderen Shop gegen eine Provision. Instagram kann zudem ein hervorragender Kanal sein, um das Produkt deines 4-Stunden-Startups zu vermarkten.

Die Australierin Kayla Itsines beispielsweise nutzt Instagram, um ihr selbstentwickeltes Fitness-Trainingsprogramm zu vermarkten, das sie in Form von E-Books auf den Markt gebracht hat. Kayla postet regelmäßig Bilder von sich oder lässt andere junge Frauen die Bilder ihrer eigenen Trainingserfolge posten. Ihre Bekanntheit entwickelte sich dadurch geradezu viral: Ihre E-Books sind alleine in den ersten achtzehn Monaten seit Erscheinen über eine Million Mal heruntergeladen worden – was bei vorsichtiger Schätzung einen Umsatz von mindestens 47 Millionen Euro ergibt. Natürlich ist ein solcher Erfolg eine Ausnahmeerscheinung, aber die wachsende kommerzielle Bedeutung der sozialen Netzwerke solltest du nicht unterschätzen.

Wie du den Alltag im 4-Stunden-Startup meisterst

Mittlerweile ist unser Werkzeugkasten randvoll mit allem, was du brauchst, um deine Idee in die Welt zu bringen. Dieser Werkzeugkasten soll eine Erstausstattung sein, mit der du alles machen kannst, was du dir vornimmst. Er soll dich erfolgreich vom bloßen Wollen zum echten Machen bringen, aber natürlich wirst du auf deinem Weg weitere Tools kennenlernen, die hier nicht aufgelistet sind, und auch deine Werkzeuge dem Wachstum deines 4-Stunden-Startups anpassen.

Zum Schluss möchte ich dir gerne noch ein paar Tipps geben, mit denen du deinen Alltag im 4-Stunden-Startup deutlich erleichtern kannst. Denn bei allen Vorteilen, die ein 4-Stunden-Startup bietet, bringt es gleichzeitig eine große Herausforderung mit sich: Du musst es neben deinem normalen Job managen. Damit du auch während deiner normalen Arbeitszeit auf professionelle Weise erreichbar bist und deine Kunden nicht auf deiner Mailbox landen, wäre natürlich eine eigene Assistentin aus Fleisch und Blut ideal. Doch statt dafür extra eine Mitarbeiterin einzustellen, kannst du eine deutlich günstigere Alternative nutzen: ein *virtuelles* Büro, in dem die Anrufe angenommen werden, die in deinem 4-Stunden-Startup tagsüber auflaufen.

Virtuelle Büros bieten als Hauptleistung einen kostengünstigen Sekretariatsservice an: Ein ganzer Pool von Mitarbeitern steht dir dabei zur Verfügung und sorgt dafür, dass keiner deiner Anrufe ins Leere läuft. Neben dem durch Günter Faltins Buch *Kopf schlägt Kapital* bekannt gewordenen Ebuero gibt es mittlerweile eine ganze Reihe von Anbietern virtueller Büros und Telefonservices.

Tool:
Starbuero (www.starbuero.de)

Starbuero ist derzeit einer der günstigsten Anbieter von Telefonservices im deutschsprachigen Markt. Die Einrichtung dauert nur wenige Minuten, die Sekretärin empfängt daraufhin Anrufe in deinem Namen bzw. unter deinen Vorgaben, zum Beispiel: »Willkommen bei Grayyo, mein Name ist Melanie Schmidt, was kann ich für Sie tun?« Danach informiert deine Sekretärin den Anrufer darüber, dass du vielleicht gerade in einer Besprechung oder einem Kundentermin bist, nimmt die Fragen des Anrufers auf und vereinbart einen Rückruftermin für dich.

Unmittelbar nachdem der Anruf entgegengenommen wurde, wirst du per Mail oder SMS über den Anrufer und sein Anliegen benachrichtigt. Es kann aber auch eine VIP-Liste eingerichtet werden, mit Anrufern, die zum Beispiel unter allen Umständen auf dein Handy weitergeleitet werden sollen. Statt dabei deine private Nummer zu nutzen, kannst du dir von Starbuero eine separate Telefonnummer einrichten lassen, die permanent auf dein virtuelles Büro umgestellt wird. Für dieses »Vorzimmer« bekommst du auf Wunsch eine Telefonnummer aus deinem Wohnort oder sogar eine für den Anrufer kostenlose 0800-Nummer. Starbuero bietet einen professionellen Außenauftritt, so dass dein 4-Stunden-Startup wie ein normales Unternehmen jederzeit erreichbar ist – falls nötig sogar rund um die Uhr und am Wochenende. Allerdings zeigt die Praxis: Zu Stoßzeiten kann es bei virtuellen Büros im Hintergrund manchmal etwas laut werden, so dass der Anrufer vielleicht tatsächlich das Gefühl bekommt, in einem Callcenter anzurufen – oder dass du dich vor Anfragen nicht retten kannst, je nachdem, wie man es sehen möchte. Ebenfalls wichtig: Du hast keinen festen Mitarbeiter, sondern wirst abwechselnd aus einem Pool von Mitarbeitern betreut. Diese haben zwar alle dasselbe Briefing, jedoch kann es in der Praxis vorkommen, dass ein Kunde an einem Tag verschiedene Menschen am Telefon hat, wenn er trotz der Rückrufvereinbarung mehrfach anruft. Inwieweit dies ein echter Nachteil sein könnte, musst du selbst beurteilen, normalerweise sollte es kein großes Problem sein. Um diese Nachteile abzuschätzen und dich grundsätzlich mit einem virtuellen Büro vertraut zu machen, kannst du für 48 Stunden einen kostenlosen Test-Account einrichten.

Kosten: Bei Starbuero kostet jede Bearbeitungsminute 0,49 Euro, was mit Abstand das derzeit günstigste Angebot ist. Bei anderen Anbietern fallen neben einer monatlichen Grundgebühr Kosten von bis zu 1,29 Euro pro Minute an. Hier hingegen gibt es keine Fixkosten, keinen Mindestumsatz und damit effektiv auch keine Vertragsbindung, so dass sich der Service auch schon für einen kurzen Einsatz, zum Beispiel während deines Urlaubs, lohnen kann.

Alternativen: Neben Starbuero gibt es weitere Anbieter

von virtuellen Büros wie das bereits genannte Ebuero.de. Hier können Anrufe auch auf Englisch, Französisch, Italienisch, Spanisch oder Schweizerdeutsch entgegengenommen werden. Ebuero bietet wie auch beispielsweise Telias oder Bueroservice24.de neben dem eigentlichen Telefonservice Firmenadressen an.

Einige Anbieter haben darüber hinaus sogenannte virtuelle Assistenten im Portfolio, die einfache Aufgaben übernehmen können wie Reisebuchungen oder Social-Media-Aktivitäten. Unter dem Stichwort »«virtuelle Assistenz« findet sich im Internet eine ganze Reihe von Anbietern, die darauf spezialisiert sind. Der Stundenlohn hierbei reicht von zirka 5 Euro bis weit über 20 Euro. Häufig muss man allerdings gleich ein ganzes Stundenpaket kaufen. Ob dieses Angebot tatsächlich relevant und vor allem praktikabel ist, um zum Beispiel Reisebuchungen oder Rechercheaufgaben nicht selbst übernehmen zu müssen, solltest du zunächst im kleinen Rahmen testen. Insbesondere das Auslagern von Social-Media-Aktivitäten an einen solchen Anbieter solltest du in jedem Fall zunächst unter »Ausschluss der Öffentlichkeit« ausprobieren.

Du weißt nun, wie du deinen Alltag meistern kannst. Aber was machst du, wenn dein dreiwöchiger Jahresurlaub ansteht oder du gar länger unterwegs bist? Klar: Deine Sekretärin ist informiert, die Out-of-Office-Benachrichtigung aktiviert – aber was passiert mit der guten, alten Briefpost in dieser Zeit? Damit der Briefkasten deines 4-Stunden-Startups nicht verwaist, kannst du den Service des Berliner Unternehmens Dropscan (www.dropscan.de) zusammen mit einem temporären Nachsendeauftrag der Deutschen Post nutzen.
Dropscan scannt deine Post innerhalb von 24 Stun-

den und macht daraus durchsuchbare PDFs, die dir online zur Verfügung stehen. Dabei kannst du standardmäßig deine gesamte Post scannen lassen oder Fall für Fall entscheiden, ob der Brief geöffnet und gescannt werden soll. Datenschutz wird dabei großgeschrieben: Alle Mitarbeiter sind speziell für den Umgang mit sensiblen Daten ausgebildet, am Ende werden alle Papierunterlagen datenschutzgerecht vernichtet und entsorgt. Dropscan kann auch dauerhaft als Briefkasten für dein 4-Stunden-Startup dienen, hierfür braucht es dann wiederum keinen Nachsendeauftrag. Das Unternehmen stellt dir hierfür eine kostenlose, eigene Postadresse zur Verfügung.

Dropscan bietet Privatkunden eine Flatrate mit unbegrenzten Dokumenten für 24,90 Euro oder die Option, alle Leistungen einzeln zu bezahlen. Auch Geschäftskunden können den Service einzeln bezahlen, wenn das Postvolumen klein ist, oder eines der drei Pakete wählen, die zwischen 40 Euro und 150 Euro pro Monat kosten. Ein Nachsendeauftrag der Deutschen Post ist spätestens fünf Tage vor Beginn der Abwesenheit zu beantragen und für maximal zwei Jahre aktiv. Die Kosten beginnen bei 19,90 Euro für Privatkunden und 34,90 Euro für Geschäftskunden.

5

ERSTE SCHRITTE IM EIGENEN PROJEKT: WORAUF ES WIRKLICH ANKOMMT

»Will man Schweres bewältigen, muss man es leicht angehen.«
Bertolt Brecht

Du hast im letzten Kapitel die wichtigsten Tools und Tricks kennengelernt, um aus einer Idee ein echtes 4-Stunden-Startup zu machen. Nun wenden wir uns einem Teil zu, der gleichermaßen wichtig, aber weniger sexy ist: den wichtigsten Formalitäten einer »Nebenerwerbsgründung«, wie ein 4-Stunden-Startup im Beamtendeutsch genannt wird. Für die wenigsten ist es besonders spannend, sich mit bürokratischen Dingen wie Einkommensgrenzen, Rentenversicherung oder einer Gewerbeanmeldung auseinanderzusetzen. Kein Wunder also, dass so mancher Gründer diese Themen zunächst gründlich ignoriert und sich erst damit beschäftigt, wenn eine satte Nachzahlungsforderung von der Krankenkasse oder dem Finanzamt im Briefkasten liegt. Dann ist es allerdings oft zu spät ...

Dieses Kapitel soll es dir daher möglichst leicht machen. Es gibt dir einen knappen, aber fundierten Überblick über die wichtigsten Fragen: was beispielsweise das Finanzamt von dir wissen möchte, ob du einen Gewerbeschein brauchst und vor allem ob du als Angestellter überhaupt ein eigenes Projekt an den Start bringen darfst. Ich zeige dir die gefährlichsten Klippen, die dir auf deinem Weg begegnen können. Letztlich kann es aber keine vollständige Seekarte aller sieben Weltmeere sein. Nicht überall können wir daher gleichermaßen ins Detail gehen, sondern werden uns auf die Dinge beschränken, die du unbedingt wissen musst.

Da sich Gesetze und besonders finanzielle Grenzen, beispielsweise beim Einkommen oder Umsatz, schnell ändern können, rate ich dir dringend, einen Steuerberater oder Gründungsberater zu befragen, bevor du wirklich loslegst. Einen kompetenten Ansprechpartner zu haben, der dir in allen Fragen zur Seite steht, war nicht nur für Katrin, die Gründerin von nicenicenice, die du im zweiten Kapitel kennengelernt hast, »eine ihrer besten Entscheidungen«, sondern wird sich auch für dich auszahlen.

Ein sehr gutes Infoangebot liefert die Webseite www.existenzgruender.de des Bundesministeriums für Wirtschaft und Energie (BMWi). Kostenlose Gründungsberatung durch Workshops oder persönliche Ansprechpartner bieten in der Regel die Industrie- und Handelskammern (IHK) sowie die Wirtschaftsförderung in deiner Region. Darüber hinaus gibt es auch in jedem Bundesland kostenlose Beratungsangebote.

Wie du ein 4-Stunden-Startup neben dem Job gründest

»Darf ich überhaupt ein 4-Stunden-Startup gründen?« Diese Frage wirst du dir zwangsläufig stellen, wenn dich eine Idee fest gepackt hat und du überlegst, damit Ernst zu machen. Nicht so offensichtlich ist, dass die Antwort darauf zweigeteilt ist: Zum einen gibt es den »formalen Teil«, dem dieses Kapitel gewidmet ist, zum anderen einen großen »mentalen Teil«. Auf dem Weg zu deinem ersten eigenen 4-Stunden-Startup werden dir Ängste, Zweifel und Unsicherheit begegnen, selbst wenn du dir bereits fest vorgenommen hast, dein Projekt wirklich an den Start zu bringen. Lass dich von ihnen nicht abbringen, sie gehören dazu, wenn man etwas Neues wagt – selbst dann, wenn das Risiko eigentlich überschaubar ist.

Auch bei mir selbst dauerte es Monate, bis ich alle Zweifel und Ängste aus dem Weg geräumt hatte. Bis dahin beschränkte ich mich darauf, von meiner Idee im Stillen zu träumen. Ich kam mir wie ein Exot vor und hielt meinen Wunsch nach einem Nebenprojekt für eine verrückte Spinnerei. Lange Zeit hatte ich das Gefühl, der einzige Mensch auf der Welt zu sein, der Lust hatte, sich neben der Arbeit mit etwas Eigenem zu verwirklichen: »Darf ich das überhaupt wollen?«, fragte ich mich nicht nur einmal.

Was ich damals nicht wusste: Tatsächlich ist das Phänomen der 4-Stunden-Startups heute bereits statistisch ziemlich bedeutend. Allein im Jahr 2014 starteten in Deutschland mehr als eine halbe Million Menschen ein unternehmerisches Projekt neben dem Job. 4-Stunden-Startups machten damit mehr als die Hälfte aller Unternehmensgründungen aus – ein Trend, der seit Jahren stabil und unabhängig von der gerade vorherrschenden Konjunktur ist. Du siehst also: Dein Wunsch nach etwas Eigenem neben dem normalen Job mag anderen verrückt erscheinen, aber du bist definitiv nicht alleine damit.

Das Gleiche gilt für den bürokratischen Teil deiner Unternehmung. Vieles wird dir neu und fremd vorkommen. Aber es sind bereits Tausende vor dir diesen Weg gegangen, und es werden wahrscheinlich auch Tausende nach dir sein. Um die erste aller Fragen »Darf ich ein 4-Stunden-Startup gründen?« sinnvoll und konkret beantworten zu können, müssen wir daher unterscheiden, welcher Fall für dich persönlich relevant ist: also ob du Angestellter in der Privatwirtschaft oder im öffentlichen Dienst, Beamter, Student oder Auszubildender bist.

Die Fälle von Gründungen während der Elternzeit oder

aus einer Langzeitarbeitslosigkeit heraus klammern wir aus, denn für ein 4-Stunden-Startup sind sie von untergeordneter Bedeutung. Allerdings betrachten wir zum Schluss kurz die Situation einer kurzfristigen Arbeitslosigkeit. Dies mag abwegig klingen, wird aber dann relevant, wenn sich dein 4-Stunden-Startup so erfolgreich entwickelt, dass daraus ein großes Unternehmen werden soll – und du tatsächlich irgendwann dafür kündigst. Denn dann sollte der Kündigung der formale Schritt der Arbeitslosmeldung folgen. So unangenehm dies klingt: Es ist eine reine Vorsichtsmaßnahme, die selbst dann unerlässlich sein sollte, wenn alle Zeichen für dein Startup positiv sind.

Angestellte in der Privatwirtschaft

Um die Antwort auf die wichtigste Frage vorwegzunehmen: Jeder Deutsche darf grundsätzlich in seiner Freizeit arbeiten, was er will! Egal, ob er festangestellt ist oder in Teilzeit arbeitet: Jeder darf neben seinem normalen Job eine andere Anstellung annehmen – wer mag, sogar mehrere. Und natürlich darf jeder auch selbständig arbeiten, also ein oder gar mehrere 4-Stunden-Startups neben der Arbeit gründen. Dieses Recht ist so fundamental, dass es sogar im Grundgesetz verankert ist: Artikel 12 garantiert die Berufsfreiheit des Einzelnen. Der Arbeitgeber muss daher grundsätzlich nicht um Erlaubnis gebeten werden, noch nicht einmal informieren müsstest du ihn.

Doch so grundsätzlich dieses Recht ist, bedeutet dies nicht, dass es ohne Ausnahmen gilt. Denn die »berechtigten Interessen« des Arbeitgebers sind genauso schützenswert wie die eines Arbeitnehmers. Häufig enthalten Arbeitsverträge daher entsprechende Klauseln, die sicherstellen sollen, dass diese Interessen nicht verletzt werden. Steht in deinem Arbeitsvertrag, dass sämtliche Nebentätigkeiten unaufgefordert und vor Aufnahme der Nebentätigkeit *anzuzeigen* sind, dann musst du dich daran halten. Damit stellt der Arbeitgeber sicher, überhaupt beurteilen zu können, ob deine Tätigkeit gegen seine berechtigten Interessen verstößt. Eine andere häufige Formulierung besagt, dass du eine Nebentätigkeit nur mit schriftlicher Zustimmung deines Arbeitgebers aufnehmen darfst. Diese Klausel klingt zwar wie ein eindeutiges Verbot, ist sie aber nicht. Denn noch mal ganz deutlich: Der Chef darf nicht grundlos seine Zustimmung verweigern, sondern nur wenn seine berechtigten Interessen verletzt werden – und diese sind klar definiert. Andernfalls hat er gar keine andere Wahl, als deinem Wunsch nachzukommen. Pauschalverbote wie »Während der Dauer der Beschäftigung darf der Angestellte keinerlei Nebentätigkeiten ausüben« sind zwar weit verbreitet, aber unzulässig, denn sie verstoßen gegen das Grundgesetz.

Als ich mich nach Monaten endlich dazu durchgerungen hatte, mein Vorhaben, ein 4-Stunden-Startup zu gründen, trotz aller anfänglichen Zweifel und Unsicherheiten in die Tat umzusetzen und dies meinem Arbeitgeber anzuzeigen, war ich überrascht, wie einfach alles ging: Ich sprach mit meinem direkten Vorgesetzten über meine Idee, den erforderlichen zeitlichen Rahmen und über meine Motivation. Er war zunächst ziemlich baff, hatte aber keine Einwände. Danach genügte eine einzige Mail an die Personalabteilung, in der ich kurz schilderte, was ich vorhatte. Bereits wenige Tage später hatte ich die schriftliche Einverständniserklärung meines Arbeitgebers im Briefkasten.

Aber selbst wenn dein Vertrag keine speziellen Klauseln enthält und damit das Recht auf deiner Seite steht, liegt es trotzdem auf der Hand: Du solltest deinen Chef rechtzeitig darüber informieren, was du machen möchtest und vielleicht auch was deine Motivation für ein eigenes 4-Stunden-Startup ist. Unnötige Geheimniskrämerei kann das beste Verhältnis in Windeseile zerstören.

Formal betrachtet steht und fällt jedoch alles mit den sogenannten »berechtigten Interessen«, und diese schauen wir uns daher nun im Detail an. Dabei gilt auch hier, dass Gesetze sich manchmal schneller ändern, als gedruckte Bücher Schritt halten können. Bevor du mit einem Vorhaben Ernst machst, solltest du daher vorsichtshalber zunächst einen auf Arbeitsrecht spezialisierten Anwalt konsultieren.

Die Möglichkeit, durch die Teilnahme an einem der zahlreichen Businessplan-Wettbewerbe einen Fachanwalt zu finden, der vergünstigt oder sogar kostenlos hilft, haben wir bereits im vorigen Kapitel besprochen. In den Expertenpools finden sich neben Markenrechtsanwälten natürlich auch Fachanwälte für Arbeitsrecht. Eine andere kostenlose Möglichkeit ergibt sich durch eine kostenpflichtige Premium-Mitgliedschaft im Karrierenetzwerk Xing: Zusammen mit einer Versicherungsgesellschaft bietet das Portal eine anwaltliche Erstberatung zum Thema Arbeitsrechtsschutz per Telefon; die Anrufdauer ist dabei unbegrenzt. Sollte über die Erstberatung hinaus weiterer Klärungsbedarf bestehen, kannst du dir einen auf Arbeitsrecht spezialisierten Anwalt vor Ort empfehlen lassen.

Leistungsfähigkeit

Das wichtigste berechtigte Interesse deines Arbeitgebers ist sicherlich deine volle Leistungsfähigkeit innerhalb der vereinbarten Arbeitszeit. Diese darf durch dein 4-Stunden-Startup unter keinen Umständen beeinträchtigt werden. Wenn dich dein Projekt so sehr beansprucht, dass du auf der Arbeit ständig unkonzentriert und müde bist, sind Interessen deines Arbeitgebers ziemlich offensichtlich verletzt.

Dass er dich daraufhin abmahnen oder dir in besonders schweren Fällen sogar kündigen darf, sollte daher nicht überraschen: Ein angestellter Busfahrer, der regelmäßig bis in die frühen Morgenstunden an seinem unternehmerischen Nebenprojekt arbeitet, weil er nachts am kreativsten ist, aber deswegen bereits mehrere Unfälle gebaut hat, hätte beispielsweise schlechte Karten.

So eindeutig und nachvollziehbar dieses Kriterium ist, gilt an dieser Stelle allerdings das Arbeitszeitgesetz erstaunlicherweise nicht. Es regelt zwar eindeutig, wie viele Stunden ein abhängig Beschäftigter in einem oder mehreren Jobs arbeiten darf, es macht jedoch keinerlei Aussagen zu einer selbständigen Tätigkeit, die parallel zu einer Festanstellung stattfindet. Die Konsequenz: Kommst du mit wenig Schlaf aus oder beeinträchtigt es deine Leistungsfähigkeit nicht, wenn du deine Wochenenden voll und ganz deinem 4-Stunden-Startup widmest, dann darfst du das uneingeschränkt tun. Du kannst deine Zeit frei einteilen und nutzen, egal ob abends, nachts oder jeden zweiten Sonntag. Du hast die volle Freiheit. Würdest du allerdings statt eines 4-Stunden-Startups eine weitere Anstellung annehmen, **dürfen Haupt- und Nebenjobs im Allgemeinen zusammen maximal 48 Stunden in Anspruch nehmen**. Es macht also einen großen Unterschied, ob zum Beispiel ein Webdesigner bei zwei Firmen angestellt ist oder neben seiner Anstellung sein eigenes Ding macht.

Ein 4-Stunden-Startup bietet dir deutlich mehr Freiheit, aber natürlich gleichzeitig die Pflicht, auf dich selbst und deine Gesundheit achtzugeben und dich nicht zu überarbeiten.

Nutzung der Arbeitszeit

Zweifellos ist es ebenfalls ein sehr berechtigtes Interesse deines Arbeitgebers, dass du während der vertraglich vereinbarten Arbeitszeit auch tatsächlich arbeitest – und nicht stattdessen private Angelegenheiten erledigst. Obwohl es heute für fast jeden Büroangestellten ausgesprochen einfach ist, seinen Firmenrechner zum Beispiel für Facebook und private Mails zu nutzen, kann ich dir nur davon abraten, dein 4-Stunden-Startup mit der normalen Arbeitszeit zu vermischen.

Natürlich ist es leicht möglich, statt fünf Minuten auf Facebook zu verbringen, den Firmenrechner zu benutzen, um noch schnell ein Angebot oder eine Präsentation rauszuschicken, und vielleicht bemerkt das niemand. Trotzdem kann es dich in Teufels Küche bringen. Das Gleiche gilt auch, wenn du deine Arbeitszeit nutzt, um mit deinem privaten Handy für dein 4-Stunden-Startup aktiv zu werden, also beispielsweise Mails zu beantworten oder Kunden anzurufen. Möglich ist das, und vielleicht kommt es auch nie heraus – zu empfehlen ist es aus moralischer und rechtlicher Sicht sicher nicht.

Wettbewerbsverbot

Ein anderes berechtigtes Interesse verletzt du, wenn du mit deinem 4-Stunden-Startup in Konkurrenz zu deinem Arbeitgeber trittst. Entsprechend darf er es dir untersagen, und du hast dich daran zu halten. Dabei spielt der zeitliche Rahmen deines Projekts übrigens überhaupt keine Rolle. Wenn du zum Beispiel als Redakteur angestellt bist, darfst du nicht ohne Erlaubnis deines Arbeitgebers als freier Journalist für andere Zeitungen arbeiten – egal ob regelmäßig oder auch nur einmalig. So verlockend es sein mag, seine Erfahrungen und Kontakte aus dem Hauptberuf für sein 4-Stunden-Startup zu nutzen: Wenn der Arbeitgeber damit seine Interessen verletzt sieht, geht es nicht.

Sollte deine Geschäftsidee tatsächlich sehr nah an deinem Hauptberuf dran sein, ist es aber dennoch sinnvoll, sie deinem Chef vorzuschlagen. Wenn du ihn von deinem Konzept überzeugen kannst, eröffnet sich vielleicht sogar die Möglichkeit, sie als Intrapreneur, also als Unternehmer im Unternehmer, zu verwirklichen. Mit den Ressourcen und dem »Schutz« deines Arbeitgebers lässt sich so ohne großes Risiko ausprobieren, ob deine Idee wirklich das Potenzial hat, daraus ein neues Geschäftsfeld zu entwickeln. Vielleicht sieht er die Wettbewerbssituation auch gar nicht als so gravierend an und gibt seine Erlaubnis, zumindest unter Vorbehalt. So lässt sich praktisch herausfinden, ob seine Interessen tatsächlich bedroht sind. Wenn dem wirklich so ist, könnte er seine Entscheidung während eines vereinbarten Zeitraums jederzeit widerrufen.

Das Wettbewerbsverbot gilt grundsätzlich nur, solange der Arbeitsvertrag besteht – nach einer Kündigung also bis zum letzten Tag der Kündigungsfrist. Das bedeutet auch, dass dein Arbeitsvertrag weiter gültig bleibt, selbst wenn du beispielsweise aufgrund eines Jobwechsels von deinem Arbeitgeber freigestellt wirst. In manchen Arbeitsverträgen kann außerdem ein Wettbewerbsverbot über Beendigung des Arbeitsverhältnisses hinaus gelten, zum Beispiel bei Führungskräften.

Ruf der Firma nicht beeinträchtigen

Dein Arbeitgeber kann seine Zustimmung ebenfalls verweigern, wenn durch deine Tätigkeit der Ruf der Firma geschädigt würde. Der Fall ist in der Praxis nicht besonders verbreitet, kommt jedoch vor. So entschied beispielsweise das Bundesarbeitsgericht im Jahr 2002, dass ein angestellter Krankenpfleger nicht nebenberuflich als Leichenbestatter arbeiten darf, weil es dadurch bei Patienten zu »Irritationen« kommen könnte.

In den meisten Fällen dürfte es dem Arbeitgeber schwerfallen, eine Verletzung dieses Interesses zu belegen. Allerdings gelten deutlich härtere Bestimmungen, wenn ein

Arbeitnehmer sein Unternehmen in besonderer Weise repräsentiert, zum Beispiel als angestellter Geschäftsführer. Dann muss er sogar in seiner Freizeitgestaltung die berechtigten Interessen seines Arbeitgebers berücksichtigen. Dann können auch unentgeltliche Nebentätigkeiten wie ein Ehrenamt vertraglich verboten und sogar private Facebook-Posts zum Problem werden. Verletzt du den Ruf deines Arbeitgebers, wird er sich dagegen zu Recht wehren.

Im Urlaub erholen

Das deutsche Bundesurlaubsgesetz schreibt vor, dass ein Arbeitnehmer während des Urlaubs keine »dem Urlaubszweck widersprechende« Erwerbstätigkeit leisten darf. Damit scheint der Fall eigentlich klar. Nehmen wir als Beispiel eine Bürokauffrau, die in ihrer Freizeit Schmuck herstellt, den sie seit Jahren über das Internet verkauft. Ihr Arbeitgeber hat der Nebentätigkeit zugestimmt, da keines seiner Interessen verletzt wird. Nun möchte sie ihren Schmuck allerdings zusätzlich auf dem Weihnachtsmarkt verkaufen und nimmt sich dafür vier Wochen Urlaub. Während dieser Zeit verausgabt sie sich so sehr, dass ihr Immunsystem völlig geschwächt ist und sie nach ihrem Urlaub mit einer heftigen Grippe für zwei Wochen ausfällt. Daraufhin mahnt ihr Arbeitgeber sie ab – zu Recht.

Allerdings ist die Rechtsprechung in der Realität recht großzügig. Das Gesetz verbietet ja ausdrücklich nicht jegliche Erwerbstätigkeit während des Urlaubs, sondern nur solche, die dem Urlaubszweck widerspricht. So entschied das Landesarbeitsgericht Köln 2009, dass die Kündigung einer Frau, die ihrem Mann auf dem Weihnachtsmarkt geholfen hatte, rechtswidrig war. Die Frau hatte sich in der Vorweihnachtszeit drei Wochen Urlaub genommen, und ihr Chef hatte sie währenddessen beim Verkauf der Gips- und Keramikfiguren »erwischt«. Er war der Ansicht, die Tätigkeit auf dem Weihnachtsmarkt widerspreche dem Erholungszweck des Urlaubs, mahnte sie daraufhin zunächst ab und kündigte ihr später sogar. Das Gericht widersprach dieser Auffassung, denn der Arbeitgeber konnte nicht nachweisen, dass die Frau sich während ihres Urlaubs zu sehr verausgabt hätte.

Krankschreibung

Ein krankgeschriebener Arbeitnehmer muss sich »genesungsförderlich« verhalten. Logisch: Wird er zum Beispiel wegen Grippe krankgeschrieben, darf er zu Hause keine eigenen Kunden anrufen oder sonstige Dinge tun, die den Heilungsprozess verzögern können. Anders sieht der Fall aus, wenn sich zum Beispiel eine angestellte Gesangslehrerin so verausgabt hat, dass sie ihre Stimmbänder schonen muss und daher krankgeschrieben ist. Dann darf sie währenddessen keinen Gesangsunterricht geben – das ist klar –, aber ohne weiteres zu Hause eigene T-Shirts für ihr 4-Stunden-Startup designen oder Blog-Posts schreiben. Sie schont offensichtlich ihre Stimme und fördert ihre Genesung, selbst wenn sie gleichzeitig arbeitet.

Beamte und Angestellte im öffentlichen Dienst

Möchte ein Beamter eine Nebentätigkeit aufnehmen, gelten für ihn deutlich strengere Vorschriften als für Angestellte in der Privatwirtschaft oder im öffentlichen Dienst. Konkret gelten dabei die Bundesnebentätigkeitsverordnung für Bundesbeamte (BNV) beziehungsweise die Verordnungen der einzelnen Bundesländer für Beamte der Länder und Gemeinden. Für Lehrer sind zum Teil eigene Verordnungen erlassen worden, die unter anderem den Umfang der Nebentätigkeit und die Höhe des Hinzuverdiensts regeln. Auf alle Details der einzelnen Verordnungen einzugehen, würde den Rahmen dieses Buchs sprengen, doch grundsätzlich gilt: Anders als Angestellte in der Privatwirtschaft dürfen Beamte keine Nebentätigkeit ohne vorherige Genehmigung ihres Arbeitgebers aufnehmen.

Für diese Genehmigung muss zunächst ein schriftlicher Antrag gestellt werden, der nur dann bewilligt wird, wenn dein 4-Stunden-Startup keinen Interessenskonflikt zu deiner Haupttätigkeit hervorruft. Berührt deine Geschäftsidee einen Bereich, mit dem du oder deine Behörde befasst sind, wäre dies ein klarer Verstoß. Beispielsweise darf ein Mitarbeiter im Bauamt nicht nebenbei als selbständiger Bausachverständiger arbeiten. Auch darf der Arbeitgeber den Antrag auf eine Nebentätigkeit ablehnen, wenn »dienstliche Gründe« dagegen sprechen, also zum Beispiel die Pflicht zur Unparteilichkeit oder Unbefangenheit durch deine Tätigkeit verletzt wird.

Angestellte im öffentlichen Dienst mussten bis 2005 die gleichen strengen Regelungen wie Beamte im öffentlichen Dienst beachten. Die Rechtslage hat sich jedoch durch den Übergang vom Bundesangestellten-Tarifvertrag (BAT) zum Tarifvertrag für den öffentlichen Dienst (TVöD) zum Vorteil der Angestellten geändert: »Nebentätigkeiten gegen Entgelt haben die Beschäftigten ihrem Arbeitgeber rechtzeitig vorher schriftlich anzuzeigen. Der Arbeitgeber kann die Nebentätigkeit untersagen oder mit Auflagen versehen, wenn diese geeignet ist, die Erfüllung der arbeitsvertraglichen Pflichten der Beschäftigten oder berechtigte Interessen des Arbeitgebers zu beeinträchtigen.« Anders als Beamte brauchen Angestellte, die nach TVöD beschäftigt sind, damit keine vorherige Genehmigung ihres Dienstherren. Vielmehr genügt es, sein 4-Stunden-Startup rechtzeitig anzuzeigen. Der Arbeitgeber kann nur noch im Einzelfall ein Verbot oder eine sonstige Einschränkung aussprechen – und dies auch nur dann, wenn arbeitsvertragliche Pflichten oder seine berechtigten Interessen gefährdet sind.

Wie ein Teilzeitjob als Einstieg zum Ausstieg funktioniert

Mancher Gründer eines 4-Stunden-Startups merkt irgendwann, dass seine Geschäftsidee wirklich zündet, und bekommt entsprechend Lust, deren Potenzial so weit wie möglich auszuloten. Um dafür nicht gleich komplett zu kündigen, kann der schrittweise Übergang vom 4-Stunden-Startup zum Vollzeit-Startup eine gute Lösung sein. Daher solltest du deine Rechte kennen, wenn es um die Möglichkeiten von Teilzeit geht.

Angestellte in der Privatwirtschaft

Grundsätzlich hat jeder Arbeitnehmer einen Anspruch auf Verringerung seiner Arbeitszeit. Dafür sorgt das Teilzeit- und Befristungsgesetz, das in allen Betrieben mit mehr als fünfzehn Mitarbeitern gilt. Das Arbeitsverhältnis muss seit mindestens sechs Monaten bestehen, und es dürfen keine betrieblichen Gründe gegen die Verkürzung sprechen: Wenn die Stundenreduzierung zum Beispiel die Arbeitsabläufe oder die Sicherheit im Unternehmen wesentlich beeinträchtigt oder unverhältnismäßig hohe Kosten verursacht, darf der Arbeitgeber den Antrag ablehnen. Muss der Arbeitgeber eine Ersatzkraft einstellen, um die entstehende Lücke zu schließen, so ist ihm dies jedoch nach Ansicht des Landesgerichts Rheinland-Pfalz zuzumuten. Das Gleiche gilt für eine damit verbundene Anpassung der Organisation.

Somit liegen die Hürden für Arbeitgeber, die ihren Mitarbeitern keine Teilzeit gewähren wollen, in der Praxis ziemlich hoch. Die Antragsfrist beträgt mindestens drei Monate zum Wunschtermin, der Arbeitgeber muss sich mindestens einen Monat vorher verbindlich dazu äußern.

Beamte und Angestellte im öffentlichen Dienst

Der öffentliche Dienst hat seit jeher eine Vorreiterrolle in der Teilzeitbeschäftigung: Von etwa 16 Prozent im Jahr 1991 hat sich der Anteil der Teilzeitbeschäftigten auf mehr als 32 Prozent im Jahr 2011 fast verdoppelt; in der Privatwirtschaft sind es weniger als 20 Prozent. In Bund und Ländern gibt es zum Teil unterschiedliche Regelungen zur Teilzeitbeschäftigung von Beamten, daher ist an dieser Stelle die Rechtslage von Bundesbeamten als Beispiel gewählt.

Sowohl Beamte als auch Angestellte im öffentlichen Dienst haben seit der Einführung des Dienstrechtsreformgesetzes von 1997 einen grundsätzlichen Anspruch auf die sogenannte »voraussetzungslose Antragsteilzeit«. Für Beamte kann der Antrag auf Teilzeit nur dann abgelehnt werden, wenn wiederum »dienstliche Belange« entgegenstehen. Die Teilzeit muss mindestens die Hälfte der regelmäßigen Arbeitszeit betragen. Weitere Voraussetzungen für die Gewährung der Teilzeitbeschäftigung sind nicht erforderlich. Dabei gibt es auch keine Obergrenze für die Dauer der Teilzeitbeschäftigung, und nach Ablauf einer befristeten Teilzeitbeschäftigung ist eine erneute Teilzeit möglich.

Angestellte im öffentlichen Dienst haben nach dem Teilzeit- und Befristungsgesetz einen vergleichbaren Anspruch auf Teilzeitbeschäftigung wie Beamte. Voraussetzung ist, dass das Arbeitsverhältnis seit mehr als sechs Monaten besteht, sie eine Arbeitszeitverringerung verlangen und weder der Reduzierung noch der gewünschten Verteilung der Arbeitszeit betriebliche Gründe entgegenstehen. Angestellte im öffentlichen Dienst müssen genauso wie ihre Kollegen in der Privatwirtschaft die Verringerung der Arbeitszeit spätestens drei Monate vor dem gewünschten Beginn geltend machen. Und der Dienstherr muss seine Entscheidung daraufhin bis spätestens einen Monat vor dem Termin schriftlich bekanntgeben.

Was mit Kranken-, Pflege- und Rentenversicherung passiert

Wer scheut ihn nicht: den Kontakt mit unserer Bürokratie? Doch ich kann dich beruhigen: Zwar muss der Schritt in die nebenberufliche Selbständigkeit der Krankenversicherung gemeldet werden, doch abgesehen davon, dass ein etwas höherer Beitrag für die Pflege- und Krankenversicherung festgelegt werden kann, passiert in der Regel nichts. Ob ein Mehrbetrag fällig wird und wie hoch er ausfällt, hängt in erster Linie davon ab, ob die Krankenkasse deine Tätigkeit als haupt- oder nebenberuflich einstuft: Dafür musst du den zeitlichen Rahmen und die voraussichtliche Höhe der Einnahmen abschätzen.

Üblicherweise liegt eine nebenberufliche Selbständigkeit vor, wenn

- der größere Teil des Einkommens aus dem Hauptberuf kommt und,
- die nebenberufliche Selbständigkeit weniger als 20 Stunden pro Woche in Anspruch nimmt.

In diesem Fall muss höchstens ein geringer Mehrbetrag geleistet werden. Sieht die Krankenkasse hingegen deine Selbständigkeit als hauptberuflich an, weil du zum Beispiel zwar nur wenig Zeit für dein 4-Stunden-Startup aufwendest, aber einen großen Teil deines Einkommens damit generierst, fällt der Mehrbetrag unter Umständen höher aus. Insgesamt werden deine Einnahmen aber nur bis zur monatlichen Beitragsbemessungsgrenze, die aktuell bei 4237,50 Euro liegt, berücksichtigt. Höhere Einnahmen bedeuten keine höheren Beiträge.

Am anderen Ende gibt es ebenfalls eine Bemessungsgrenze: Wenn sich deine monatlichen Einnahmen auf nicht mehr als 2126 Euro belaufen, liegt der monatliche Beitrag bei höchstens 310,43 Euro. Ob und in welchem Umfang dein 4-Stunden-Startup deine Beiträge betrifft, hängt also vor allem vom Zeitaufwand und finanziellen Erfolg ab – auch wenn du später den Schritt vom 4-Stunden-Startup zum Vollzeitunternehmer machst.

An deinen Beiträgen zur Rentenversicherung ändert sich durch dein 4-Stunden-Startup grundsätzlich zunächst nichts. Selbständige müssen sich um ihre Altersvorsorge selbst kümmern – ganz egal, ob sie komplett selbständig sind oder neben dem Job. Ob diese Perspektive für dich befreiend wirkt oder du auch später lieber weiter freiwillig in die Rentenkasse einzahlst, hängt allein von deiner persönlichen Einschätzung ab, wie sicher und attraktiv dieses System heute noch ist. Als Selbständiger hast du normalerweise das Privileg der Wahl.

Allerdings gilt dies nicht für alle: Einige Berufe unterliegen einem Rentenversicherungszwang, der daher rührt, dass diese Berufsgruppen aus der Geschichte heraus vom Staat als besonders schützenswert angesehen wurden. Hierzu gehören beispielsweise Erzieher oder Lehrer, worunter ebenfalls Dozenten in der Erwachsenenbildung fallen, aber auch Künstler, Publizisten, Hebammen, Kinderpfleger oder Küstenfischer. Ob deine Geschäftsidee zu den rentenversicherungspflichtigen Berufen zählt, solltest du am besten mit deinem Rentenversicherungsträger abklären. Für selbständige Künstler muss der Versicherungszwang kein Nachteil sein, da sie über die Künstlersozialkasse (KSK) versichert sind, für die sie nur die Hälfte der Beiträge selbst bezahlen müssen.

Auch ein Steuerberater kann bei diesen Fragen helfen – natürlich gegen Honorar. Die Deutsche Rentenversicherung bietet eine kostenlose Info-Hotline unter der Nummer 0800-100048070 an. Diese ist Montag bis Donnerstag von 7.30 bis 19.30 Uhr und

Freitag bis 15.30 Uhr erreichbar. Die Experten der Rentenversicherung helfen bei allen Fragen rund um die Themen Rente und Altersvorsorge.

Sind zwar die wenigsten Gründer als Küstenfischer oder Seelotsen aktiv, kann in der Praxis der 4-Stunden-Startups aber insbesondere die lehrende Tätigkeit ins Gewicht fallen, wenn zum Beispiel deine Geschäftsidee in einer Nachhilfetätigkeit oder in Seminaren besteht. Auch eine Aufgabe als Gastdozent an einer Hochschule gehört in diese Kategorie, die viele Experten erfolgreich neben ihrem normalen Job als kleines 4-Stunden-Startup betreiben. Die Sozialversicherungspflicht entsteht in diesen Berufen allerdings erst dann, wenn du mit ihnen mehr als 450 Euro pro Monat verdienst.

Wichtig: Wird eine Tätigkeit nur kurzfristig durchgeführt, das heißt maximal fünfzig Tage oder zwei Monate im Jahr, dann bezieht sich die Verdienstgrenze auf das gesamte Jahreseinkommen. Warum dieses Detail interessant ist? Bietest du zum Beispiel nur ein einziges Mal im Jahr ein Seminar oder Ähnliches an, darfst du damit bis zu 5400 Euro (450 Euro mal zwölf Monate) verdienen. Oberhalb dieser Grenze wirst du automatisch sozialversicherungspflichtig. Die Möglichkeiten im Rahmen der »kurzfristigen Tätigkeiten« bestehen allerdings nur, wenn du diese Tätigkeit nicht »berufsmäßig« verfolgst. Bietet beispielsweise ein Ingenieur ab und zu Kurse über Verhandlungsführung an, so ist dies nicht berufsmäßig, wohingegen ein Reporter, der neben seiner Anstellung auch als freier Journalist arbeitet, berufsmäßig handelt.

Wer rentenversicherungspflichtig ist, unterliegt einer Meldepflicht. Wer dieser nicht nachkommt und dem Rentenversicherungsträger seine Tätigkeit nicht rechtzeitig anzeigt, muss mit einem Bußgeld und Nachzahlungen der Beiträge rechnen.

In nahezu jedem Gründungsratgeber wird das Thema Scheinselbständigkeit behandelt. Für 4-Stunden-Startups ist dies nicht besonders relevant, du solltest davon aber zumindest gehört haben: Scheinselbständigkeit liegt dann vor, wenn eine erwerbstätige Person als selbständiger Unternehmer auftritt, obwohl sie von der Art ihrer Tätigkeit her eigentlich ein Arbeitnehmer ist. Auf diese Weise versuchen manche Arbeitgeber, sich um die Abgaben, Restriktionen und Formalien zu drücken, die das Arbeits-, Sozialversicherungs- und Steuerrecht mit sich bringen. Formal wird davon ausgegangen, dass eine Scheinselbständigkeit vorliegt, wenn mindestens drei der folgenden fünf Kriterien erfüllt sind:

- Es werden in wesentlichem Umfang und auf Dauer Umsätze mit nur einem einzigen Auftraggeber erzielt. Die Richtgröße sind hierbei fünf Sechstel des Umsatzes.
- Der Selbständige beschäftigt keine sozialversicherungspflichtigen Mitarbeiter.
- Der Auftraggeber lässt die betreffenden Tätigkeiten regelmäßig auch durch seine nichtselbständigen Arbeitnehmer verrichten.
- Der Selbständige lässt keine unternehmertypischen Merkmale erkennen. Dies ist beispielsweise der Fall, wenn er kein unternehmerisches Risiko und auch keinen entsprechenden Spielraum besitzt.
- Die Tätigkeit entspricht ihrem äußeren Erscheinungsbild nach der Tätigkeit, die vorher für denselben Auftraggeber in einem Beschäftigungsverhältnis ausgeübt wurde.

Liegt eine Scheinselbständigkeit vor, so fällt diese unter anderem unter das Schwarzarbeitsbekämpfungsgesetz und kann neben strafrechtlichen Konsequenzen zu erheblichen Nachforderungen führen. Neben Umsatzsteuernachzahlungen für den Arbeitgeber drohen dabei Lohnsteuernachzahlungen – dem Arbeitgeber wie auch dem Arbeitnehmer.

Worauf du während Studium oder Ausbildung achten musst

Für Auszubildende und Studenten, die selbst versichert sind, gelten dieselben Bedingungen wie für normale Angestellte. Wichtig ist hierbei, dass die Tätigkeit als nebenberufliche Selbständigkeit und nicht als Haupttätigkeit eingestuft wird, was bei den allermeisten 4-Stunden-Startups der Fall sein dürfte. Sind Studenten (und auch Ehepartner beziehungsweise eingetragene Lebenspartner) über die Familienversicherung kostenfrei mitversichert und betreiben ein eigenes 4-Stunden-Startup, bleiben sie weiterhin beitragsfrei mitversichert – egal wie viel Zeit sie dafür aufwenden.

Einzige Voraussetzung: Sie dürfen aktuell maximal 405 Euro pro Monat an Einkünften haben. Aus dieser Grenze leiten die Krankenkassen ab, ob dein Studium weiterhin im Fokus steht und ob es sich bei deiner Selbständigkeit nicht um deine Haupttätigkeit handelt. Neben Einkünften zum Beispiel aus Vermietung oder Kapitalanlagen werden hier auch die Gewinne (also Umsatz minus Betriebskosten) des 4-Stunden-Startups angerechnet. BAföG und Kindergeld zählen hingegen nicht. Die Einkommensgrenze darf in drei Monaten im Jahr in beliebiger Höhe überschritten werden, solange die Jahreseinkünfte nicht mehr als 4860 Euro (405 Euro mal zwölf Monate) betragen. Achtung: Diese Bemessungsgrenzen ändern sich regelmäßig, so dass du deren aktuelle Höhe unbedingt erfragen musst.

Durch das Bundesausbildungsförderungsgesetz (BAföG) unterstützt der Staat Ausbildungen an allgemein- und berufsbildenden Schulen, an Kollegs, Akademien und Hochschulen. Dabei besteht die Unterstützung zur einen Hälfte aus einem zinslosen Darlehen, zur anderen Hälfte aus einem Zuschuss, der nicht zurückgezahlt werden muss. Beim BAföG-Staatsdarlehen ist die Darlehensschuld auf maximal 10 000 Euro begrenzt, darüber hinaus muss nichts zurückgezahlt werden. Die Unterstützung durch BAföG muss Jahr für Jahr neu beantragt werden. Besteht ein Anspruch, darfst du im sogenannten Bewilligungszeitraum, also den zwölf Monaten nach Antragstellung, einen Gewinn von aktuell 3880 Euro mit deinem 4-Stunden-Startup erzielen, ohne dass das BAföG gekürzt wird.

Sowohl Studenten im Erststudium als auch Auszubildende haben einen grundsätzlichen Anspruch auf Kindergeld. Dieser endet erst mit dem erfolgreichen Abschluss der ersten Berufsausbildung, zum Beispiel dem Gesellenbrief, Fachangestelltenbrief oder Bachelor-Abschluss, oder mit der Altersgrenze von fünfundzwanzig Jahren. Die Altersgrenze verlängert sich um Zeiten, in denen der freiwillige Wehr- oder Zivildienst beziehungsweise eine ähnliche Tätigkeit wie zum Beispiel Entwicklungshilfe oder Bundesfreiwilligendienst abgeleistet wurde. Das Kindergeld beträgt 190 Euro pro Monat für das erste und zweite Kind, 196 Euro für das dritte und 221 Euro ab dem vierten.

Seit 2012 die komplizierte Einkommensanrechnung beim Kindergeld weggefallen ist, gibt es keinerlei Verdienstgrenze mehr, du darfst mit deinem 4-Stunden-Startup so viel verdienen, wie du kannst. Allerdings gilt hierbei eine zeitliche Grenze, die uns an anderer Stelle nun auch schon einige Male begegnet ist: Maximal 20 Stunden pro Woche darf die nebenberufliche Selbständigkeit in Anspruch nehmen.

Für einen Zeitraum von höchstens zwei Monaten kann die Arbeitszeit allerdings auch über die 20 Wochenstunden hinaus ausgeweitet werden, wenn im Durchschnitt des gesamten Zeitraums, in dem Anspruch auf Kindergeld während der Ausbildung besteht, die wöchentliche Arbeitszeit von 20 Stunden nicht überschritten wird. Werden diese zwei Monate überschritten, bewirkt dies jedoch nicht wie früher einen kompletten Ausschluss vom Kindergeld, vielmehr wird nur in den betreffenden Monaten kein Kindergeld ausgezahlt.

Was du über Arbeitslosengeld I wissen musst

Der Gedanke an Arbeitslosengeld mag sich für dich weit entfernt anfühlen. Sollte dein 4-Stunden-Startup allerdings dermaßen durch die Decke gehen, dass du deinen Hauptjob kündigen möchtest, solltest du dich danach zu deiner persönlichen Absicherung unbedingt arbeitslos melden. Voraussetzung dafür ist allerdings, dass deine nebenberufliche Selbständigkeit nicht mehr als 15 Stunden in Anspruch nimmt, du formell dem Arbeitsmarkt also weiter zur Verfügung stehst.

Erfolgt die Kündigung durch dich selbst, erhebt die Agentur für Arbeit (AfA) eine Sperrfrist von drei Monaten, in denen du kein Arbeitslosengeld I (ALG I) erhältst. Vereinbarst du hingegen mit deinem Arbeitgeber, dass er dir kündigt, kann diese entfallen und du bekommst ab dem ersten Tag etwa 60 Prozent deines früheren Nettoeinkommens für zwölf Monate ausgezahlt. Die tatsächliche Höhe des Arbeitslosengelds hängt allerdings von mehreren Faktoren ab, die Arbeitsagentur stellt einen entsprechenden Rechner zur Verfügung (www.pub.arbeitsagentur.de/alt.html).

Während du Arbeitslosengeld beziehst, darfst du weiter selbständig arbeiten. Die Grenze beträgt hierbei 15 Stunden pro Woche. Dabei ist es legitim, diese Zeit auch voll zu nutzen, immerhin hast du ja deinen Job aufgegeben, um dein Unternehmen ernsthaft aufzubauen. Allerdings wird die AfA dennoch versuchen, dich zu vermitteln. Dem darfst du dich nicht widersetzen, andernfalls kannst du deinen Anspruch auf Arbeitslosengeld verlieren. Das Gleiche gilt, wenn dir die AfA nachweist, dass du mehr als 15 Stunden pro Woche arbeitest – auch dann verlierst du deinen Anspruch. Außerdem ist zu beachten, dass du grundsätzlich maximal 165 Euro pro Monat verdienen darfst. Das klingt extrem wenig, bezieht sich aber auf den Gewinn, also auf den Umsatz minus Kosten. Wenn der Aufbau deines Unternehmens hohe Investitionen erfordert, ist diese Grenze möglicherweise gar kein Problem. Derartige Ausgaben sollten aber mit der AfA abgesprochen sein, da sie bei der Anerkennung von Kosten noch strenger ist als das Finanzamt.

Für Gründer von 4-Stunden-Startups gibt es eine weitere wichtige Besonderheit, die ziemlich unbekannt ist: Bist du innerhalb der letzten achtzehn Monate, bevor der Anspruch auf Arbeitslosengeld I bestand, mindestens zwölf Monate nebenberuflich selbständig gewesen (maximal 15 Wochenstunden), so gilt die Grenze von 165 Euro nicht: Solange du während der Arbeitslosigkeit dann nicht mehr verdienst als zuvor, darfst du den kompletten Gewinn deines 4-Stunden-Startups behalten, ohne dass das Arbeitslosengeld deswegen gekürzt würde.

Welche weiteren Schritte wichtig sind

Nachdem wir nun ausführlich die rechtliche Grundlage auf dem Weg vom Angestellten, Beamten oder Studenten zum Gründer eines eigenen 4-Stunden-Startups beleuchtet haben, schauen wir uns nun die wichtigsten übrigen Punkte an. Diese solltest du unbedingt kennen, bevor du richtig loslegst, denn es geht um Fragen wie: Was hat es mit einer Gewerbeanmeldung auf sich? Welche Rechtsform solltest du wählen? Und was will das Finanzamt von dir wissen?

Rechtsform

Die Wahl der Rechtsform hat steuerliche, rechtliche und finanzielle Auswirkungen. Dabei steht für dich als Gründer eines 4-Stunden-Startups jedoch eine Überlegung im Vordergrund: Wie hoch ist das Risiko meiner Geschäftsidee? Ist es so hoch, dass du privat eher die Finger davon lassen würdest? Dies könnte zum Beispiel der Fall sein, wenn du Waren weiterverkaufen möchtest, für die du aber zunächst mit vielen Tausend Euro in Vorkasse gehen musst, ohne zu wissen, ob sie sich wie geplant verkaufen lassen.

In diesem Fall solltest du die Wahl deiner Rechtsform unbedingt mit einem Anwalt besprechen, denn es könnte notwendig sein, die Rechtsform einer Kapitalgesellschaft zu wählen, um das Haftungsrisiko zu begrenzen, also zum Beispiel eine Gesellschaft mit beschränkter Haftung (GmbH) oder eine Unternehmergesellschaft (haftungsbeschränkt), auch als UG abgekürzt. Allerdings sind bei 4-Stunden-Startups derartige Kapitalgesellschaften die absolute Ausnahme, da sie meist ohne großes Risiko starten und den relativ hohen administrativen Aufwand nicht rechtfertigen. Dafür werden wir noch einige Beispiele sehen.

Ist das Risiko deines 4-Stunden-Startups überschaubar, gibt es daher eine klare Empfehlung: Für einen einzelnen Gründer ist es die Rechtsform »Einzelunternehmer« und für mehrere Gründer die »Gesellschaft bürgerlichen Rechts« (GbR). Beide sind im Vergleich zu anderen Rechtsformen mit deutlich weniger Aufwand und Kosten bei der Anmeldung und Buchführung verbunden. Sie müssen auch nicht wie beispielsweise eine GmbH mit Hilfe eines Notars gegründet werden. In beiden Fällen erfolgt die Gründung unkompliziert durch die Gewerbeanmeldung beziehungsweise die Anmeldung beim Finanzamt. Bei einer GbR, also dem Zusammenschluss mehrerer Gründer, genügt ein einfacher Gesellschaftervertrag, der zum Beispiel die Aufgabenteilung, Gewinnverteilung und Vertretung nach außen regelt. Dieser muss noch nicht einmal zwingend schriftlich fixiert sein, was dennoch unbedingt zu empfehlen ist.

Allerdings gibt es auch bei den Rechtsformen Einzelunternehmer und GbR Nachteile: In beiden Fällen haften die Gründer mit ihrem Privatvermögen – als würden sie als Privatperson handeln und Verträge unterschreiben. Bei einer GbR haftet darüber hinaus jeder Gesellschafter für die übrigen mit – alle sitzen sprichwörtlich im selben Boot.

Vielen ist gar nicht bewusst, dass sie in ihrem Leben möglicherweise bereits einmal ein Teil einer GbR waren oder ganz aktuell sind: Sobald sich zwei oder mehr Personen zusammentun, um gemeinsam in einer WG zu wohnen und so etwa Miete und Unterhalt zu sparen, ist dies rechtlich gesehen nichts anderes als die Gründung einer GbR. Auch hier genügt beispielsweise ein mündlicher Vertrag, der den gemeinsamen Zweck sowie die Modalitäten der »Unternehmung« regelt. Und wenn die »WG als solche« der Hauptmieter ist – und nicht etwa ein einzelner Mieter –, dann sitzen auch hier alle im gleichen Boot namens »GbR«. Stellt beispielsweise ein Mitbewohner seine Mietzahlung ein, so haften alle anderen für ihn und müssen seine Miete mitübernehmen. Du siehst: Eine GbR ist schnell gegründet, aber in jedem Fall – gemeinsame Wohnung oder gemeinsames Projekt – solltest du dir deine Mitstreiter wohlüberlegt aussuchen.

Für manche der freien Berufe gibt es eine Art GbR mit Haftungsbeschränkung – die sogenannte Partnerschaftsgesellschaft. Diese kann beispielsweise für Ingenieure oder Architekten interessant sein, da die Haftung im Auftragsfall nur auf denjenigen beschränkt werden kann, der den Auftrag tatsächlich bearbeitet. Die Partnerschaftsgesellschaft ist aber eher ein Sonderfall – fast 95 Prozent der 4-Stunden-Startups werden mit den einfachen Rechtsformen des Einzelunternehmers oder der GbR gegründet.

Firmenname

Nachdem wir uns im letzten Kapitel bereits mit der Namensgebung ausführlich auseinandergesetzt haben, müssen wir an dieser Stelle ein Stück weiter ins Detail gehen. Was landläufig als »Firma« oder »Firmenname« bezeichnet wird, ist in Wahrheit die im Handelsregister eingetragene Bezeichnung eines Unternehmens. Da ein Einzelunternehmen oder eine GbR, außer auf deinen eigenen Wunsch hin, nicht ins Handelsregister eingetragen wird, haben sie streng genommen gar keinen Firmennamen wie zum Beispiel Volkswagen AG.

Damit dennoch sichergestellt ist, dass die Personen hinter einem Unternehmen eindeutig identifizierbar sind, ist der Firmenname eines Einzelunternehmens der persönliche bürgerliche Nachname mit mindestens einem ausgeschriebenen Vornamen. Eine GbR firmiert ebenso unter den Namen der Gründer sowie dem Zusatz »GbR«. Im kompletten Geschäftsverkehr, also zum Beispiel auf Briefbögen oder im Impressum, muss dieser Firmenname vollständig verwendet werden. Allerdings darf sowohl beim Einzelunternehmen wie auch bei der GbR als Zusatz eine »Geschäftsbezeichnung« verwendet werden – die du mit Hilfe der Tools im letzten Kapitel nach deinem Geschmack frei erfinden darfst.

Solange dieses Phantasiewort nicht über die tatsächliche Größe des Unternehmens hinwegtäuscht, andere Rechtsformen imitiert oder andere Markenrechte verletzt, hast du hierbei freie Wahl. Nehmen wir als kleines Beispiel an, ich möchte mein 4-Stunden-Startup »Grayyo« nennen (Dot-o-mator sei Dank), die entsprechenden Domains habe ich mir bereits gesichert, und das Logo steht: Gründe ich »Grayyo« alleine als Einzelunternehmer, müsste mein Unternehmen rein rechtlich »Grayyo Felix Plötz« heißen. Würde ich es zusammen mit einem Freund starten, wäre es zum Beispiel die »Grayyo Felix Plötz & Dennis Betzholz GbR«.

Wenn eine solche Kombination aus Phantasienamen plus doppeltem Vor- und Nachnamen zu lang oder zu umständlich ist, genügt ausnahmsweise das Führen der Nachnamen – aber nur wenn diese die erforderliche Kennzeichnungskraft besitzen, also nicht zu häufig im Geschäftsverkehr vorkommen. Wäre dies gegeben, dürfte zum Beispiel im Impressum von Grayyo.com »Grayyo Plötz & Betzholz GbR« als Firmenname stehen.

Gewerbeanmeldung und Anmeldung beim Finanzamt

»Muss ich ein Gewerbe anmelden?«, ist wohl eine der am häufigsten gestellten Fragen von Neugründern. Die Antwort lautet: Ja, wenn du mit deiner nebenberuflichen Selbständigkeit die Absicht verfolgst, Gewinne zu erzielen, und kein Freiberufler bist, musst du ein Gewerbe anmelden.

Freiberufler werden umgangssprachlich häufig mit Selbständigen im Allgemeinen oder freien Mitarbeitern gleichgesetzt, doch diese Interpretation ist völlig falsch. Die »freien Berufe« sind im Einkommensteuergesetz klar definiert und umfassen nur wenige Tätigkeiten. Viele der »Katalogberufe« setzen spezielle akademische Ausbildungen oder staatliche Prüfungen voraus. Zwar ist im Gesetz auch von »ähnlichen

Berufen« die Rede, allerdings ist auch diese Liste sehr begrenzt. Zu den freien Berufen gehören:
- juristische Berufe (zum Beispiel Rechtsanwalt, Notar, Patentanwalt),
- wirtschaftswissenschaftliche Berufe (zum Beispiel Steuerberater, Wirtschaftsprüfer, Unternehmensberater),
- Heilberufe (zum Beispiel Apotheker, Psychotherapeut, Tierarzt),
- Medizinalfachberufe (zum Beispiel Hebamme, Masseur, Diätassistent),
- pädagogische und verwandte Berufe (zum Beispiel Tagesmutter, Lehrer, Dozent),
- kreative Berufe (zum Beispiel Designer, Fotograf, Texter),
- publizistische Berufe (zum Beispiel Übersetzer, Journalist, Videojournalist),
- naturwissenschaftliche und technische Berufe (zum Beispiel Innenarchitekt, Informatiker, Ingenieur).

Gehört deine Geschäftsidee nicht zu diesen Dienstleistungen, dann ist davon auszugehen, dass sie im Umkehrschluss ein Gewerbe ist. Freiberufler brauchen deshalb keinen Gewerbeschein, sie melden sich direkt beim Finanzamt an, um eine separate Steuernummer zu erhalten; dafür haben sie vier Wochen Zeit. Beim zuständigen Finanzamt gibt es auch verbindliche Informationen zu Einzelfällen – ob also dein 4-Stunden-Startup freiberuflich oder gewerblich einzustufen ist.

Gewerbliche Tätigkeiten im Rahmen eines Einzelunternehmens oder einer GbR sind beispielsweise der Verkauf von Produkten, Agentur- und Vermittlungstätigkeiten gegen Provision oder handwerkliche und handwerksnahe Berufe. Wenn du dich für die Rechtsform einer Kapitalgesellschaft, zum Beispiel eine GmbH, entschieden hast, ist deine

Selbständigkeit unabhängig von der Geschäftsidee automatisch gewerblich.

Die Anmeldung eines Gewerbes erfolgt bei deiner Stadt oder Gemeinde. Die Kosten für den Gewerbeschein fallen nur einmalig an, sind in Deutschland allerdings nicht einheitlich. Je nach Gemeinde liegen sie zwischen 10 und 60 Euro pro Person. In Hamburg und Köln kostet er aktuell beispielsweise 20 Euro, in Berlin 26 Euro und in München 45 Euro. Für eine GbR mit zwei Gründern müssen beide das Gewerbe anmelden, also entsprechend den doppelten Betrag bezahlen. Darüber hinaus ist die Anmeldung unkompliziert: Es genügt, ein Formular auszufüllen und den Personalausweis vorzulegen. Das Gewerbeamt informiert daraufhin automatisch andere relevante Stellen wie die IHK oder das Finanzamt.

In manchen Fällen ist das Gewerbe genehmigungspflichtig, zum Beispiel bei Finanzdienstleistungen oder Gaststätten. Diese Überprüfung übernimmt das Gewerbeamt ebenfalls von sich aus.

Zu welchem Zeitpunkt solltest du das Gewerbe anmelden? Grundsätzlich so früh wie möglich. Allerdings ist eine gewerbliche Tätigkeit auch durch eine Gewinnerzielungsabsicht definiert, die sicher noch nicht gegeben ist, wenn du ein Logo entwerfen lässt oder Domains registrierst. Du musst dich also nicht unnötig stressen.

Grundsätzlich bist du mit deinem 4-Stunden-Startup nicht in der gesetzlichen Unfallversicherung pflichtversichert. Es gibt jedoch Ausnahmen, die es mit der zuständigen Berufsgenossenschaft zu klären gilt. Die Anmeldung muss innerhalb einer Woche nach der Gewerbeanmeldung beziehungsweise nach Aufnahme der selbständigen Tätigkeit erfolgen. Die Berufsgenossenschaft schickt dir daraufhin einen Fragebogen zur Beurteilung deiner Versicherungspflicht. Die zuständige Berufsgenossenschaft findest du unter www.dguv.de.

Steuern

Das Thema Steuern ist vielen schon im privaten Bereich ein Graus. Jedes Jahr zeigen Studien aufs Neue, dass wir kaum etwas so gerne und konsequent aufschieben wie die eigene Steuererklärung. Da das Thema nicht nur trocken, sondern auch komplex ist, gilt an dieser Stelle das bereits Gesagte ganz besonders: Ein Steuerberater kostet Geld, kann sich aber sehr schnell bezahlt machen – nicht nur finanziell, er schont vor allem deine Nerven. Wir beschränken uns an dieser Stelle darauf, die wichtigsten Steuerarten so kompakt wie möglich kennenzulernen. Denn auch wenn dein Steuerberater dir hilft, solltest du zumindest wissen wobei.

Gewerbe- und Körperschaftssteuer

Für die meisten 4-Stunden-Startups dürfte Gewerbesteuer – zumindest zu Beginn – kein großes Thema sein: Für eine GbR oder ein Einzelunternehmen, die gewerblich handeln, gilt ein Freibetrag von 24 500 Euro pro Jahr. Wohlgemerkt: Dieser Freibetrag bezieht sich auf den Gewinn, nicht den Umsatz. Freiberufler haben darüber hinaus das Privileg, dass sie von der Gewerbesteuer komplett befreit sind.

Gewerbesteuer ist bei Kapitalgesellschaften wie einer GmbH deutlich relevanter: Diese fällt hier bereits ab dem ersten Euro Gewinn an. Des Weiteren zahlen Kapitalgesellschaften Körperschaftssteuer in Höhe von aktuell 15 Prozent auf ihren Gewinn. Für die häufigste Rechtsform von 4-Stunden-Startups, Einzelunternehmen und GbR, fällt diese hingegen nicht an. Hier wird der Gewinn über den persönlichen Einkommensteuersatz versteuert.

Einkommensteuer

Im Gegensatz zu einer normalen Privatperson bist du als Selbständiger verpflichtet, eine Steuererklärung abzugeben. Für die Ermittlung der Einkommensteuer werden u.a. alle Einkünfte aus selbständiger und unselbständiger Arbeit zusammengerechnet – der Gewinn aus deinem 4-Stunden-Startup wird also zusammen mit deinem Gehalt veranschlagt. Vergiss allerdings nicht, dass Gewinn nicht gleich Umsatz bedeutet. Alle relevanten Kosten, die bei deiner Selbständigkeit entstehen, etwa für die Markenanmeldung oder den Einkauf von Materialen, werden von deinen Umsätzen abgezogen und verringern den zu versteuernden Gewinn. Außerdem gibt es einen persönlichen Grundfreibetrag von aktuell 8652 Euro. Ist dein 4-Stunden-Startup deine einzige Einkommensquelle, können die Einkünfte daraus also durchaus steuerfrei sein, zum Beispiel bei Studenten.

Ein anderer Punkt ist für 4-Stunden-Startups besonders wichtig: Betrachtet das Finanzamt dein 4-Stunden-Startup nicht als Unternehmen mit Gewinnerzielungsabsicht, dürfen entsprechende Kosten nicht gegengerechnet werden und müssen im Nachhinein zurückgezahlt werden. Bietest du beispielsweise selbstgemachten Schmuck an und kaufst dafür in großem Umfang Perlen, Edelsteine et cetera, muss der fertige Schmuck mindestens die Herstellungskosten decken. Verkaufst du ihn günstiger, weil es dir ausschließlich um den Spaß beim Designen und Fertigen der Ketten geht, wird das Finanzamt dein 4-Stunden-Startup nicht als solches akzeptieren, sondern es vielmehr als reines Hobby einstufen. In der Praxis wird diese als »Liebhaberei« bezeichnete Einschätzung erst nach einiger Zeit relevant, denn Anlaufverluste sind völlig normal. Schaffst du es also zum Beispiel, deine Einkaufskonditionen mit steigenden Umsätzen immer weiter zu verbessern, ist es ziemlich egal, ob der Preis für deinen Schmuck am Anfang noch nicht kostendeckend war.

Umsatzsteuer

Als Unternehmer bist du grundsätzlich verpflichtet, deinen Kunden Umsatzsteuer in Rechnung zu stellen und diese an das Finanzamt abzuführen. Und so banal es klingt: Das Geld landet zwar auf deinem Konto, aber es gehört dir nicht. Einer der schlimmsten Fehler von Neugründern ist es, diese Banalität zu missachten und das Geld auf ihrem Konto auszugeben, statt es später dem Finanzamt zu überweisen. Allerdings geht mit dieser Pflicht gleichzeitig das Recht einher, dir die gesamte Umsatzsteuer, die du selbst im Rahmen fremder Rechnungen bezahlt hast, erstatten zu lassen. In der Praxis muss (je nach Höhe der Umsatzsteuer) entweder monatlich oder quartalsweise eine Umsatzsteuervoranmeldung gemacht werden, in der alle Einnahmen und Ausgaben miteinander verrechnet werden. So wird durch dich oder deinen Steuerberater ganz genau ermittelt, ob du Umsatzsteuer nachbezahlen musst oder rückerstattet bekommst.

Hierzu gibt es allerdings eine Ausnahmeregelung. Sie ist dann interessant, wenn dein 4-Stunden-Startup vor allem auf Privatkunden ausgerichtet ist und auch auf lange Sicht nur ein kleines Nebenprojekt sein soll: Erzielst du im Gründungsjahr voraussichtlich weniger als 17 500 Euro Umsatz (nicht Gewinn) und im Folgejahr weniger als 50 000 Euro, darfst du nach Paragraph 19 des Umsatzsteuergesetzes die sogenannte »Kleinunternehmerregelung« in Anspruch nehmen. In diesem Fall hast du grundsätzlich die Möglichkeit, je nach Produkt oder Dienstleistung 7 beziehungsweise 19 Prozent günstigere Preise zu machen – oder entsprechend mehr Gewinn einzustreichen! Es muss nämlich keine Umsatzsteuer auf deinen Rechnungen ausgewiesen werden. Im Gegenzug wird dir aber auch die Umsatzsteuer auf fremden Rechnungen nicht erstattet.

Die Kleinunternehmerregelung wird häufig als enorme

Starthilfe für junge Unternehmen gepriesen. Allerdings trifft dies nur unter den gegebenen Rahmenbedingungen zu. Bietest du beispielsweise vorrangig an Firmenkunden an, verliert die Kleinunternehmerregelung an Attraktivität: Zum einen kann sie ein eher negatives Image bei deinen Kunden erzeugen, die »klein« mit »unprofessionell« gleichsetzen. Zum anderen geht dein Preisvorteil verloren, wenn Firmenkunden selbst die Umsatzsteuer verrechnen dürfen, also keine Kleinunternehmer sind: Für sie zählt ohnehin nur der Nettopreis.

Der Preisvorteil geht dir auch dann verloren, wenn du dich auf Privatkunden konzentrierst, aber dein Umsatz irgendwann die Schwelle überschreitet. In diesem Fall könntest du gezwungen sein, die Preise um 7 beziehungsweise 19 Prozent anzuheben – oder auf einen großen Teil deines Gewinns zu verzichten. Auch wenn deine Anlaufkosten hoch sind, kann die Kleinunternehmerregelung nachteilig sein, denn die von dir bezahlte Umsatzsteuer bekommst du nicht erstattet.

Und eine weitere Besonderheit wird von Neugründern zu häufig übersehen: Nur die wenigsten gründen zum 1. Januar, sondern irgendwann im Laufe des Jahres. Das Finanzamt rechnet allerdings die erzielten Umsätze auf das gesamte Jahr hoch! Gründest du zum Beispiel im Oktober und erzielst in den letzten drei Monaten des Jahres einen Umsatz von insgesamt 8000 Euro, dann rechnet das Finanzamt diesen Umsatz auf die Monate Januar bis September hoch und kommt so auf einen rechnerischen Jahresumsatz von 32 000 Euro. Damit liegst du rechnerisch über der Freigrenze und darfst nicht als Kleinunternehmer auf die Umsatzsteuer verzichten! Dies ist mir mit meinem Geschäftspartner tatsächlich selbst passiert, als wir von Oktober bis Dezember eine Crowdfunding-Kampagne durchführten und dabei etwas mehr als 10 000 Euro einnahmen: Plötzlich waren wir keine Kleinunternehmer mehr und mussten Umsatzsteuer bezahlen. Das Finanzamt hatte auf das gesamte Kalenderjahr bezogen einen Umsatz von rund 50 000 Euro hochgerechnet.

Buchhaltung

Anders als Kapitalgesellschaften wie eine GmbH haben 4-Stunden-Startups mit den Rechtsformen Einzelunternehmer oder GbR keine Buchführungspflicht. Für sie genügt stattdessen eine einfache Einnahmen-Überschuss-Rechnung (EÜR). Einzige Voraussetzung: Sie dürfen sich nicht freiwillig ins Handelsregister eintragen lassen und als Gewerbetreibende pro Jahr nicht mehr als 500 000 Euro Umsatz oder 50 000 Euro Gewinn machen. Für Freiberufler existieren diese Grenzen nicht.

Für die EÜR gibt es ein gesetzlich vorgeschriebenes Formular des Finanzministeriums. Das Recht, dieses Formular nicht zu verwenden, sondern stattdessen eine formlose Gewinnermittlung zu machen, haben 4-Stunden-Startups mit jährlichen Betriebseinnahmen von weniger als 17 500 Euro. Als Grundlage für die EÜR genügen einfache Aufzeichnungen, aus denen alle im Laufe einer Rechnungsperiode zugeflossenen Einnahmen und alle abgeflossenen Ausgaben hervorgehen. Diese Beträge, also Einnahmen wie Ausgaben, müssen für das Finanzamt durch Belege dokumentiert sein. Auch für deine Buchhaltung empfiehlt es sich, einen Steuerberater zu engagieren. Die Kosten hierfür relativieren sich im Hinblick auf die möglichen Einsparungen, die ein Fachmann erzielen kann.

Da sowohl GbR wie auch Einzelunternehmen sehr stark mit ihren Gründern verknüpft sind, ist ein eigenes Firmenkonto nicht vorgeschrieben. Der Übersichtlichkeit halber ist dies dennoch sehr zu empfehlen. Wenn hin und wieder Ausgaben in bar oder mit der privaten Bankkarte getätigt werden, ist dies jedoch kein großes Problem. Was bei Girokonten mittlerweile normal ist, ist bei Geschäftskonten leider kaum verbreitet: kostenlose Kontoführung. Die Banken lassen sich ihre Geschäftskonten mit bis zu 50 Euro Grundgebühr im Monat bezahlen. Die beiden einzigen kostenlosen Anbieter von Geschäftskonten für 4-Stunden-Startups sind aktuell die DAB Bank sowie die Fidor Bank.

Für dein 4-Stunden-Startup kann es erforderlich sein, zusätzliche Versicherungen abzuschließen, beispielsweise eine Berufshaftpflicht- oder eine Rechtschutzversicherung. Während im privaten Bereich unzählige Vergleichsportale existieren, gibt es für gewerbliche Versicherungen in erster Linie Makler, die den Markt vergleichen und dir ein passendes Angebot vermitteln können. Alternativ hierzu ist im Jahr 2013 ein Startup in München an den Start gegangen, das sich auf gewerbliche Versicherungen für Gründer und kleinere Unternehmen spezialisiert hat: Finanzchef24 (www.finanzchef24.de). Das Unternehmen greift auf die Daten von etwa vierzig Versicherungsgesellschaften zurück, so dass diese nicht alle einzeln angefragt werden müssen. So erhältst du innerhalb von Minuten ein auf dich angepasstes Angebot.

Arbeiten von zu Hause

Ein weiterer Punkt bei der Gründung eines 4-Stunden-Startups wird häufig übersehen. Er betrifft das selbständige Arbeiten von zu Hause aus beziehungsweise die entsprechende Nutzung der eigenen Wohnung. Hierfür gelten in Deutschland klare Regeln, die im ersten Moment erstaunen mögen: Ein Mieter hat keinerlei Recht darauf, seine Wohnung für die Arbeit als Selbständiger in irgendeiner Form zu nutzen, egal ob gewerblich oder freiberuflich.

Zwar gibt es nach aktueller Rechtsprechung einige Ausnahmen von diesem Grundsatz, unter anderem wenn es keine »Außenwirkung« der Arbeit gibt – doch das trifft in der Praxis höchstens auf Schriftsteller, Gutachter oder Übersetzer zu. Denn unter dieser »Außenwirkung« sind nicht nur permanente Kundenbesuche oder Störung der Nachbarn zu verstehen. Es genügt bereits ein Klingelschild mit dem Firmennamen beziehungsweise die Angabe der privaten Adresse gegenüber dem Gewerbeamt oder Kunden als Geschäftsadresse, um eine Außenwirkung zu erzeugen, wie der Bundesgerichtshof entschieden hat.

Als Mieter hast du daher eigentlich nur eine einzige Wahl: Du musst die Erlaubnis des Vermieters einholen und solltest dir diese unter allen Umständen schriftlich geben lassen. Dabei kann der Vermieter für die teilgewerbliche Nutzung der Wohnung einen je nach Umfang angemessenen Zuschlag auf die Miete verlangen. Benutzt du die Wohnung ohne Zustimmung deines Vermieters, darf dieser dir rechtmäßig kündigen! In Wohngebieten kann es sogar sein, dass die Vermietung von gewerblichen Räumen grundsätzlich überhaupt nicht zulässig ist, wodurch Untersagungsverfügungen und Bußgelder durch die Stadtverwaltung drohen. In anderen Fällen kann es sein, dass das Bauamt einer teilgewerblichen Nutzung zustimmt, wenn du darlegen kannst, dass die Nachbarn dadurch nicht gestört werden.

 Sollte dein Vermieter dir die Nutzung deiner Wohnung zu gewerblichen Zwecken verbieten, musst du nicht zwangsläufig ein eigenes Büro mieten. Manche der im letzten Kapitel vorgestellten virtuellen Büros bieten nämlich neben den Telefonservices auch sogenannte »Domiziladressen«. Diese erfüllen – anders als die ebenfalls häufig angebotenen »Firmenadressen« – das rechtliche Kriterium der Ladungsfähigkeit. Sie dürfen also offiziell als Firmensitz im Handelsregister oder Impressum eingetragen werden. Netter Nebeneffekt: Derartige Adressen liegen häufig in bester Lage und können deinem 4-Stunden-Startup so etwas mehr repräsentativen Glanz verleihen als eine Adresse im Wohngebiet. Kombiniert mit einem Postservice wie Dropscan lässt sich ein solches virtuelles Büro sehr leicht mit Leben füllen. In größeren Städten etablieren sich darüber hinaus auch immer mehr sogenannte »Coworking-Spaces«, die ebenfalls eine Alternative zur heimischen Wohnung sein können. In diesen Büros kann man stundenweise einen Arbeitsplatz mieten und sich so einen eigenen, günstigen Arbeitsplatz außerhalb der eigenen vier Wände schaffen.

Was in Österreich und der Schweiz wichtig ist

Die rechtliche Situation in Österreich ist ähnlich komplex wie in Deutschland, in der Schweiz hingegen ist manches vergleichsweise einfach. Die folgende Beschreibung soll dir als erster Überblick dienen, um dir eine Grundlage zu verschaffen: Mit diesem Wissen kannst du die verschiedenen Beratungsangebote, die in beiden Ländern zum Teil kostenlos angeboten werden, aber in ihrem Beratungsumfang begrenzt sind, effektiv für dich nutzen. Du kannst die richtigen Fragen stellen, ohne dass dein Berater erst bei Adam und Eva anfangen muss. Vor konkreten Schritten empfiehlt es sich, wie in Deutschland deine persönliche Situation mit einem Arbeitsrechtanwalt oder Steuerberater zu besprechen, um jegliches Risiko für dich auszuschließen.

 Sowohl in Österreich als auch der Schweiz existieren kostenlose Informations- und Beratungsangebote. In Österreich gibt es beispielsweise den Gründerservice der Wirtschaftskammern (www.gruenderservice.at). Hier finden sich generelle Informationen, Unterlagen und Termine von Workshops. Daneben kann auf der Seite auch ein kostenloser Beratungstermin an einem der über neunzig Standorte vereinbart werden. Pro Jahr werden zirka fünfundvierzigtausend Gründer durch die Wirtschaftskammer Österreich (WKO) persönlich beraten.
Auch in der Schweiz gibt es ähnliche Beratungsangebote, vor allem auf kantonaler Ebene. Auf der Gründungsplattform des Kantons Zürich (www.grueden.ch) finden sich vielfältige Informationen, Literaturtipps und Ansprechpartner. Ein großer Teil des Angebots richtet sich dabei auch an Personen außerhalb des Kantons Zürich. Des Weiteren finden sich hier auch die Kontaktdaten der Wirtschaftsförderungen anderer Kantone. Bereits seit dem Jahr 1999 gibt es in Zürich außerdem das privat initiierte Startzentrum Zürich (www.startzentrum.ch), das ebenfalls eine kostenlose persönliche Erstberatung bietet. Dieses Angebot wird jährlich von etwa fünfhundert Gründern wahrgenommen.

Österreich

Arbeitsrechtliche Situation

Auch in Österreich steht an erster Stelle die Frage: »Darf ich ein 4-Stunden-Startup gründen?« Grundsätzlich gilt: Ist eine Tätigkeit gesetzlich erlaubt, gibt es keine Meldepflicht. Der Arbeitgeber muss hingegen informiert werden, wenn dies vertraglich vereinbart ist. Unter Umständen muss zusätzlich seine Zustimmung eingeholt werden – dies sollte in jedem Fall schriftlich erfolgen.

Für Angestellte gilt hierbei neben den vertraglichen Vereinbarungen durch den Arbeitsvertrag in erster Linie das Angestelltengesetz, genauer gesagt das in Paragraph 7 geregelte »Konkurrenzverbot«: Wer als Angestellter im selben Geschäftszweig wie sein Arbeitgeber auf eigene oder fremde Rechnung Handelsgeschäfte durchführt, braucht generell die Zustimmung seines Chefs. Unabhängig vom Geschäftszweig ist es darüber hinaus verboten, ein selbständiges kaufmännisches Unternehmen ohne Zustimmung zu führen.

Dieses gesetzliche Konkurrenzverbot ist ausschließlich während eines bestehenden Dienstverhältnisses gültig, umfasst dabei aber selbstverständlich auch Urlaub, Dienstfreistellung oder die Zeit während der Kündigungsfrist. Die Bestimmungen für Arbeiter sehen vor, dass diese keinem »abträglichen Nebengeschäft« nachgehen dürfen, also keine Tätigkeiten ausüben, die sich nachteilig auf den Betrieb auswirken – es sei denn, der Arbeitgeber erlaubt die entsprechende Tätigkeit ausdrücklich. Handelt ein Arbeiter oder Angestellter gegen diese Vorschriften, drohen im schlimmsten Fall die fristlose Entlassung sowie Schadenersatzforderungen.

Gewerbe oder Neuer Selbständiger

Ähnlich wie in Deutschland gibt es auch in Österreich eine Unterscheidung zwischen gewerblich tätigen Selbständigen und Freiberuflern, wobei diese hier als »Neue Selbständige« bezeichnet werden, wenn sie keiner Kammer angehören wie beispielsweise Journalisten oder Lehrende. Sie unterliegen nicht der Gewerbeordnung, brauchen daher keine Gewerbeberechtigung und gehören eben auch nicht der Wirtschaftskammer an. Ebenfalls wie in Deutschland gibt es auf der einen Seite freie Gewerbe ohne besondere Voraussetzungen, beispielsweise als EDV-Dienstleister oder Eventmanager, und auf der anderen Seite reglementierte Gewerbe, bei denen die Befähigung nachgewiesen werden muss, beispielsweise um sich als Tischler oder Immobilientreuhänder selbständig zu machen.

Nach der Gewerbeanmeldung beziehungsweise der Aufnahme der betrieblichen Tätigkeit hast du als Gründer die Betriebseröffnung dem Finanzamt und der gewerblichen Sozialversicherungsanstalt zu melden. Dafür hast du einen Monat Zeit.

 Die Gewerbeanmeldung kann im Rahmen der Beratung der WKO elektronisch durchgeführt werden und dauert höchstens 15 Minuten. Der Aufwand eines separaten Amtsgangs entfällt somit.

Rechtsformen und Steuern

Auch in Österreich gibt es die beiden Rechtsformen des Einzelunternehmers und der Gesellschaft bürgerlichen Rechts (GesbR), die sich durch ihre unkomplizierte und schnelle Gründung auszeichnen. Allerdings haften auch hier die Gründer unbeschränkt mit ihrem Privatvermögen. Bei beiden Rechtsformen müssen die Gründer unter ihren vollen Namen firmieren, wenn sie nicht im Firmenverzeichnis eingetragen sind, wobei zusätzlich eine Geschäfts- oder Phantasiebezeichnung möglich ist. Ein Einzelunternehmer kann sich freiwillig im Firmenverzeichnis eintragen lassen, eine GesbR wird in diesem Fall automatisch zu einer Offenen Gesellschaft (OG).

Wie auch in Deutschland wird der Gewinn über den persönlichen Einkommensteuersatz und nicht über die Gesellschaft versteuert. Steuerpflicht tritt dann ein, wenn durch dein 4-Stunden-Startup Einkünfte von mehr als 730 Euro im Jahr erzielt werden.

Die Einkünfte aus deinem Nebenprojekt werden immer zusammen mit deinem normalen Einkommen besteuert. Alle Einkünfte bis zu 11 000 Euro sind dabei steuerfrei. Auf der anderen Seite gibt es eine Höchstgrenze: Liegt dein normales Einkommen bei mehr als 100 000 Euro, so erhöht sich dein persönlicher Steuersatz durch die Einkünfte aus deinem 4-Stunden-Startup nicht weiter.

In Österreich gibt es sowohl im Bereich der Umsatzsteuer wie auch im Bereich der Sozialversicherungspflicht eine »Kleinunternehmerregelung«, was durchaus zu Verwirrung führen kann. Bei der Umsatzsteuer gilt, dass sich Kleinunternehmer bis zu einem Umsatz von 30 000 Euro von der Umsatzsteuer befreien lassen können – im Gegenzug dürfen sie sich diese nicht von fremden Rechnungen erstatten lassen. Ähnlich wie in Deutschland ist dies interessant, wenn absehbar ist, dass du die Umsatzschwelle dauerhaft nicht überschreitest, deine Ausgaben im Vergleich zu deinen

Einnahmen eher gering sind und du vorrangig an Privatkunden anbietest.

Sozialversicherungen

Grundsätzlich sind Gewerbetreibende und Neue Selbständige in der Sozialversicherung der gewerblichen Wirtschaft versichert. Als Gewerbetreibender ist man ab der Gewerbeanmeldung bei der Gewerblichen Sozialversicherungsanstalt (SVA) pflichtversichert (Pensions-, Kranken und Unfallversicherung sowie Abfertigung). Hier greift allerdings die zweite Kleinunternehmerregelung: Bleibt ein Einzelunternehmer unter einem Umsatz von jährlich 30 000 Euro und einem Gewinn von 4871 Euro, kannst du dich von der Pensions- und Krankenversicherung sowie Abfertigung befreien lassen; die Unfallversicherung ist hingegen in jedem Fall zu entrichten. Ähnliches gilt für die Neuen Selbständigen: Erst wenn du mit deinem 4-Stunden-Startup mehr als 4871 Euro Gewinn erzielst, unterliegst du der Pflicht, dich bei der SVA zu versichern.

In Österreich gibt es das Neugründungs-Förderungsgesetz (NeuFöG), mit dem das Ziel verfolgt wird, die Gründung von Unternehmen durch die Befreiung von bestimmten Steuern, Abgaben und Gebühren zu erleichtern. Neben verschiedenen Vergünstigungen ist besonders interessant, dass hierdurch die Kosten der Gewerbeanmeldung, beispielsweise Stempelgebühren und Bundesverwaltungsabgaben, entfallen können.

Schweiz

In der Schweiz ist es grundsätzlich um einiges einfacher, ein Unternehmen – und damit auch ein 4-Stunden-Startup – zu gründen: Beispielsweise ist es weder nötig, ein Gewerbe anzumelden, noch gibt es die in Deutschland und Österreich recht intransparente Unterscheidung zwischen Gewerbetreibenden, Freiberuflern und Neuen Selbständigen. Es gibt keine Pflichtmitgliedschaften bei Industrie- und Handelskammern oder Berufsverbänden. Eine Selbständigkeit im Nebenerwerb muss auch nicht der Krankenkasse gemeldet werden. Lediglich der Ausgleichkasse muss diese bekanntgegeben werden, um als Selbständiger anerkannt zu werden – dazu genügt die Beantwortung eines Fragebogens.

Arbeitsrechtliche Situation

Ob ein Nebenerwerb erlaubt ist, regelt hier grundsätzlich der Arbeitsvertrag. Üblicherweise sieht dieser vor, dass der Arbeitgeber vor Aufnahme einer solchen Tätigkeit informiert werden muss. Die Klausel, dass es seiner schriftlichen Zustimmung bedarf, existiert zwar auch, aber eher selten.

Für Angestellte in der Privatwirtschaft gilt dabei die Treuepflicht nach Artikel 321a des Obligationenrechts (OR): Danach darf auch in der Schweiz ein Arbeitnehmer weder als Selbständiger noch in einem weiteren Angestelltenverhältnis seinem Arbeitgeber Konkurrenz machen. Er darf mit seinem Nebenprojekt auch nicht das Ansehen des Arbeitgebers schädigen, und auch die Leistungsfähigkeit des Arbeitnehmers darf dadurch nicht so stark beeinträchtigt werden, dass er seiner normalen Arbeit nicht mehr voll nachkommen kann.

Für Angestellte in der öffentlich-rechtlichen Verwaltung oder in staatlichen Unternehmen gelten dabei eigene Regeln, die durch das jeweilige kommunale, kantonale und Bundesrecht bestimmt sind.

Rechtsformen und Steuern

In der Schweiz ist die beliebteste Rechtsform ebenfalls die des Einzelunternehmers – sie ist in vielen Teilen ähnlich ausgestaltet wie in Österreich und Deutschland: Der Firmenname muss den Namen des Gründers beinhalten, wobei hier der Familienname genügt. Zusätzlich sind Phantasie- oder Sachbezeichnungen zulässig. Erst ab einem Umsatz von 100 000 Franken muss das Einzelunternehmen ins Handelsregister eingetragen werden, was rund 120 Franken kostet. Bis zu einem Umsatz von 500 000 Franken genügt für Einzelunternehmen eine einfache Buchhaltung, die nur die Einnahmen, die Ausgaben und die Vermögenslage umfasst. Alle Einkünfte aus einem als Einzelunternehmen geführten 4-Stunden-Startup werden mit den Einkünften aus angestellter Tätigkeit in der Steuererklärung zusammengerechnet und versteuert.

Eine Gesellschaft bürgerlichen Rechts gibt es in der Schweiz nicht, sondern zwei Varianten: die einfache Gesellschaft und die Kollektivgesellschaft. Einfache Gesellschaften treten nach außen als Interessengemeinschaft auf und werden dementsprechend zur Erreichung eines gemeinsamen Zwecks gegründet, wobei diese in der Regel nur temporär bestehen, beispielsweise bei Bauvorhaben. Die Gründung erfolgt formlos, die einfache Gesellschaft muss noch nicht einmal unter eigenem Namen auftreten.

Neben den rund 325 000 Einzelunternehmen gibt es in der Schweiz etwa 9000 Kollektivgesellschaften, die weitgehend das Äquivalent zur GbR beziehungsweise GesbR darstellen. Eine Kollektivgesellschaft wird zwar ähnlich unkompliziert gegründet, muss jedoch zwingend ins Handelsregister eingetragen werden; die Kosten hierfür betragen

240 Franken. Bei der Wahl des Firmennamens gibt es in der Schweiz demnach nicht die Pflicht eines Zusatzes wie GbR, auch müssen hierbei nicht die vollständigen Namen aller Gesellschafter genannt werden. Es genügen Bezeichnungen wie Plötz & Betzholz, Plötz & Co., Plötz & Partner.

Als Unternehmen ist die Kollektivgesellschaft nicht steuerpflichtig, vielmehr werden die einzelnen Gesellschafter direkt besteuert. Auch für Kollektivgesellschaften entsteht die Mehrwertsteuerpflicht erst ab einem Umsatz von 100 000 Franken.

Sowohl bei der Kollektivgesellschaft wie auch beim Einzelunternehmen ist es nicht erforderlich, dass die Gründer ihren Wohnsitz in der Schweiz haben. Sie müssen einzig eine Arbeits- und Aufenthaltsbewilligung vorweisen können.

6

STELL DIR VOR, ES WÄRE GRÜNDERZEIT: CHANCEN FÜR EINEN GESELLSCHAFTLICHEN WANDEL

»Wir brauchen die Herausforderung der jungen Generation, sonst würden uns die Füße einschlafen.«
Willy Brandt

Unsere gemeinsame Reise ist zwar fast zu Ende – aber deine persönliche, um vom bloßen Wollen zum echten Machen zu gelangen, fängt jetzt erst an. Ich hoffe, du konntest dir ein realistisches Bild davon entwickeln, wie es ist, »sein eigenes Ding« zu machen, und was du dafür benötigst. So verschieden 4-Stunden-Startups sein können, zwei Gemeinsamkeiten haben sie alle.

Erstens: Ihre Gründer haben angefangen. Ich kann dich nur dazu ermutigen, groß zu denken, gerne so groß es geht – aber trau dich, klein zu starten und überhaupt den ersten Schritt zu wagen. Der erste Schritt ist Voraussetzung für alles, was danach kommen mag. Manchmal ist dieser so geringfügig, wie über die eigene Idee zu sprechen, statt sie geheim zu halten – und doch kann sich auch solch eine Banalität unendlich schwer anfühlen.

Und zweitens: Was aus einer kleinen Idee werden kann, ist am Anfang selten absehbar. In diesem letzten Kapitel möchte ich dir zeigen, warum es eine gute Idee ist, ein eigenes 4-Stunden-Startup zu gründen – für dich und sogar für deinen Arbeitgeber. Ich bin fest davon überzeugt, dass aus dieser kleinen Idee etwas Großes werden kann. Sein eigenes Ding nebenher zu machen war noch nie so einfach wie heute – und zusammen haben wir die besten Chancen, damit unsere Arbeitswelt ein Stück zu verändern: mit mehr

Freiheit, mehr Träumen, mehr Leben. Und das ganz realistisch und ohne jeglichen Kitsch.

Vielleicht erinnerst du dich, dieses Buch beginnt mit einem Bekenntnis: Ich bin ein Traumtänzer. Mittlerweile kommt mir dieses Wort locker über die Lippen. Ich weiß, nicht alle teilen meine Überzeugung, dass heute jeder von uns sein eigenes Ding machen kann, und das sogar neben der Arbeit. Manche halten das für Spinnerei – oder eben für die Worte eines Traumtänzers. Damit kann ich leben. Als ich jedoch das allererste Mal hörte, dass ich ein Traumtänzer sei, war ich außer mir: Diejenigen, die das behaupteten, hatten mich nie gesehen, nie gesprochen – sie kannten mich gar nicht!

Es war im Sommer 2011, als ich das erste Mal in einem Artikel las, dass die Generation, zu der ich gehöre, genau das sei: ein Haufen Traumtänzer. Wir – ich und die etwa fünfzehn Millionen anderen meiner Generation, die heute zwischen zwanzig und fünfunddreißig sind – würden nicht nur ständig alles hinterfragen, weshalb wir auch Generation Y genannt würden (Y für Englisch »why«), sondern seien außerdem »wählerisch wie die Diva beim Dorftanztee«. Unsere Eltern hätten uns zu sehr verhätschelt. Wir hätten zu häufig »Du kannst alles erreichen, was du willst!« und »Lebe deine Träume!« gehört, so dass unser Selbstbewusstsein genauso überdimensional wie unser Anspruch an das Leben sei. Selbstverwirklichung sei unser Lebensziel. Aber in Wahrheit bekämen wir alleine nichts gebacken und müssten uns ständig ans Händchen nehmen lassen.

Ich war damals außer mir – nicht nur, weil ich ungefragt plötzlich irgendeiner »Generation« angehörte, sondern weil ich gerade zu diesem Zeitpunkt dabei war, mein erstes eigenes 4-Stunden-Startup aufzubauen. Mich musste dabei keiner an die Hand nehmen – und ich war sicher, dass ich nicht der Einzige war, der das konnte! Ich hatte auch nicht das Gefühl, dass ich der Einzige im Kreis meiner Bekannten und Kollegen war, der insgeheim Lust hatte, endlich mal etwas Neues auszuprobieren.

Wie häufig hatte ich den Satz »Eigentlich würde ich ja gerne mal ...« gehört. Er klang immer gleich – egal ob von der zwanzigjährigen Auszubildenden oder dem sechzigjährigen Beamten. Oder anders gesagt: Es scheint sehr viele Menschen zu geben, deren Jobs ihnen kaum Gestaltungsfreiheit bieten und deren Leben mit der Zeit zu eindimensional und eng geworden ist. Sehr viele Menschen, die endlich *ihre Träume* leben wollen – ganz egal, zu welcher Generation sie nun gehören.

Aber diesem Gefühl zum Trotz muss ich eines zugeben: Meine Generation ist speziell. Sie ist anders als ihre Eltern und Großeltern – und es lohnt sich, einen genaueren Blick hinter die Kulissen zu werfen. Denn ihre Werte und Prioritäten sind wie gemacht für eine breite Kultur von 4-Stunden-Startups, weit über die Grenzen dieser Generation hinaus. Sie kann die Keimzelle einer kleinen Revolution sein, die das Potenzial hat, zu einer großen Bewegung zu werden.

Generation Y

Meine Generation wurde in vielen Bereichen schon sehr früh auf Hochgeschwindigkeit getrimmt. Böse gesagt: Sie war Probekörper in einer Versuchsanordnung, die den Zweck hatte, herauszufinden, ob sich »Reife« nicht in Wahrheit ultimativ beschleunigen lässt – und nicht etwas ist, das sich *einstellen* muss, wie das Wort suggeriert. Ein Experiment, das übrigens immer noch nicht abgeschlossen ist, denn über eines scheint heute Konsens zu herrschen: In Zeiten des globalen Wettbewerbs muss alles schneller gehen.

Und es ist höchste Zeit, die maximale Geschwindigkeit herauszufinden: Das Turbo-Abitur war nur der Anfang, denn davor und danach ist keine Zeit zu verlieren. Englisch im Kindergarten? Ganz nett. Aber aus wem mal was werden soll, der lernt mit vier schon Mandarin. Ein Auslandsjahr in der Schule? War zu meiner Zeit die Ausnahme – heute ist es Standard. Wer es sich nicht leisten kann, hat Pech gehabt. Wehrpflicht und Zivildienst? Ein historischer Irrtum, nicht mehr zeitgemäß. Diplom? Zeitverschwendung. Der Bachelor geht schneller, und schneller ist besser, weshalb es nur eine Frage der Zeit war, bis jemand auf die Idee kommen musste, dem Turbo-Abi den Turbo-Bachelor folgen zu lassen. Und warum nicht gleich ein komplettes Bachelor- und Masterstudium in vier statt elf Semestern? Eine absurde Übertreibung? Nein, das Buch *Turbo-Studenten* kam 2013 auf den Markt und wurde als »Erfolgsstory« vermarktet. Immer schneller ist immer besser, so scheint die Devise.

Natürlich ist diese Darstellung etwas überspitzt – aber sonderlich weit weg von der Realität scheint sie mir nicht zu sein. Und was passiert mit einer Generation, deren Leben seit Kindertagen durch Beschleunigung und Lebenslaufoptimierung geprägt ist? Die nicht nur das Schreckgespenst der Globalisierung im Nacken hat, sondern auch mit dem gefühlten Dauerzustand »der Krise« lebt? Angefangen Ende der Neunziger mit dem Platzen der Dotcom-Blase und anschließender Kernschmelze an den Börsen. Dann 9/11 mit dem Ergebnis der omnipräsenten Terrorgefahr. Massenentlassungen trotz Rekordgewinnen Anfang der 2000er Jahre. Der Finanzkrise 2007 mit einer handfesten, jahrelangen Weltwirtschaftskrise als Folge. Einer bis heute schwelenden Krise in Europa und Nahost – und dem beunruhigenden Gefühl, dass die nächste große Krise eigentlich schon vor der Tür steht.

Unser Finanz- und Wirtschaftssystem, das eigentlich der Inbegriff des Soliden, Stabilen, Werteerhaltenden sein sollte – und lange war –, wirkt heute labil und wenig vertrauenswürdig. Nichts scheint mehr sicher. Und auch wenn sich die Wogen seit dem Höhepunkt der Krise wieder geglättet haben, geändert hat sich eines seitdem leider nicht: Die Gleichung Geld gleich Sicherheit geht für viele nicht mehr auf. Eine Karriere zu verfolgen mit dem Ziel, möglichst viel Geld »für später« zu verdienen, lohnt nicht mehr – den historisch niedrigen Zinsen sei Dank. Und es ist auch keine großartige Änderung in den kommenden Jahren absehbar.

Was passiert wohl, wenn man in einer solchen Gemengelage aus Krise, Druck und dem Gefühl, immer mehr inneren und äußeren Ansprüchen genügen zu müssen, groß wird? Wie soll diese junge Generation denn an klassische Werte wie Macht, Sicherheit und Geld glauben? Vor uns baut sich eine Generation auf, die innehält und eine Frage stellt, die geradezu zwangsläufig ist: Warum all das, und kann es so weitergehen wie gehabt?

Es kann nicht verwundern, dass sich bei vielen der Fokus von diesen klassischen Werten hin zu Freiheit, Selbstbestimmung und einer Yolo-Mentalität verändert – »you only live once«. Und zwar nicht, weil uns Geld und Sicherheit nicht mehr wichtig wären, sondern weil wir schlicht den Glauben an sie verloren haben. »Yolo« sagt zwar kein Mensch – aber im Herzen tragen es viele. Außerdem sehen wir euch – unsere Eltern, Chefs und Kollegen, wie ihr in diesem System reihenweise wegknickt: im besten Fall durch Burn-out, im schlimmsten Fall durch Herzversagen. Wir sehen, wie ihr euch euer Leben für später aufspart und sogar die Dinge aufschiebt, die irgendwann gar nicht mehr nachzuholen sind. Wir sehen, dass die »coolen« Stellen, auf die wir hinarbeiten, bei denen das erste Mal endlich »richtige« Verantwortung winkt, gar nicht so cool sind. Dass es vor allem die Stellen im mittleren Management sind, die immer kompakter werden, immer vollgestopfter mit Verantwortung, mit Druck von oben und von unten. Und ihr wundert euch, dass wir den Streifen nicht blind mitmachen, und uns *andere* Ziele setzen?

Wir wollen gestalten, kreativ sein, uns und unser Potenzial einbringen. Natürlich gibt es sie noch, die Stellen mit viel Verantwortung und Gestaltungsspielraum, wo das vielleicht möglich ist – aber sie machen doch nur einen Bruchteil aus. Und, ja, wir sind vermutlich tatsächlich zu ungeduldig, um auf dieses eine Pferd zu setzen und über Jahre oder Jahrzehnte alle nötigen Opfer zu bringen, um diese – möglicherweise – in zehn oder zwanzig Jahren zu erreichen. Wer weiß, ob es das Unternehmen oder gar die ganze Branche dann überhaupt noch gibt?

Wenn das Erwachsenwerden von frühesten Tagen an durch Beschleunigung und Lebenslaufoptimierung bestimmt ist, ergibt sich genauso zwangsläufig wie die Frage nach dem Warum dieser jungen Generation auch die Tatsache, dass dieses Infragestellen, diese Zäsur über das eigene Leben, heute viel eher kommt als früher: schon mit zwanzig, fünfundzwanzig oder dreißig – und nicht mehr als »Midlife-Crisis« irgendwann zwischen vierzig und fünfzig. Der Unterschied? Wer sich mit Ende vierzig die Frage nach der Richtung seines Lebens stellt, wird sie wahrscheinlich im Stillen, für sich alleine, beantworten und daraus Konsequenzen ziehen. Der Versuch, die Welt zu ändern, wird dabei wohl in den wenigsten Fällen das Resultat sein – die eigene Lebenserfahrung spricht dagegen.

Mit fünfundzwanzig spricht hingegen wenig dagegen: Die Generation Y ist, je nachdem, wie man es sehen möchte, so mutig oder unbedarft, für ihre Überzeugungen einzustehen und Forderungen zu stellen. Natürlich kann man eine ganze Alterskohorte nicht als ultrahomogene, gleichtickende Gruppe sehen. Es macht darüber hinaus auch schlicht einen Unterschied, ob man, wie ich zum Beispiel, 1983 geboren ist oder zehn Jahre später. Man wird im Übrigen auch nicht gefragt, ob man sich als Teil dieser Generation sieht – es ist eine recht willkürliche Festlegung, die je nach Quelle auch mal nur die »Um-die-Dreißigjährigen« umfasst oder schon beim Jahrgang 1995 die Grenze zieht.

Kein Wunder also, dass auch viele rechnerisch Zugehörige irritiert sagen: »Moment mal, ich bin doch nicht aus einer Schablone entstanden!« Ich selbst sehe das so! Aber der springende Punkt ist: Auch wenn nur die wenigsten *genau so* sind, so sind erstaunlich viele meiner Generation *schon irgendwie so*. Diese »jungen Wilden« haben das Selbstbewusstsein zu glauben, dass sie etwas ändern können – was manche »überdimensioniert« nennen. Sie haben den Anspruch, ihre Träume zu leben und dieses eine Leben nicht zu verschwenden – was manche als »weltfremd« bezeichnen. Sie glauben an ihre Möglichkeiten – was andere als »unbegründeten Optimismus« sehen. Vor allem aber: Es sind rund 15 Millionen Menschen, die zu dieser Generation gehören. Die *können* was verändern. Und sie stellen heute bereits Forderungen an die Arbeitswelt – zu der wir alle gehören, nicht nur die Generation Y.

Nur was kann man fordern? Hat es Sinn, mit Gewalt Gestaltungsfreiraum in unserem Arbeitsalltag einzufordern – auch in Jobs, wo es diesen Raum einfach nicht gibt? Lohnt es sich, dafür zu kämpfen, dass uns unsere Jobs endlich mehr »Selbstverwirklichung« bieten sollen – also die Möglichkeit, unsere eigenen »Ziele, Sehnsüchte und Wünsche« zu verwirklichen und dabei unsere individuell gegebenen Möglichkeiten und Talente möglichst umfassend auszuschöpfen, verbunden mit dem übergeordneten Ziel, »das eigene Wesen völlig zur Entfaltung zu bringen«, wie es *Wikipedia* so wortreich beschreibt?

Können wir die Natur der Arbeit wirklich in diese Richtung beeinflussen? Oder ist diese Vorstellung nicht nur ambitioniert, sondern möglicherweise tatsächlich zu idealistisch? Ich fürchte, das ist sie. Aber ich glaube auch, wir halten das richtige »Werkzeug« bereits in den Händen, um uns selbst, unsere Wünsche und unser Potenzial zu verwirklichen – ohne dafür die unlösbare Aufgabe lösen zu müssen, die Natur der Arbeitswelt ändern zu müssen. Es ist das 4-Stunden-Startup – eine ganz bodenständige und realistische Form, sein eigenes selbstbestimmtes Ding nebenher zu machen, die uns all diese Möglichkeiten bietet.

Doch wenn diese Möglichkeit bereits heute jedem von uns grundsätzlich zusteht, wie wir im letzten Kapitel gesehen haben: Wofür lohnt es sich – mit der Generation Y als Vorreiter – überhaupt noch zu kämpfen? Die Antwort betrifft den mentalen Aspekt der Frage: »Was passiert, wenn ich meinem Chef sage, dass ich nebenher noch etwas anderes machen möchte?« Und der ist völlig unabhängig von der rechtlichen Lage. Fakt ist: Ein eigenes unternehmerisches Nebenprojekt bietet unzählige Möglichkeiten, aber es ist noch *nicht normal*. Zu viele Angestellte trauen sich nicht, ein solches Projekt anzukündigen, weil sie Angst haben, damit ein schlechtes Licht auf sich zu werfen – vielleicht sogar ihre Karriere zu gefährden. Zu viele Manager sehen die Projekte ihrer Angestellten mit Skepsis und im schlimmsten Fall sogar als Gefahr für das eigene Unternehmen.

Eine wirklich wunderbare Geschichte hat es nicht in das zweite Kapitel geschafft, weil die Protagonistin in letzter Sekunde einen Rückzieher gemacht hat. Sie ist Standesbeamtin und hat als 4-Stunden-Startup ein außergewöhnliches Buch veröffentlicht. Da sie aber eben Standes*beamtin* ist, fürchtete sie negative Reaktionen, gemäß den gängigen Klischees über Beamte: dass sie faul seien und zwischen Nichtstun und ausgiebigem Mittagsschlaf natürlich genug Zeit für irgendwelche Nebenprojekte hätten. Sie ließ sich nicht überreden – und ich kann es sogar nachvollziehen. Auch meine Befürchtungen waren im Vorfeld groß, und vielleicht hatte ich Glück, dass für meinen damaligen Arbeitgeber Mut und Unternehmergeist wichtige Werte sind. Das Mission-Statement des Unternehmens lautete »innovativ, kundenorientiert und unternehmerisch handeln«. Das waren nicht nur leere Worte, dazu stand es tatsächlich.

Um einen echten Kulturwandel zu erreichen, der ein eigenes 4-Stunden-Startup für jeden von uns *normal* macht, brauchen wir offensichtlich mehr Firmen, die keine Probleme mit den unternehmerischen Ambitionen ihrer Angestellten haben und sie im besten Fall sogar aktiv unterstützen. Selbst wenn die heutigen Berufseinsteiger und »Young Professionals« eine nicht unerhebliche demographische Macht besitzen und diesen Wandel durch ihre Forderungen antreiben können, darf dies nicht in Erpressung ausarten. Daher ist es wichtig, zuallererst die Sorgen und Ängste der Unternehmen ernst zu nehmen, um im Anschluss über das Potenzial dieser Idee für die Unternehmen zu sprechen.

Gründer sind die besseren Arbeitnehmer

Wir haben im letzten Kapitel bereits eine Reihe sehr gut nachvollziehbarer »Sorgen« aus Unternehmersicht kennengelernt. Es sind all die sogenannten »berechtigten Interessen«, die geschützt werden müssen und dementsprechend an erster Stelle stehen, wenn es um ein eigenes 4-Stunden-Startup geht. Für angehende Gründer wie auch für die Unternehmen ist die Situation damit klar und in der Praxis für beide Seiten sehr gut handhabbar.

Nehmen wir als Beispiel das Wettbewerbsverbot: Als Gründer eines 4-Stunden-Startups weiß ich sehr genau, ob meine Idee meinem Arbeitgeber Konkurrenz macht oder nicht, und genauso gut kann dies der Arbeitgeber beurteilen. Solche Geschäftsideen fallen also weg – das Unternehmen muss sich demnach keine Sorgen machen und der Gründer einfach nach einer besser geeigneten Idee Ausschau halten. Das dürfte für viele übrigens kein allzu großes Problem sein, denn eine der Hauptmotivationen für das eigene 4-Stunden-Startup ist ja gerade die Lust, etwas Neues auszuprobieren und nicht den Alltag zu kopieren. Die meisten 4-Stunden-Startups haben nichts, aber auch rein gar nichts mit den Hauptjobs ihrer Gründer zu tun, wie wir im zweiten Kapitel gesehen haben. Mit den berechtigten Interessen sind also die Spielregeln für beide Seiten eindeutig, wodurch Arbeitgebern bereits ein großer Teil der Sorgen genommen wird.

Doch was ist mit einem anderen sehr berechtigten Interesse, das dadurch nicht geschützt wird und das ich mit Abstand am häufigsten höre, wenn ich mit Personalverantwortlichen über meine Idee der 4-Stunden-Startups spreche? Der größte Einwand lautet: »Wenn ich meinen Angestellten erlaube oder sie gar ermutige, eigene unternehmerische Erfahrungen zu sammeln, dann ist doch absehbar, dass sie irgendwann kündigen!« Diese Angst scheint so tief verwurzelt zu sein, dass die übrigen Argumente erst akzeptiert werden, wenn ein Blick auf nackte Zahlen geworfen wird. Und diese sind eindeutig: In einer der größten Studien der vergangenen Jahre hat die Universität Trier über »Beweggründe und Erfolgsfaktoren bei Gründungen im Nebenerwerb« herausgefunden, dass diese befürchtete Gefahr in Wahrheit sehr gering ist.

Lediglich einer von vier Gründern möchte sein 4-Stunden-Startup irgendwann einmal zu einem Vollzeitunternehmen ausbauen, drei von vier haben hingegen gar keine Pläne, ihren Hauptjob überhaupt aufzugeben. Das mag erstaunen, denn wie gesagt ist dies die verbreitetste Sorge von Personalverantwortlichen. Doch der von Befragten angegebene Hauptgrund dabei ist ebenfalls eindeutig: Die Zufriedenheit mit einem eigenen 4-Stunden-Startup ist so hoch, dass die Leute gar keinen Handlungsbedarf sehen. Das eigene Projekt ergänzt sich wunderbar mit dem normalen Job – daraus ein Vollzeitunternehmen zu machen, ist für die Mehrzahl gar nicht attraktiv. Dieses Ergebnis deckt sich übrigens mit anderen Studien. So zeigt beispielsweise der KfW-Gründungsmonitor, dass im Jahresschnitt nur 7 Prozent aller Nebenerwerbsgründer den Schritt in die Hauptselbständigkeit machen, wobei diese Zahl unter anderem durch die hohe Quote von Gründern mit Meisterbrief oder von Gründern von der Hochschule beeinflusst wird. Nur für Angestellte betrachtet, wäre diese Zahl also (noch) geringer.

Und noch etwas muss man herausstellen: Diese Zahlen beschreiben diejenigen, die bereits ein eigenes 4-Stunden-Startup an den Start gebracht haben. Die größte Hürde jedoch ist es, diesen Schritt überhaupt zu schaffen! Vom bloßen Wollen zum echten Machen zu kommen ist alles andere als einfach – und all diejenigen, die diesen Schritt nicht schaffen, tauchen folglich in keiner Statistik auf. Doch auch ohne statistische Belege wage ich die Behauptung, dass von tausend Mitarbeitern, die ein CEO oder Geschäftsführer zu eigenen unternehmerischen Erfahrungen im Rahmen eines 4-Stunden-Startups einlädt, nur ein Bruchteil am Ende vor der Frage steht, ob er kündigen soll, um daraus eine große Firma zu schmieden.

Was wie eine Bedrohung wirkt, ist in der Realität alles andere als ein Grund zur Sorge, sondern vielmehr ist es eine enorme Chance für pfiffige Unternehmen. Dafür gibt es im Wesentlichen zwei Ursachen. Der erste Grund betrifft einen Aspekt, den ich im ersten Kapitel bereits angerissen habe: Jeder gute Manager weiß, dass die Grundpfeiler erfolgreicher Unternehmen Innovationsfähigkeit und unternehmerisches Denken sind. Besitzstandswahrung und die Angst vor Fehlern werden ganz sicher nicht ausreichen, einen hoffentlich erfolgreichen Status quo für alle Zeiten zu sichern – ganz im Gegenteil.

Und logisch ist auch: Innovationsfähigkeit und unternehmerisches Denken kann ich nicht nur von meinen Mitarbeitern einfordern, ich muss sie auch fördern. Dafür gibt es verschiedene Möglichkeiten, die sich als praxistauglich erwiesen haben: Mittlerweile verfügt fast jede Firma über ein Ideenmanagement, in dessen Rahmen die Mitarbeiter die Chance bekommen, sich unternehmerisch zu beteiligen.

Üblicherweise wird dabei der durch die Idee erzielte Gewinn beziehungsweise die erreichte Kostenersparnis zwischen Unternehmen und Mitarbeiter aufgeteilt.

Anderen Unternehmen ist das zu wenig. Sie gründen firmeninterne »Think-Tanks« oder »Innovationslabore«, um gezielt neue Ideen zu entwickeln und mehr Kreativität und Startup-Spirit in das eigene Unternehmen zu bringen, so wie die Deutsche Bahn mit ihrem im Sommer 2015 gegründeten »d.lab«. Dem vorausgegangen war die mittlerweile obligatorische Reise zur Startup-Szene im amerikanischen Silicon Valley, die zuvor schon andere große Unternehmen angetreten haben. Das spektakulärste und gleichzeitig medienwirksamste Beispiel: Der Axel-Springer-Konzern, der 2012 gleich eine ganze Delegation von Managern dorthin entsandte – *Bild*-Chef Kai Diekmann blieb gleich ein ganzes Jahr, um dringend notwendige Veränderungsimpulse sowie den richtigen Startup-Spirit zu bekommen.

Andere Unternehmen richten hausinterne »Brutkästen« für Startups ein, sogenannte Inkubatoren- oder Accelerator-Programme, die Startups finanziell unterstützen und Zugang zu den internen Ressourcen, zum Beispiel Büroräumen, gewähren. Die Motivation der Unternehmen dahinter – sei es BMW mit seiner »Startup-Garage«, die Telekom mit »hub:raum« oder der Metro-Konzern mit seinem »Techstars Metro Accelerator« – ist jedoch alles andere als rein altruistisch. Auf diese Weise versuchen Großkonzerne das Gleiche, was auch die Reisen ins Silicon Valley bringen sollen: Zugang zu innovativen Ideen und Veränderungsimpulsen zu erlangen.

Eine weitere Gemeinsamkeit verbindet all die verschiedenen Bemühungen, von der Welt der Startups zu profitieren: Sie funktionieren nicht von innen heraus. Denn sie nutzen nicht das gesamte Potenzial aller hundert, tausend oder zehntausend Mitarbeiter, sondern berühren, wenn überhaupt, nur einen Bruchteil des Unternehmens. Im »d.lab«

der Deutschen Bahn arbeiten beispielsweise im Kern gerade mal zehn der etwa dreihunderttausend Mitarbeiter. Ähnlich ist es bei den beliebten Managementreisen zur amerikanischen Startup-Szene oder den Inkubatoren-Programmen: Ein paar wenige sollen es irgendwie richten, mit dem Unternehmergeist und dem Mut, mal über den Tellerrand zu blicken. Man muss sich fragen: Ist das alles? Kann das alleine funktionieren?

Dabei wird die Fähigkeit, unternehmerisch zu denken und zu handeln, offensichtlich gerade in der Breite des Unternehmens immer wichtiger *und nicht nur in den Grenzen der ausgewiesenen Innovationslabors oder Startup-Inkubatoren.* Anders als noch vor wenigen Jahren gibt es heute kaum noch eine Stellenausschreibung, in der nicht die Wichtigkeit dieser Kompetenz betont wird – häufig in einem Atemzug mit der formalen Ausbildung. Um beim Beispiel der Deutschen Bahn zu bleiben: Hier muss sogar ein »Planungsingenieur Fahrbahn« unternehmerisches Denken beherrschen!

Wer nun einwendet, dass sich dies nur auf die Wirtschaftswelt und die großen Konzerne beschränkt, liegt falsch. Selbst Unternehmen, die nicht gerade für ihren kapitalistischen Charakter bekannt sind, legen mittlerweile größten Wert auf die Kernkompetenz »unternehmerisches Denken«. So suchte beispielsweise die Caritas einen Sozialarbeiter oder Sozialpädagogen für die Leitung des Bereichs Familie und Erziehung. Und auch für diese Position wurden neben Führungserfahrung und EDV-Kenntnissen »unternehmerisches Denken, Planen und Handeln« vorausgesetzt.

Offensichtlich gibt es eine Lücke zwischen dem Anspruch, unternehmerisches Denken und Handeln bei mehr als nur zehn von dreihunderttausend Mitarbeitern zu fordern, und dies tatsächlich zu fördern. Denn eine Frage muss erlaubt sein: Wo soll das unternehmerische Denken bei einem Planungsingenieur oder Sozialpädagogen denn herkommen? Oder bietet deren Arbeitsplatz wirklich das notwendige

Umfeld, um nicht nur unternehmerisch zu handeln, sondern diese Fähigkeit zunächst überhaupt zu erlernen? Darf sich ein Planungsingenieur frei ausprobieren, innovative Ideen angehen, dabei die zwangsläufig auftretenden Fehler machen und aus diesen lernen – ohne dass ihm Konsequenzen drohen? Ich kann es mir kaum vorstellen.

Aber was würde denn dagegensprechen, diesem Mitarbeiter zu erlauben oder ihn sogar zu ermutigen, unternehmerische Erfahrungen und Fähigkeiten in einem eigenen selbstbestimmten 4-Stunden-Startup zu sammeln? Wenn dieses 4-Stunden-Startup keinen berechtigten Interessen entgegensteht und die Forderung nach unternehmerisch denkenden Mitarbeitern nicht nur ein geschickter Marketingschachzug ist, um sich selbst einen modernen und freigeistigen Anstrich als Arbeitgeber zu verschaffen, sondern wirklich ernst gemeint ist, gibt es doch für das Unternehmen nichts zu verlieren – sondern unendlich viel zu gewinnen!

Außer ein bisschen Mut und der Bereitschaft, seinen Mitarbeitern wirklich Raum zur Entfaltung und Entwicklung zu geben, kostet diese Idee das Unternehmen: nichts. Und genau dafür lohnt es sich, generationenübergreifend zu kämpfen. Für diesen Freiraum, von dem jeder Einzelne profitieren kann – und am Ende sogar der Arbeitgeber selbst. Wir können nicht die Natur der Arbeit selbst ändern, und nur die wenigsten Jobs können Selbstverwirklichung dauerhaft bieten – dieser Wunsch ist daher leider nicht realistisch. Aber wir haben dennoch die Chance, die Arbeitswelt ein Stückchen zu verändern und uns dafür einzusetzen, dass sie moderner und flexibler wird und letztlich jedem von uns mehr Raum zur Entfaltung bietet.

Darüber hinaus muss eine zweite Frage erlaubt sein, die weniger den Planungsingenieur als der Sozialpädagogen betrifft: Ist es nicht vielleicht sogar meine Verantwortung als Arbeitgeber, meinen Mitarbeiter bei seinem selbstbestimmten, unternehmerischen Projekt, so gut es geht, zu unterstützen? Denn eine Tatsache blieb bei unserem Beispiel bisher unerwähnt: Der Leiter des Bereichs Familie und Erziehung, dem vierzig Mitarbeiter unterstehen, sollte mit nur 23 Wochenstunden beschäftigt werden – mehr war wohl nicht drin. Dabei geht es mir nicht um die Caritas im Speziellen, sondern um das Exemplarische dieses Falls: So oder so ähnlich sieht es in vielen anderen Berufsgruppen aus. Und auch wenn der Generation Y pauschal eine große demographische Macht zugesprochen wird, so gehört mit Sicherheit nicht jeder Berufsanfänger zu den Gewinnern der heutigen Arbeitswelt.

Um an dieser Stelle ganz klar zu sein: Ein 4-Stunden-Startup darf nicht zum Zwang werden, und es darf von Unternehmen nicht missbraucht werden, um sich aus der Verantwortung zu stehlen, ihre Mitarbeiter angemessen zu bezahlen und zu beschäftigen. Aber wenn die finanziellen Ressourcen nur eine Teilzeitstelle hergeben und die Arbeitnehmer die Möglichkeit eines eigenen unternehmerischen Nebenprojekts schätzen, dann wäre dies doch eine ganz charmante Lösung des Problems – das neben Selbstverwirklichung auch ein Stück finanzieller Sicherheit bieten kann.

Startup-Spirit macht Arbeitgeber attraktiv

Auch für den sogenannten »War for Talents«, also den Wettkampf um die Gewinner des Arbeitsmarkts, ist die Idee des 4-Stunden-Startups spannend. Unbestritten ist: Hier kommt die ganze demographische Macht der geburtenschwachen Jahrgänge zum Tragen. Sehr viele können sich heute ihren Job aussuchen – sie werden von den Unternehmen regelrecht umworben. Neben handfesten Anreizen wie Gehalt und Firmenwagen rückt dabei das sogenannte »Employer-Branding« immer mehr in den Vordergrund, also der

Versuch, sich als möglichst attraktiver Arbeitgeber aus der Masse hervorzutun. Denn die Unternehmen haben ein Problem: Nicht nur, dass die klassischen Anreize wie Gehalt und Firmenwagen bei den im Wettbewerb stehenden Top-Arbeitgebern keinen großen Unterschied machen – Preisführerschaft ist auch an dieser Stelle ein problembehaftetes Modell. Vor allem aber verlieren diese Anreize immer mehr ihre Bedeutung für die junge Generation – sie funktionieren nicht mehr so, wie es die Unternehmen über Jahrzehnte gewohnt waren. Die Generation Y ist nun mal anders: Sie legt Wert darauf, dass ihre Arbeit sinnvoll ist. Sie will direktes Feedback, um aus ihren Fehlern lernen zu können. Sie möchte in flachen Hierarchien arbeiten und schnell Verantwortung übernehmen. Sie will gestalten. Und vor allem: Sie will sich und ihre »individuell gegebenen Möglichkeiten und Talente möglichst umfassend ausschöpfen«, wie es das Online-Lexikon so schön beim Stichwort »Selbstverwirklichung« beschreibt. Und obwohl der Begriff Selbstverwirklichung bei vielen einen Beigeschmack von Egoismus und Weltfremdheit erzeugt, sind die dahinterliegenden Motive recht gut nachvollziehbar.

Kein Wunder also, dass es immer mehr junge Leute in Startups zieht. Die Aussicht, etwas Sinnvolles zu tun, an etwas Großem mitzuarbeiten und dabei in einem kleinen Team schnell Verantwortung zu übernehmen, zieht sie dorthin. Startups haben in den letzten Jahren ihre Nische verlassen und sind, insbesondere im IT-Bereich, zu ernsthaften Wettbewerbern um die besten Leute geworden. Könnte also die Möglichkeit, nebenher sein eigenes 4-Stunden-Startup zu entwickeln, das für seine Gründer ja das Beste aus zwei Welten bietet – Sicherheit und Freiraum –, nicht genau diesen dringend benötigten Unterschied machen, den etablierte Arbeitgeber im Wettbewerb um die hochqualifizierten Fachkräfte dringend brauchen?

Wieder muss man fragen: Was gibt es denn zu verlieren, wenn ein Unternehmen den umworbenen Talenten diese Möglichkeit anbietet? In Wahrheit doch nichts. Wie hoch ist das Risiko? Wie wir gesehen haben, ist es allen Befürchtungen zum Trotz gering, in finanzieller Hinsicht sogar null. Und was gibt es zu gewinnen? Viel. Denn so eindeutig diese Argumente für ein 4-Stunden-Startup als innovativen Teil des Employer-Brandings sein mögen, genauso ist klar: So etwas seinen Mitarbeitern anzubieten, trauen sich längst nicht alle Arbeitgeber. Es erfordert nämlich mehr Mut und »Commitment«, als lediglich in seinen Stellenanzeigen zu betonen, wie wichtig unternehmerisches Denken und Handeln sind.

Die Unternehmen, die es damit wirklich ernst meinen und jedem Berufsanfänger im Vorstellungsgespräch die Möglichkeit eines 4-Stunden-Startups eröffnen, werden einen echten Vorteil im Wettbewerb mit weniger innovativen und mutigen Arbeitgebern haben. Und sie werden auch etwas schaffen, womit Unternehmen heute mehr und mehr Probleme haben: Sie werden ihre hochqualifizierten Mitarbeiter halten können. Denn wer wirklich durch den Wunsch nach Selbstverwirklichung motiviert ist und diesen nicht in seinem Job ausleben kann, hat am Ende nur zwei Möglichkeiten: die innere Kündigung oder die Suche nach der »grüneren Wiese« – einem Arbeitgeber also, der diese Wünsche erfüllen kann. Studien wie die des Beratungsunternehmens Gallup zeigen regelmäßig, dass heute die innere Kündigung das Mittel der Wahl ist: Im Jahr 2013 gaben dies sage und schreibe 17 Prozent zu, gefolgt von 67 Prozent, die nur »Dienst nach Vorschrift« machen.

Diejenigen, um die es im War for Talents geht, werden sich mit einer solchen Situation nicht abfinden. Sie werden nicht enttäuscht vor sich hinvegetieren, sondern sind schneller wieder weg, als mancher Personaler gucken kann. Doch wenn man ehrlich ist: Diese Flucht nach vorne löst das Problem auch nicht. Die junge Generation läuft vielmehr Gefahr, bei der Hetze von der grünen Wiese zu der vermeintlich noch grüneren Wiese auf eine unendliche Odyssee zu geraten: immer auf der Suche nach den noch besseren Möglichkeiten, immer unzufrieden, immer im Glauben, dass es irgendwo doch noch die eine Stelle gibt, in der alle Möglichkeiten und Talente endlich genutzt werden können. Dabei könnten wir genau dies selbst in die Hand nehmen. Wir könnten die Arbeitswelt als so unvollkommen akzeptieren, wie sie nun einmal ist – bei einem Arbeitgeber bleiben, der vielleicht nicht perfekt ist, aber dennoch viel zu bieten hat –, und trotzdem aktiv etwas für uns ändern und verbessern.

Das Ganze mag nach einer utopischen Vorstellung klingen, aber ich bin optimistisch, dass diese Entwicklung bald so kommen wird. Vielleicht ist es der »unbegründete Optimismus«, der meiner Generation unterstellt wird, der mich daran glauben lässt, dass wir etwas ändern können und auch die Unternehmen die Zeichen der Zeit erkennen. Sicher, der Wunsch, die eigenen Talente und Möglichkeiten, soweit es geht, zu nutzen, ist ein anspruchsvoller. Hat man Maslows klassische Bedürfnishierarchie vor Augen, dann ist dieses Bedürfnis sogar das höchste, das es gibt. Aber vielleicht ist dieser Wunsch auch nur so »verrückt« wie der Wunsch von Vätern, die miterleben wollen, wie ihre Kinder groß werden – und doch so normal, dass es heute firmeneigene Kitas oder die Möglichkeit einer Elternzeit gibt. Das war vor allzu langer Zeit auch noch nicht mehr als nur eine utopische Vorstellung.

Zugegeben: Väter, die ihre Elternzeit tatsächlich in Anspruch nehmen, sind ebenfalls noch nicht überall »normal« geworden – aber in vorausschauenden, innovativen Unternehmen sind sie mittlerweile sogar mehr als das. Bosch wertet zum Beispiel die Erfahrungen, die man im Rahmen einer Elternzeit sammelt, als »Karrierebaustein«, gleichwertig einem Auslandsaufenthalt. Der Vorstandsvorsitzende von